Les INCONTOURNABLES du Commerce de demain

"The best way to predict the future is to create it"

Peter Drucker

Des mêmes auteurs

OLIVIER DAUVERS

Chroniques d'un curieux de campagne
2002, Tribehou Éditions

La Saga du commerce français
(avec Frédéric Carluer-Lossouarn), 2006, Éditions Dauvers

Tranches de vie commerciale
Editions annuelles depuis 2005, Éditions Dauvers

Le magasin de demain s'invente aujourd'hui
(avec Christophe Heurtevent), 2007, Éditions Dauvers

FRANK ROSENTHAL

Value for money
2007, Éditions Fêtes de Gondole

Image-prix, mode d'emploi
2008, Éditions Dauvers

Mieux piloter sa relation-client
2010, Éditions Dauvers

Tout savoir sur... le retail aux États-Unis
2014, Éditions Kawa

PRÉFACE

Thierry Cotillard

Thierry Cotillard est triplement qualifié pour la préface de cet ouvrage dédié au commerce de demain. Il est non seulement commerçant, puisqu'il exploite deux magasins Intermarché à Issy-les-Moulineaux (92).
Depuis avril 2015, il est également président d'Intermarché Alimentaire (un réseau d'environ 35 milliards d'euros de chiffre d'affaires !). A ce titre, il est, entre autres responsabilités, chargé de l'avenir de l'enseigne et de ses formats.
Enfin (et cette seule casquette le qualifiait pour l'exercice !), il est président de l'Institut Français du Merchandising, association paritaire rassemblant industriels et distributeurs autour d'une même ambition : partager les meilleures pratiques et les bonnes idées au service du commerce.

Olivier Dauvers, Frank Rosenthal

L'époque commerciale est formidable ! Jamais, en effet, les consommateurs n'ont eu à leur disposition autant de commerçants dévoués... Précisément parce que nombreux. En alimentaire, au-delà de l'expansion des enseignes de supermarchés ou d'hypermarchés, les initiatives sont multiples. Qu'il s'agisse de concepts ultra-spécialisés, de drives ou de points de vente initiés et gérés par des producteurs, la consommation se fragmente. En témoignent les taux de nourriture – y compris des meilleurs ! – qui demeurent finalement assez modestes. En non-alimentaire, le commerce électronique rebat les cartes à une vitesse que même les augures les plus optimistes n'imaginaient pas. Conséquence implacable : plus que jamais, le commerce doit faire de la préférence de ses clients la base de toute stratégie.

Cette quête de la préférence, qui a structuré la réflexion d'Olivier Dauvers et Frank Rosenthal pour ces *Incontournables du Commerce de demain*, guide aussi Intermarché avec quelques convictions solides. D'abord, **la préférence se cultive par la pertinence de l'offre**. Ce chantier de category management a été initié il y a déjà plusieurs années avec pour ambition de s'éloigner de toute logique de "moyennisation". À chaque typologie de point de vente sa vocation ! Et donc son assortiment avec, nécessairement, une adaptation locale. Commercialement, les effets ont été logiquement positifs, replaçant Intermarché sur le chemin de la croissance en parts de marché. Mais fallait-il vraiment en douter... ?

La préférence peut aussi prendre sa source dans la différence entre enseignes, entre points de vente. En la matière, à chacun ses arguments. Encore faut-il les identifier... Sous l'impulsion historique du fondateur du groupement, Jean-Pierre Le Roch, Les Mousquetaires ont, depuis des décennies, la particularité d'être à la fois commerçants et producteurs. C'est plus que jamais un argument de différenciation que nous mettons en exergue aujourd'hui et plus encore demain.

Demain précisément... **La préférence est, par définition, un état précaire. Nos clients nous l'accordent de manière temporaire, jamais définitive.** Les 25 thèmes de ces *Incontournables du Commerce de demain* sont autant de sources d'inspiration pour une préférence renouvelée. Certains plus fondamentaux que d'autres, naturellement. La *value for money* par exemple... Si le commerce ne peut se réduire au seul prix, il ne peut s'en émanciper, le client recherchant en permanence à optimiser la valeur de chaque euro qu'il dépense. L'expérience-client également... Une question résume tout : que donnons-nous à vivre à nos clients ? Il en va de la qualité de l'actif (le magasin lui-même) comme de la compréhension de l'offre, rendue plus difficile au fil des ans par l'élargissement des assortiments. Et comme le client consacre de moins en moins de temps à ses achats, la qualité du merchandising est (et sera toujours) déterminante !

La préférence est, par définition, un état précaire. Nos clients nous l'accordent de manière temporaire, jamais définitive.

Bien sûr, imaginer le magasin de demain impose une réflexion plus large encore. Le digital est un incontournable, le click & collect (ou drive en alimentaire) un indispensable dans la panoplie servicielle d'une enseigne, les médias sociaux un incroyable levier de communication, etc. Mais, finalement, il y a dans le commerce quelques fondamentaux qui traversent les époques. Depuis Boucicaut et son Bon Marché en 1852 et pour quelques décennies encore. C'est aussi l'intérêt de ces *Incontournables du Commerce de demain* : rappeler ces fondamentaux.

Thierry Cotillard

INTRODUCTION

Identifier les incontournables du commerce de demain... Par principe, l'exercice est périlleux. Pour autant, le contexte dans lequel les commerçants auront à exercer demain est finalement assez aisé à décrire : exactement l'inverse de ce qu'ils ont connu depuis 30 ou 40 ans. Pendant des décennies, en effet, l'évolution de la consommation (la demande, en termes macroéconomiques) a soutenu le commerce (l'offre). Tous les ans, les dépenses des ménages progressaient quasi mécaniquement, alimentant l'insouciante croissance des entreprises de commerce. De manière à peine caricaturale, même les "mauvais commerçants" profitaient de la vague et prospéraient.

Les temps ont plus que changé. **Depuis 2008, la consommation est presque à l'arrêt.** Ce qui n'est en rien une crise... Non seulement la situation n'est pas aigüe (il n'y a pas eu de décrochage dans les achats des ménages, juste une stabilité). Mais elle dure. L'exact inverse d'une crise ! La période est toute aussi douloureuse pour des commerçants en quête d'une croissance que le marché ne leur offre plus. En cause, un moindre recours à

Évolution de la consommation
Dépenses des ménages en biens et services / INSEE / moyenne par décade

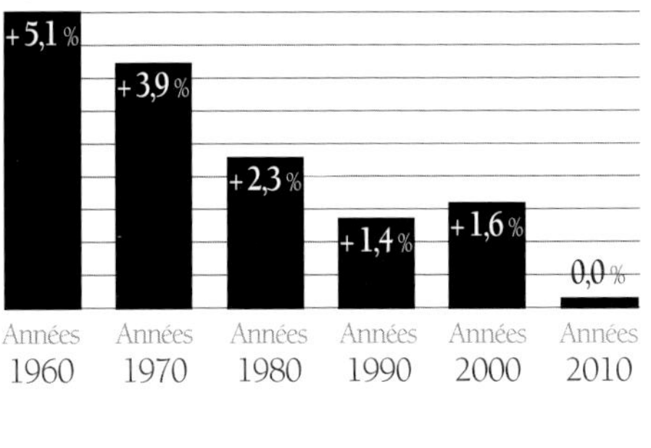

l'endettement public pour financer le "modèle social français" et, in fine, soutenir la consommation.

En parallèle, l'offre commerciale ne cesse de se développer. Qu'il s'agisse de créations de nouveaux magasins ou d'agrandissements de points de vente existants, les surfaces commerciales croissent désormais plus rapidement que la consommation, provoquant une inéluctable tension sur les rendements. Et ce, d'autant plus que se développe le nombre de sites marchands : plus de 150 000 sites actifs en France et près de 700 000 en Europe (source : FEVAD 2014).
De même, l'explosion de la vente entre particuliers a participé à cette expansion globale de l'offre : un internaute sur deux a ainsi déja vendu ou acheté sur des sites de vente entre particuliers (source : Baromètre Fevad/Médiamétrie/Netrating).

Eu égard à ses causes, **la "flatitude" de la consommation est probablement durable.** Pas nécessairement une croissance zéro, mais notablement plus faible que dans les décennies précédentes. **Dans ce contexte, une seule stratégie gagnante pour le commerçant, quel qu'il soit (petit ou grand, spécialiste ou généraliste) : être préféré de ses clients.** Pourquoi, alors qu'il n'a pas davantage d'euros à dépenser, et que se présentent toujours plus de mètres carrés pour l'accueillir et de sites pour le courtiser, le client va-t-il finalement préférer l'enseigne A à l'enseigne B ? Telle est la seule question qui devrait animer les séminaires de réflexions et autres réunions de prospectives à laquelle les états-majors aiment à se livrer.

Cet ouvrage est notre contribution à ce questionnement stratégique. **QUE METTRE EN ŒUVRE POUR ÊTRE PRÉFÉRÉ ? Quels sont les thèmes incontournables qu'il est nécessaire d'investiguer ?** Nous en avons retenu 25 qui s'articulent en quatre ambitions : assurer ses fondamentaux, intégrer la révolution digitale, créer la différence et anticiper sur les filons de demain. Ces quatre ambitions étant, dans notre vision, le préalable à toute préférence.

1 – Assurer ses fondamentaux

Les fondamentaux du commerce passent les époques. Ils sont les indispensables fondations du commerce de demain. Ne pas s'en assurer, c'est risquer l'élimination dans la compétition intense à venir. Le coût-outil, par exemple. C'est la base de la compétitivité. Depuis Boucicaut, en 1852, rien n'a changé... Gérer ses coûts pour tenir ses prix ! Mais le prix n'est rien sans une analyse de la valeur. C'est la "*value for money*", autre incontournable du commerce de demain. Car le client cherche toujours davantage la valeur que le prix, lequel n'est en réalité que l'unité de compte de la transaction.

2 – Intégrer la révolution digitale

Quel que soit son niveau social, son âge ou son pays, **le consommateur a totalement intégré Internet dans son shopping.** Depuis 2013, Forrester a ainsi mesuré que plus de 50 % des ventes totales réalisées aux États-Unis sont influencées par Internet. Le digital a tout autant permis l'émergence de nouvelles formes de vente comme de nouveaux canaux relationnels. Entre les enseignes et leurs clients. Ou entre les clients eux-mêmes.

3 – Créer la différence

Dans l'univers d'abondance de l'offre commerciale qui s'annonce, la différence est une clé de préférence naturelle. À la condition, quand même, de créer une différence attendue et... perceptible. La capacité à s'engager, les petites attentions, l'événementialisation de l'offre commerciale, etc., sont, parmi d'autres, des "incontournables" qui seront détaillés.

4 – Anticiper sur les futurs filons

Ce qui est, aujourd'hui, peu significatif sur le plan commercial peut l'être demain. Il faut s'y préparer ! Comment ? En identifiant les signaux faibles ou moyens, qu'il s'agisse de comportements, d'outils ou d'attentes, y compris sociologiques. Un seul exemple à ce stade... Le monde se "libre-servicise" ? Par réaction, le client attendra demain des réassurances humaines sur des points précis de la chaîne de valeur commerciale. Réhumaniser en est donc un "Incontournable du Commerce de demain".

Les 25 thèmes retenus sont le fruit de convictions et d'échanges entre les deux auteurs. Ils ne sont pas d'égale importance mais sont tous importants. Ils couvrent l'ensemble du commerce sans pour autant prétendre à l'exhaustivité. Certains y verront même des impasses. Elles sont assumées ! L'offre par exemple qui n'est pas traitée comme un "incontournable" en tant que tel. Mais le travail sur l'offre se lira en creux dans de nombreux chapitres : *value for money*, promotion, théatralisation, événementialisation, etc. Car, finalement, autant qu'hier ou aujourd'hui, le commerce de demain sera une subtile alchimie. En voici 25 ingrédients...

Olivier Dauvers, Frank Rosenthal

Les 25 Incontournables du Commerce de demain

Confiance
Coût-Outil
Expérience-client
Loyalty (et big data)
Promotion, théâtralisation
Value for money

Commerce participatif
Cross-canal
Drive, click & collect
Préparation des achats
Réseaux, médias sociaux

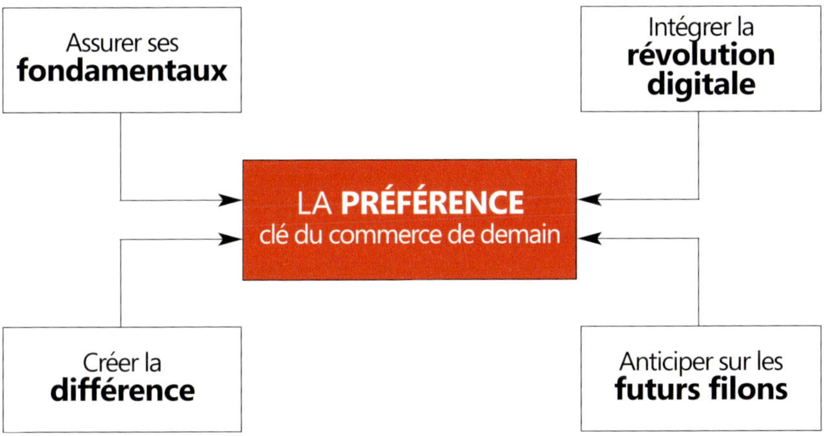

S'engager/militer
Perkonomics
Personnalisation
Relation-client
Événementialisation
Retailtainment
Surprendre/Etonner

Abonnement
Commerce de flux
Consommation
et développement durable
Distri-ration
Less is more (and go faster)
Local commerce
Ré-humaniser

GUIDE DE LECTURE

Une construction similaire pour tous les chapitres

Les 25 chapitres, qui correspondent aux 25 "Incontournables du Commerce de demain" sont construits et présentés à l'identique. Pour chacun, vous trouverez une approche académique avec 4 questions systématiques :

COMMENT DÉFINIR CET INCONTOURNABLE ?

POURQUOI C'EST IMPORTANT POUR DEMAIN ?

À QUELS OBJECTIFS CLÉS CET INCONTOURNABLE RÉPOND ?

QUELS SONT LES DÉFIS POUR LES ENSEIGNES ?

Puis, en guise de premières illustrations, des **CHIFFRES** et **CITATIONS À RETENIR**. En clair, des éléments qui appuient le propos, en le formulant différemment.

Vous découvrirez, pour chaque thème, une dizaine d'exemples in-store, en France et dans le monde via **DES EXEMPLES RÉFÉRENTS** et **UN CAS D'ÉCOLE**.

Enfin, parce que les thèmes sont le plus souvent interdépendants et pour garder une vision transversale, chaque chapitre se conclut par les incontournables avec lesquels le thème est corrélé.

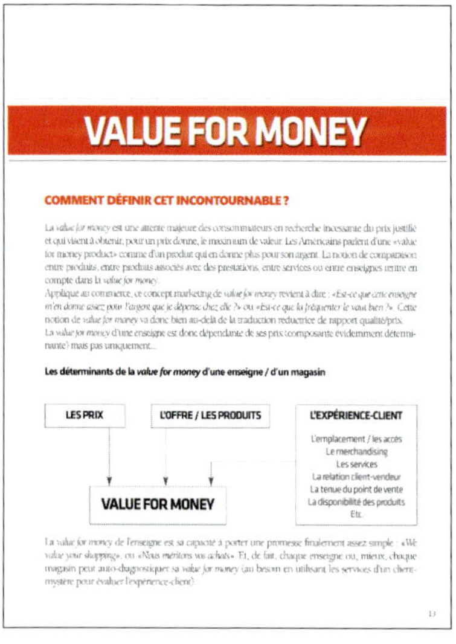
VALUE FOR MONEY

COMMENT DÉFINIR CET INCONTOURNABLE ?

Les déterminants de la *value for money* d'une enseigne / d'un magasin

LES PRIX	L'OFFRE / LES PRODUITS	L'EXPÉRIENCE-CLIENT
	VALUE FOR MONEY	L'emplacement / les accès Le merchandising Les services La relation client-vendeur La tenue du point de vente La disponibilité des produits Etc.

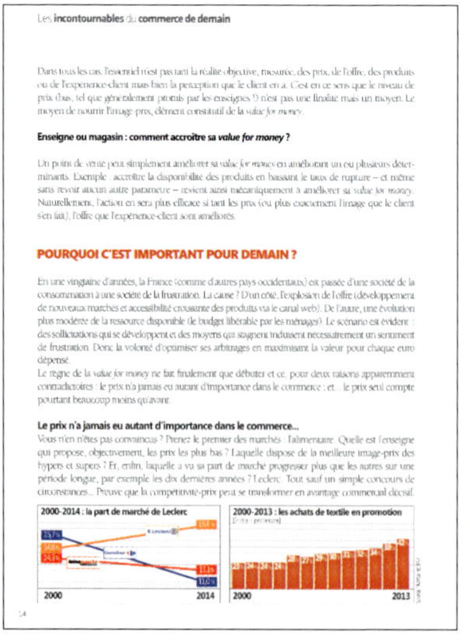
Les incontournables du commerce de demain

Enseigne ou magasin : comment accroître sa *value for money* ?

POURQUOI C'EST IMPORTANT POUR DEMAIN ?

Le prix n'a jamais eu autant d'importance dans le commerce...

2000-2014 : la part de marché de Leclerc

2000-2013 : les achats de textile en promotion

Les incontournables du commerce de

A QUEL(S) OBJECTIF CLÉ(S) C

Développer le capital confia

Prix et image-prix sont des c

Améliorer la compétitivité gl

QUELS SONT LES DÉFIS POUR

Travailler la réalité des prix

Disposer d'outils de suivi de la conc

Engager le chantier de l'image-prix

Offre, produits, services, expérience

Comment utiliser les exemples ?

C'est l'originalité de l'ouvrage : esquisser le commerce de demain en s'appuyant sur des best-practices d'aujourd'hui. **Plus de 250 exemples provenant des observations des deux auteurs** (plusieurs milliers de visites de magasins à leur actif !). 250 exemples mais un seul objectif, nourrir la réflexion des acteurs du commerce en les incitant à l'analogie (et surtout pas à la copie) : Comment cet exemple peut-il prendre sens dans mon secteur ? Comment adapter cette idée ? Que faire sur la base de cette technologie ? Etc.

D'ailleurs, certains exemples présentés n'existent déjà plus ! Là aussi, c'est assumé. Car **il faut toujours voir au-delà de l'exemple : en quoi il est signifiant pour le commerce de demain, même s'il n'existe plus en l'état ou est fort ancien ?** Prenez Boucicaut et son Mois du Blanc. Sans aucun doute la première opération d'événementialisation. Vieille d'un siècle et demi et, pourtant, toujours riche d'enseignements à l'heure d'imaginer le commerce du futur...

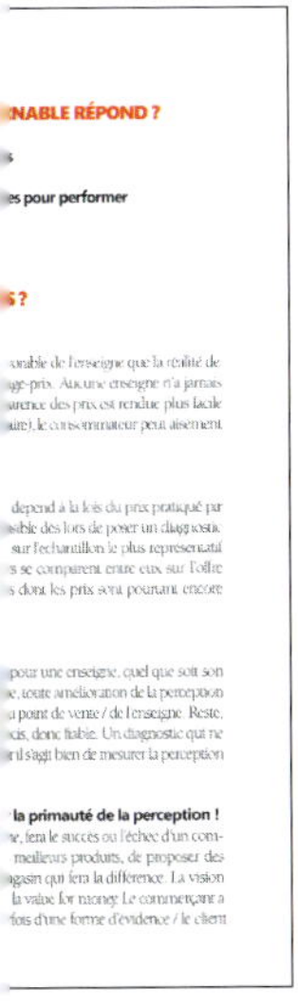

Ambition n° 1

ASSURER SES FONDAMENTAUX

CONFIANCE

COMMENT DÉFINIR CET INCONTOURNABLE ?

C'est un niveau de relation entre individus ou entre un individu et une marque qui génère spontanément un crédit positif, un a priori favorable. Lequel permet de soutenir la relation dans le temps. Par principe, la confiance est à la base de toute relation fructueuse, qu'elle soit économique (donc intéressée) ou totalement désintéressée.

La confiance s'oppose à la défiance. Entre les deux s'intercale la méfiance.

Défiance	Méfiance	Confiance
Le consommateur a un a priori négatif sur l'enseigne. Il n'en deviendra client que par nécessité.	Le consommateur n'a pas d' a priori sur l'enseigne. Mais l'époque le conduit à être naturellement méfiant.	L'enseigne jouit d'un a priori positif. Le client est dans une disposition d'achat favorable.
V		V
État négatif pour la relation		**État positif pour la relation**
Baisse du taux de nourriture		Augmentation du taux de nourriture

La confiance envers une enseigne prend souvent pour base sa capacité – supposée ou avérée – à faire mieux que les autres. Et ce, avec un niveau de considération plus élevé. C'est en ce sens que la confiance est le passage obligé sur le chemin de la préférence. La confiance s'entretient par une succession de démonstrations, petites ou grandes. Mais toutes ont comme point commun qu'elles placent l'enseigne "aux côtés" du client et non "en face". **La confiance se nourrit donc de l'image de l'enseigne et de l'expérience-client en points de vente.**

Selon Philippe Moati, coprésident de l'Obsoco (l'Observatoire de la société et de la consommation), la confiance s'appuie sur trois dimensions :

> **la compétence** : la capacité effective de la marque à satisfaire les attentes de ses clients.
> **l'intégrité** : la sincérité de la démarche de la marque, son honnêteté, le respect de ses engagements.
> **la bienveillance** : inclinaison de l'enseigne à prendre en considération les intérêts de ses clients, quand bien même cela pourrait se révéler contraire à la maximisation de ses propres intérêts à court terme.

POURQUOI C'EST IMPORTANT POUR DEMAIN ?

La confiance est la clé de la préférence. Il ne peut, en effet, pas y avoir de préférence sans confiance. Et sur des marchés matures où la croissance est structurellement faible et l'appareil commercial très développé, les enseignes n'ont d'autres solutions que de chercher à gagner la préférence de leurs clients pour alimenter leur croissance. C'est la meilleure stratégie de fidélisation, au-delà de tout programme de fidélité !

Cette quête de confiance est d'autant plus importante que le niveau moyen de confiance des consommateurs envers leurs enseignes est, aujourd'hui, très bas. C'est ce qu'avait montré une étude de l'Obsoco en 2011. L'étude démontrait que, d'une manière générale, la défiance est aujourd'hui la norme de la relation à l'autre. Qu'il s'agisse de relations interpersonnelles (82 % des Français estiment que "*de manière générale, il convient d'être prudent lorsque l'on a affaire aux autres…*") ou de relations avec les institutions (justice, entreprise, médias, etc.).
En matière économique, tous les secteurs souffrent d'un déficit de confiance selon l'Obsoco. C'est logiquement vrai des banques (voir ci-dessous) mais également de toutes les formes de commerce.

Les indices sectoriels de confiance

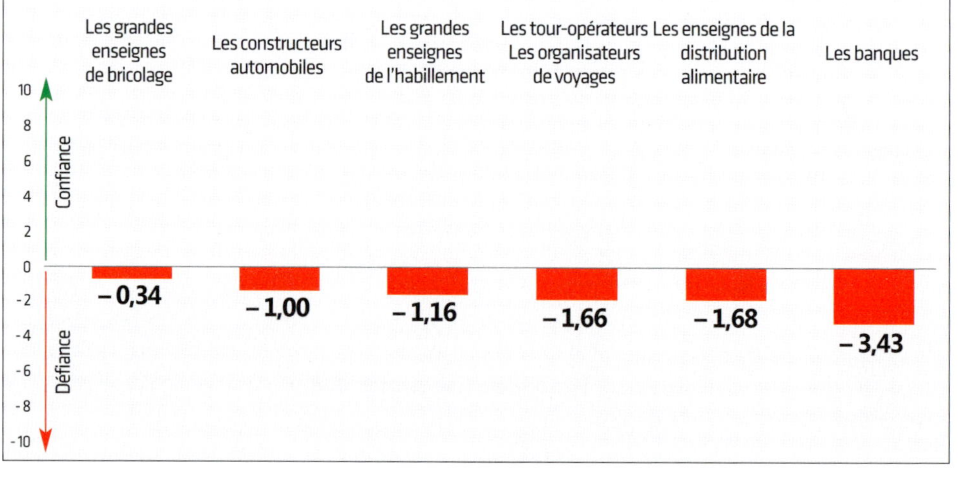

En conséquence, **la quête de confiance peut devenir, pour les enseignes qui l'intègrent pleinement dans leur stratégie, un élément fort de différenciation.**

Couplée aux résultats de panels de consommateurs, **l'étude de l'Obsoco démontre également qu'il existe une corrélation évidente entre confiance et performance**. En hypermarchés, par exemple, l'enseigne qui jouit de la meilleure côte de confiance (Leclerc) est également celle dont le taux de nourriture est le plus élevé. La démonstration est identique en supermarchés avec Super U.

Le consommateur contemporain a infiniment plus de moyens de valider ou d'infirmer les dires des enseignes. Sa confiance s'obtient donc plus difficilement que par le passé quand les clients avaient, finalement, peu de moyens de contredire les affirmations des commerçants. Ce qui implique davantage d'efforts encore de la part des enseignes !

Dans une approche sociologique, **l'homme contemporain est plutôt en quête de relations de confiance.** À cet égard, la confiance est, en effet, une forme de confort qui évite de se réinterroger avant chaque relation. Dit autrement : la confiance est un état, certes difficile à atteindre, mais souhaité.

Dernier volet de l'importance de la confiance : **il existe un lien entre la confiance et la rentabilité, simplement car la confiance induit la rétention des clients.** Rapportée par Boris Descarrega, chargé d'études socio-économiques à l'Obsoco, une étude de Reichfeld et Sasser dans les années 1990 a mis en évidence une corrélation forte entre le degré de rétention de la clientèle au sein d'un secteur économique et la rentabilité de ce secteur. Selon eux, une croissance, même faible, du taux de rétention d'une entreprise a un impact positif immédiat sur ses résultats financiers.
Parmi les facteurs explicatifs : 1) un client satisfait (et "en confiance") à l'égard de son fournisseur fait plus facilement et plus régulièrement appel à lui, générant un montant de dépenses plus élevé ; 2) au fur à mesure de la relation de confiance, la compréhension mutuelle augmente, ce qui réduit les coûts de transaction ; 3) avec une clientèle en confiance (donc encline à une dépense en progression), l'entreprise atteint plus aisément ses objectifs de croissance, sans avoir à recruter de nouveaux clients dont le coût d'acquisition grève la marge.

À QUELS OBJECTIFS CLÉS CELA RÉPOND ?

Se faire préférer

Construire un lien durable avec les clients

Développer son taux de nourriture

Transformer les meilleurs clients en ambassadeurs de l'enseigne

QUELS DÉFIS POUR LES ENSEIGNES ?

Premier défi, évident : identifier les facteurs de confiance. Toutes les initiatives ne génèrent pas de confiance. Et, souvent, les facteurs de confiance sont différents d'un marché à l'autre. **La première question à se poser est donc : "*Sur mon marché, quels sont les ressorts de la confiance ?*"** Ce peut être le niveau de prix, la promesse du résultat attendu, la garantie d'usage dans le temps, etc. Plus globalement, les facteurs de confiance sont à chercher dans 3 directions : confiance dans l'offre, dans les prix et dans les services.

Pour renforcer la confiance, il convient donc, à la fois, d'identifier les "déclencheurs" de confiance mais également de traquer en permanence les "destructeurs" de confiance.

Une fois identifiés, il est alors nécessaire d'agir sur les ressorts de la confiance de manière volontariste et visible. Le but ultime ? Générer un "effet waouh" en élevant la promesse au-delà de l'attente courante des clients. Exemple : la garantie à vie sur les marchés d'équipement.

Dans la forme, la force d'un engagement aura, par principe, un effet accélérateur sur le niveau de confiance. Tout ce qui nuira à la force de l'engagement (notamment le syndrome de l'astérisque et des restrictions) minimisera la confiance générée. De fait, l'enseigne doit à l'avance accepter qu'une part des clients abuseront !

Toute initiative ayant la confiance pour objectif doit s'inscrire dans le temps. Seule la constance d'une stratégie permet d'escompter des bénéfices en termes de confiance. Le zigzag permanent (certaines enseignes en sont de grandes spécialistes) trouble plus qu'il ne rassure le client même si, à chaque fois, l'engagement est fort.

Mettre en place des outils de mesure de la confiance, y compris lorsque le niveau de confiance dans l'enseigne est déjà élevé. En parallèle, tous les engagements doivent être vérifiables et mesurables. C'est à ce titre que l'engagement aura, pour les clients, plus qu'une valeur d'incantation mais bien une valeur de démonstration. En interne, il sera ensuite plus qu'indispensable de mettre en place les *process* de vérification pour valider que la confiance des clients n'est pas usurpée. La confiance est un projet d'entreprise global, dont les engagements doivent être portés par tous les collaborateurs de l'enseigne. Au passage, cela permettra de s'assurer qu'aucune initiative ne puisse dégrader le niveau de confiance.

Web et réseaux sociaux aidant, la confiance dans une enseigne est un critère que les clients partagent aisément. Suivre sa réputation et notamment sa e-réputation en la matière est un impératif. Faute de quoi le niveau de confiance peut progressivement baisser sans que l'enseigne ne le mesure. Face aux multiples cas de communication de crise sur les réseaux sociaux (Cora, La Redoute, etc.), il convient d'anticiper et d'étudier le plus possible de scénarios de réponses pour ne pas être pris au dépourvu. Conserver son capital confiance est à ce prix.

LES CITATIONS À RETENIR

“ Le client est aujourd'hui la ressource la plus rare de l'entreprise, c'est pourquoi la question que chacun doit se poser est la suivante : combien coûte le fait de ne pas créer un lien de confiance avec ses clients ? En parallèle, dès qu'un client a signé, il redevient un prospect, c'est-à-dire une personne qu'il faut séduire, bien sûr, mais surtout ne pas décevoir. Dans cette perspective, il devient essentiel que les promesses faites par la marque soient confirmées par l'expérience du client avec cette marque. Ne pas tenir compte de cette règle, c'est s'exposer à un risque de perte différée de clientèle.”

Don Peppers in Atelier La Poste/*le Hub* mai 2006

“ La confiance ne se décrète pas. Elle se crée tous les jours. À chaque instant, elle se construit, elle se mérite, elle se gagne et s'entretient. La confiance, c'est cette énergie à la fois fragile et puissante qui circule entre les hommes, du premier pas de la vie jusqu'au dernier jour. Quand elle n'est pas là, rien n'est possible. Dès qu'elle est transmise, elle déclenche l'action, encourage l'audace, décuple les forces.”

Publicité Groupama Groupe, assureurs créateurs de confiance in *Les Échos* 4 et 5 juillet 2014

QUELS EXEMPLES RÉFÉRENTS ?

Solliciter le retour de ses clients : Loblaws (Canada)

Loblaws organise les remontées d'avis de ses clients. Le principe est simple : après avoir effectué ses achats, le client peut noter le service de l'enseigne sur le site opinionsurlemagasin.com. Pour encourager les clients à le faire, l'enseigne met mensuellement en jeu 10 bons d'achat de 2 000 dollars.

Pourquoi c'est une bonne idée...

Grâce à cette démarche, Loblaws maximise le nombre de remontées de ses clients. Et accroît ainsi la probabilité d'identifier rapidement d'éventuels dysfonctionnements. Vu du client, l'enseigne travaille indiscutablement sa confiance. Un commerçant qui “ouvre la porte” aussi spontanément à la critique inspirera forcément davantage confiance. Au passage, l'enseigne montre à ses clients que leur avis a véritablement de la valeur.

Se comporter comme le client le souhaite : Système U

Système U a fait le compte ! 82 % des fournisseurs de ses produits U sont français. C'est la condition, selon l'enseigne, pour que *"les prix bas profitent aussi à l'emploi"*. Ce faisant, l'enseigne met en exergue ce qu'elle considère être un comportement vertueux. Précisément le sens que les clients veulent – en déclaratif du moins – donner à leurs achats. Une initiative de communication parfaitement en phase avec le slogan de l'enseigne : "*Le commerce qui profite à tous.*"

Pourquoi c'est une bonne idée...

Dans les faits, il n'y a, là, rien d'original. Le quota de fournisseurs français pour les MDD est à peu près le même dans toutes les enseignes. Mais les U ont eu l'habileté de le marketer pour rentrer en résonance avec la manière dont les clients, eux, veulent se comporter. Et, de fait, un client accordera plus facilement sa confiance à une enseigne se comportant à son image. Ce qui lui permet en fait, via ses propres achats, de devenir lui aussi acteur d'un commerce qui profite à tous !

La garantie à vie : Art et Fenêtres

En 2011, Art et Fenêtres a mis en place la "garantie à vie". Cette garantie, qui porte à la fois sur les produits et sur la pose, prolonge la garantie décennale, obligatoire sur ce marché. L'engagement est soutenu en publicité par Julien Courbet, présenté comme "le défenseur des consommateurs".

Pourquoi c'est une bonne idée...

En garantissant à vie le bon fonctionnement de ses fenêtres, Art et Fenêtre rassure simultanément sur les deux niveaux de transaction sur ce marché : sur le produit d'abord, sur le service (de pose) ensuite. Et lève les freins à l'achat de part et d'autre. Le tout avec un « effet waouh » inhérent à l'idée même d'une garantie à vie, dont le terme est par principe non mesurable.

Castorama assume les erreurs de ses clients

C'est une garantie qui est associée à la carte de fidélité de l'enseigne. Si le client s'est trompé de dimensions pour une coupe sur mesure (bois, verre, etc.) ou pour une installation spécifique, l'enseigne assure une nouvelle prestation. Le claim de cette promesse ? "*Vous avez aussi le droit de vous tromper !*"

Pourquoi c'est une bonne idée...

Via cette garantie, l'enseigne se place clairement "à côté" du client et non "en face". Devant une erreur manifestement imputable au client, le commerçant pourrait, en effet, camper sur une position légaliste (à chacun sa responsabilité) qui le mettrait "face" au consommateur. En donnant le droit au client de se tromper, Castorama change sa position et nourrit sa confiance.

Le Labo Fnac décortique en toute objectivité

C'est une institution de la Fnac : le Labo Fnac qui décortique en toute objectivité – et hors de considérations commerciales donc – les produits vendus par l'enseigne. Le Labo édite ensuite tous les ans des dossiers techniques thématiques sur les différentes grandes catégories de produits : téléviseurs, appareils photo, imprimantes, caméscopes, etc.

Pourquoi c'est une bonne idée...

Émettre un jugement sur sa propre offre (en clair : ne pas considérer que tous les produits sont absolument extraordinaires) est le minimum attendu par le client. Or, peu d'enseignes se livrent à l'exercice en toute objectivité. La Fnac si, et depuis quarante ans ! C'est pour une bonne part l'explication à la côte d'amour de l'enseigne. Et explique le crédit technique dont jouit la Fnac, repère d'avis fiables d'autant plus utile, aujourd'hui, que le client est submergé d'informations.

Le retour gratuit de Sarenza

Depuis l'origine, Sarenza a mis en place le retour gratuit des chaussures qui ne conviendraient pas à ses clients. Mais un retour réellement gratuit et un processus simplissime ! Grâce à un système d'étiquette prépayée directement livré avec la paire commandée, le client peut renvoyer ses chaussures sans aucun débours. Ce qui nourrit parfaitement la promesse, quitte à générer quelques abus.

Pourquoi c'est une bonne idée...

En raison de la nécessité de voir, de toucher et d'essayer, la chaussure est, en théorie, un marché peu web-compatible.

En organisant le retour gratuit et en le martelant urbi et orbi sur son site et sur toutes ses prises de parole, Sarenza lève spontanément le frein majeur aux yeux de ses clients. C'est le bon exemple d'une enseigne qui a identifié le frein principal à son concept et qui, plutôt que de le minimiser, le met en avant.

Decathlon recrute des sportifs en qui les clients pourront avoir confiance

Le vendeur est le premier ambassadeur de l'enseigne. Celui qui peut alimenter ou ruiner la confiance du client. Pour l'alimenter, Decathlon assume de recruter des sportifs et – c'est ça ici l'intérêt – le fait savoir ! Au point d'organiser certains de ses recrutements dans un cadre sportif. Les candidats doivent se présenter en tenue sportive et, préalablement aux entretiens individuels, ils participeront à un match !

Pourquoi c'est une bonne idée...

Sélectionner de réels pratiquants permet à l'enseigne de nourrir la relation vendeur-client. Rien de pire, en effet, qu'un vendeur qui ne peut se targuer (au minimum) d'une véritable passion ou (au mieux) d'une expertise certaine. Là, l'enseigne va plus loin encore en mettant en scène son propre process de recrutement, vecteur de confiance pour les clients.

Les étiquettes rouges de Colruyt (Belgique)

Colruyt est l'enseigne européenne qui bénéficie sans conteste de la meilleure image-prix. Pour une part, c'est en raison de son système de prix rouges. Lorsque l'enseigne est plus chère qu'un concurrent (détecté par les relevés de prix mis en place en interne), Colruyt réajuste son prix instantanément en

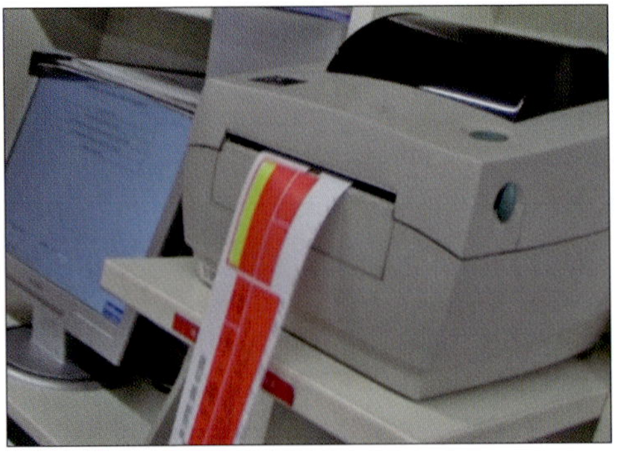

rayon via une étiquette rouge. Pour renforcer la visibilité de la démarche, l'imprimante qui édite ces étiquettes est clairement mise en évidence dans la zone de caisses.

Pourquoi c'est une bonne idée...

Avec ses prix rouges, Colruyt reconnaît être parfois plus cher que ses concurrents. Mais montre aussi sa capacité à réagir aussitôt pour garantir vraiment à ses clients le meilleur prix. En l'avouant de manière aussi visible, ce qui aurait pu être une faiblesse devient une force par le jeu de la démonstration, laquelle prouve au client qu'il peut avoir légitimement confiance dans l'enseigne. Les étiquettes rouges sont d'ailleurs la principale explication au fait que 86 % des Belges disent faire confiance à Colruyt (source : Le Vif / L'Express).

Leroy Merlin rembourse deux fois la différence si un article est moins cher ailleurs

Toutes les enseignes prennent la parole sur les prix, généralement pour affirmer être les moins chères. Souvent, elles rajoutent à cette affirmation l'engagement de rembourser le client si, par un malheureux hasard (!), il trouvait moins cher ailleurs. Mais quelques enseignes seulement assument de faire "plus" que de rembourser la différence. Ce que fait, ici, Leroy Merlin avec un engagement sur... deux fois la différence.

Pourquoi c'est une bonne idée...

Rembourser simplement la différence en cas d'écart de prix est un engagement sans valeur. D'abord parce que c'est toujours au client d'assurer la démonstration (et que c'est parfois difficile à réaliser...). Ensuite parce que, ce faisant, l'enseigne ne se "puni" pas d'avoir menti à ses clients en s'affirmant la moins chère. Ne rembourser que la différence de prix avec un concurrent sous-entend au final de ne pas être certain de ses propres prix.

La garantie prix sur 500 grandes marques : Carrefour fait tout pour regagner la confiance

En 2012, lors de l'arrivée de Georges Plassat à la tête de Carrefour, l'enseigne souffre (notamment) d'un fort déficit en image-prix. Pour regagner la confiance des clients mais aussi pour justifier la nouvelle signature publicitaire *Carrefour. Les prix bas, la confiance en plus*, Carrefour va multiplier les garanties, d'abord sur les prix les plus bas pour 500 marques nationales et aussi en thématisant ces garanties soit sur le carburant, soit sur les calendaires (rentrée, jouets, Noël).

Pourquoi c'est une bonne idée...

Carrefour passe des intentions aux actes et apporte des preuves simples, lisibles et surtout durables et c'est ce qui paye en image-prix. Certes, la méthodologie est taillée sur mesure : Carrefour "joue" avec la notion de "grande marque" et utilise souvent les formats ou les recettes mineures desdites grandes marques. Il n'empêche : le résultat est là. Depuis le lancement de la Garantie Prix Bas début 2013, l'image-prix de Carrefour s'améliore.

Le remboursement des frais de livraison en cas de problème : Paypal invente le livré ou remboursé

Pour développer l'essor des paiements par Paypal, la filiale de e-Bay travaille sur la confiance et propose tout un système de garanties qui va du rôle d'intermédiaire ou médiateur en cas de litige à l'option "Livré ou remboursé" gratuite qui s'applique au montant de l'achat frais de port compris.

Pourquoi c'est une bonne idée...

Le paiement en ligne est l'étape cruciale de l'achat sur le web. Une étape inquiétante à laquelle répond précisément Paypal en proposant le moyen de paiement avec lequel le client est le mieux protégé. Si le risque disparaît, le frein est levé !

Darty et le contrat de confiance

Le mot confiance est indissociable de l'enseigne Darty depuis... 1973, année de création du contrat de confiance. De prime abord, c'est un oxymore des plus aboutis. Car, par définition, la confiance ne se contractualise pas ! Et pourtant, c'est bien là le socle historique de la relation-client de l'enseigne. Depuis lors, toutes les initiatives de l'enseigne se raccrochent, en effet, à ce contrat de confiance et ses 10 points qui englobent les trois promesses fondatrices du *retail* : le prix, le choix, le service. De même, le contrat de confiance est l'élément central – et historique – de la communication de l'enseigne sur tous ses supports. Seule variante, selon l'époque, le thème mis en avant : le prix, la livraison gratuite, l'assistante téléphonique, etc. Dans tous les cas, il s'agit pour Darty de répondre aux inquiétudes des consommateurs. Ce qui est d'autant plus important que ces marchés techniques, voire technologiques, sont souvent anxiogènes.

Pourquoi c'est une bonne idée...

En préemptant et en alimentant avec constance au fil de presque quarante ans le thème de la confiance, Darty a maintenu ses concurrents à distance sur ce critère, essentiel au commerce. Sans cet atout, l'enseigne aurait inévitablement connu des difficultés plus importantes encore que celles qu'elle a traversé.

LE CAS D'ÉCOLE
IKEA MULTIPLIE LES GARANTIES

Un matelas est un produit qui, par principe, ne peut s'essayer réellement qu'en condition réelle d'utilisation. Pas facile en magasin ! En conséquence, Ikea a imaginé les 90 jours d'essai pour les matelas. À l'issue de la période d'essai, le client peut le ramener et le changer. Ce qui donne encore plus de sens, ensuite, à la garantie de vingt-cinq ans. Dans le même registre, l'enseigne offre une garantie gratuite de cinq ans sur l'électroménager lorsque la promesse normative du marché est de un voire deux ans. Pour Ikea, c'est un moyen de déclencher de la confiance alors que l'offre est plus réduite que chez les concurrents et les prix pas nécessairement plus bas.

Pourquoi c'est une bonne idée...

La peur de se tromper est une crainte réelle sur les marchés où l'acte d'achat a la double caractéristique d'être d'un montant élevé et de fréquence faible. La confiance envers l'enseigne sera d'autant plus forte qu'elle répond à cette inquiétude. Dans le cas du matelas, Ikea rajoute, là, un « effet waouh » avec une période d'essai qu'un consommateur n'oserait pas même demander spontanément au commerçant.

LES INCONTOURNABLES
AVEC LESQUELS « CONFIANCE » EST PARTICULIÈREMENT CORRÉLÉ :

S'ENGAGER/MILITER, EXPÉRIENCE CLIENT, PERKONOMICS, RELATION CLIENT, VALUE FOR MONEY

COÛT-OUTIL

COMMENT DÉFINIR CET INCONTOURNABLE ?

Le coût-outil correspond à l'ensemble des coûts (hors les achats des produits) qui sont engagés pour remplir la fonction macro économique du commerce : assurer la distribution de biens et/ou de services. Il s'agit à la fois de l'**investissement de départ** (construction, création, aménagement lourd du point de vente) qui engendre, dans le compte d'exploitation, une charge d'investissement mais également des **coûts d'exploitation** : loyer, personnel, communication, petits aménagements et équipements, etc. À titre d'exemple, le coût-outil d'une grande surface alimentaire atteint environ 25 % du chiffre d'affaires.

POURQUOI EST-CE IMPORTANT POUR DEMAIN ?

Le coût-outil est, avec les conditions d'achat et la rentabilité du capital attendue par l'actionnaire, un déterminant majeur du prix de vente consommateur. En clair, plus le coût-outil sera faible et les conditions d'achat favorables, plus les prix seront bas et, ce, à niveau de marge nette identique. En ce sens, le coût-outil est le pilier historique du commerce moderne depuis Boucicaut (Le Bon Marché) et les grands magasins au milieu du XIXe siècle. Depuis lors, toutes les révolutions commerciales (les magasins populaires dans les années 1930, les supermarchés/hypermarchés après-guerre ou, plus récemment, le hard discount) ont toujours pris appui sur un coût-outil plus faible que les formes de vente en place pour pénétrer le marché. Le succès du e-commerce (notamment sur le non-alimentaire et particulièrement sur les produits dématérialisables) en est une illustration très contemporaine. C'est précisément parce qu'il casse la structure de coûts vs les circuits existants que le e-commerce peut afficher des prix plus compétitifs.

Composante centrale du prix, le coût-outil sera donc tout autant demain qu'hier un chantier incontournable du commerce. Ne serait-ce que parce que **le prix restera toujours, à qualité et services équivalents, un facteur de différenciation prépondérant pour les enseignes et les points de vente**. En tout état de cause (y compris pour les formes de vente pas ou peu discount), le prix est un déterminant de la *value for money* (lire p. 72).

À QUELS OBJECTIFS CLÉS RÉPOND CET INCONTOURNABLE ?

Assurer un niveau de prix compétitif

Soutenir son image-prix

Améliorer sa rentabilité

QUELS DÉFIS POUR LES ENSEIGNES ?

Assumer la primauté du prix dans la construction de la valeur

Le premier défi des commerçants est d'assumer la place nécessairement centrale du prix dans leur stratégie et ce quel que soit leur positionnement (à l'exception naturellement du luxe dont les règles sont, par principe, différentes du *mass-market*). Depuis toujours, le prix bas est – à produits comparables – le moteur numéro 1 du commerce. Et, aucun doute, il le restera.

Savoir résister à l'embourgeoisement...

L'embourgeoisement hante l'histoire du commerce ! Il se nourrit de l'**élargissement sans limite des assortiments** (plus de références à gérer induit, par principe, plus de coûts), d'un **niveau de théâtralisation et d'optimisations du concept magasin qui s'élèvent** (le "toujours plus beau" qui, d'une manière générale, implique davantage de coûts) et de la **mise en place régulière de services supplémentaires.**

... tout en identifiant les coûts qui génèrent de la valeur pour le client

Pour autant, la paupérisation à outrance n'est pas une garantie de succès (la situation actuelle du hard discount en témoigne). Le vrai défi pour les enseignes est bien là : prendre les initiatives (donc engager les dépenses) qui sont réellement créatrices de valeur pour le client et ignorer celles qui, tout en étant coûteuses, ne génèrent pas ou peu de valeur perçue.

Adopter les techniques et technologies qui abaissent les coûts

Dans les années 1950/1960, le libre-service, tout en donnant au client la liberté du choix en rayon, avait comme première vertu une diminution notable des coûts de personnel dans le commerce. C'est la même logique aujourd'hui avec le *self-scanning* ou le *self-check out*. Toujours en caisse, la fluidité du paiement est un défi immédiat pour abaisser le temps d'encaissement, donc les coûts de personnel. C'est à ce titre que le paiement sans contact est une évidence. La preuve par l'exemple : en moyenne, une transaction carte bancaire avec contact "consomme" 10 secondes de temps caissière. Sans contact, c'est moitié moins. Appliqué aux 5 millions de transactions annuelles d'un très gros hyper Auchan par exemple (dont les deux tiers en carte bancaire), c'est – en théorie bien sûr – 4 600 heures économisées. Soit... plus de 2 salaires !

LA CITATION À RETENIR

“ Le client se rend chez Colruyt pour répondre aux besoins de sa famille avec une approche assez rationnelle. Il ne trouvera pas chez nous la théâtralisation [...] ou l'effet séduction. Pas de "wow-effect" chez Colruyt. Le client vient chez Colruyt pour y effectuer une transaction. Chercher les produits dont il a besoin, avec une bonne qualité, un bon niveau de service, et au prix le plus avantageux. Ce n'est pas qu'il n'y ait pas de shopping experience chez Colruyt... C'est simplement qu'elle est différente. Et adaptée aux attentes du consommateur qui nous rend visite ”.

Luc Rogge, general manager de Colruyt, Okay et Bio-Planet (in *Gondola*, 2/9/2009)

LES CHIFFRES CLÉS À RETENIR

Sur le marché alimentaire, le lien entre coût-outil faible et image-prix élevée est évident. Pour preuve, le top 5 des enseignes dont le niveau d'image-prix est le plus haut.

Foyers ayant répondu : l'enseigne “propose des prix attractifs” (source Prométhée/Kantar, P4 2015)

Parmi les 5 premières enseignes, quatre hard discounters. Précisément, la forme de vente dont le coût-outil est le plus faible sur le marché alimentaire. Quant à la seule enseigne d'hyper présente dans ce classement, Leclerc, c'est également celle dont le coût-outil (notamment les frais de structure et de logistique) est notoirement le plus bas. Évidemment pas un hasard...

QUELS EXEMPLES RÉFÉRENTS ?

Super C : comment améliorer la productivité du rayon fruits et légumes

Le rayon fruits et légumes est un rayon très gourmand en frais de personnel, où la productivité peut être faible. D'une part parce que la manipulation de produits fragiles suppose une certaine attention. D'autre part en raison du réassort tout au long de la journée, donc au milieu des clients. Pour gagner en productivité – et par conséquence en coût – sur ses meilleures rotations, le Canadien Super C a imaginé ces box-palettes avec jupe en carton. Avantage : les box sont remplis en réserve et acheminés sur la surface de vente lorsque celui qu'il va remplacer a atteint un niveau de remplissage insuffisamment marchand.

Pourquoi c'est une bonne idée...

Super C s'attaque à un rayon où les heures travaillées peuvent rapidement dériver. Sans compter qu'assurer le réassort en réserve limite les désagréments pour les clients sur la surface de vente.

Colruyt : la chasse au gaspi

Colruyt a érigé la chasse au gaspi – et notamment énergétique – en dogme intangible. C'est ce qui explique deux décisions merchandising en apparence hors du temps. Il y a d'abord les meubles surgelés : de simples congélateurs, fermés et opaques. Peu vendeurs, certes, mais terriblement plus économes que des armoires verticales ouvertes ! Autre surprise pour qui découvre Colruyt la première fois :

l'absence de (coûteux) meubles frais. En lieu et place : l'installation de simples racks dans un frigo de plusieurs dizaines de mètres carrés qui rassemble fruits et légumes, produits laitiers, charcuterie, etc. Inconfortable pour le client qui déambule donc dans une ambiance réfrigérée, mais plus économique.

Pourquoi c'est une bonne idée...

Étonnant, pour certains, le modèle Colruyt est gagnant. L'enseigne belge affiche l'une des meilleures rentabilités de la distribution européenne et l'une des plus fortes croissances de chiffre d'affaires.

Red Market fait le choix du rack et assume d'être moins-disant sur le choix

Autre enseigne belge : Red Market. Elle a été imaginée par Delhaize-le-Lion, précisément autour de l'idée du re-ingeneering du coût-outil. Parmi les décisions radicales : l'utilisation massive de racks en guise de mobilier (y compris pour des produits plus sensible comme la parfumerie ou le vin) et une réduction de l'assortiment. Dans son premier magasin, à Gembloux, Red Market a violemment taillé dans l'assortiment. Sur 2 000 m^2, le magasin ne proposait à l'ouverture que 5 400 références. C'est 2 à 3 fois moins qu'un supermarché classique. C'est spectaculaire au rayon lessives (photo) : 39 codes vs plus de 100 dans un point de vente de taille comparable. Conséquence : aucun produit ne dispose de moins de 4 facings, ce qui, outre les gains sur la productivité et sur la rotation des stocks, assure une bonne visibilité de l'offre.

Pourquoi c'est une bonne idée...

Delhaize a fait le choix de repartir d'une "page blanche" et non d'amender un concept déjà existant. Ce qui, l'expérience le montre, est toujours difficile à faire. Ainsi, avec Red Market, le groupe a pu aller au bout d'une logique de cost-killing.

Costco, le magasin-entrepôt

Costco a indiscutablement inspiré Red Market (lire l'exemple précédent). A une nuance près : la taille. Chez Costco, les magasins ont la surface d'un bel hyper : plus de 14 000 m² en moyenne. Mais ils proposent l'assortiment d'un (tout) petit super : 3 500 références, non-alimentaire compris ! Autant dire que la réduction d'assortiment est encore plus drastique que chez Red Market. Exemple, ici, sur les dentifrices : 5 références seulement. Ce qui permet (outre l'amélioration des conditions d'achat par l'accroissement des volumes à la ligne) de travailler en palettes entières... jusqu'en rayons ! Des rayons qui n'en sont d'ailleurs pas vraiment... Costco est bien davantage un entrepôt qu'un magasin ! Y compris pour les univers qui, habituellement, profitent d'investissements de théâtralisation. Par exemple, ici, le textile.

Pourquoi c'est une bonne idée...

Chez Costco, le prix prime sur toutes les autres considérations. Quitte à "contraindre" le consommateur par un choix restreint ou une ambiance d'achat moins avenante qu'un hypermarché. Mais, visiblement, les clients apprécient. Costco génère en moyenne plus de 100 millions d'euros de chiffre d'affaires par entrepôt.

Frais d'Ici supprime les caissières

Frais d'Ici est une nouvelle enseigne de produits locaux, imaginée par le groupe coopératif agricole Invivo à Toulouse.

Pour limiter les coûts, l'enseigne a fait le choix de... supprimer les caissières. La ligne de caisses (5 postes) est en effet 100 % automatique. Frais d'Ici assume d'ailleurs ce choix radical et le justifie : "*Des caisses libre-service pour les prix les plus justes, pour plus de conseils en magasin.*"

Pourquoi c'est une bonne idée...

Frais d'Ici est un nouveau modèle économique sur lequel la rentabilité est encore incertaine en raison d'un manque de visibilité sur le chiffre d'affaires et sur les risques (importants) de "casse" sur les produits frais. Quite à limiter les frais de personnel, Frais d'Ici a fait le choix de faire l'impasse sur les caissières pour conserver du personnel sur la surface de vente, là où le besoin de conseils et/ou de réassurance est fort.

LE CAS D'ÉCOLE : BOTTOM DOLLAR (ÉTATS-UNIS)

Bottom Dollar est l'enseigne discount du groupe belge Delhaize aux Etats-Unis. Littéralement, l'enseigne signifie "le dernier dollar en poche" et affiche une promesse claire : le prix le plus bas possible. Pour y parvenir, Bottom Dollar a passé tous les déterminants du coût-outil au peigne fin : investissement, assortiment et productivité. Une démarche proche de celle initiée en Belgique avec Red Market (voir pages précédentes).

Sur l'investissement, Bottom Dollar a réduit les charges au maximum. Deux exemples frappants : le sol est identique dans tout le magasin – un lino sans intérêt esthétique particulier – lorsque les supermarchés américains classiques jouent fréquemment sur des revêtements différents pour marquer les univers. Autre choix drastique, le mobilier : aucun effort notable, avec de simples racks, y compris sur des rayons qui justifient, de temps à autres, des effets de mobilier. Le vin est, par exemple, très simplement présenté, sur des gondoles comparables à celles utilisées en épicerie (voir page suivante).

Côté assortiment, Bottom Dollar a taillé dans le vif ! À surface comparable, le point de vente propose trois fois moins de références que ses concurrents

locaux, avec 7 000 articles pour environ 3 000 m². Sur certains rayons, cet arbitrage est encore plus violent : sur le vin, à nouveau, Bottom Dollar ne propose que 150 références, soit 4 à 5 fois moins que dans un supermarché ordinaire. Conséquence, le niveau de stock est au plus bas : 12 jours seulement. Ce qui, là aussi, participe au coût-outil.

Enfin, sur la productivité, Bottom Dollar a fait un magasin 100 % libre-service. Pas de rayons traditionnels en produits frais mais, également, aucun employé pour ensacher en caisse (ce qui est pourtant une norme aux États-Unis). De même, les employés sont polyvalents, passant de la caisse à la mise en rayon selon l'affluence dans le point de vente. Globalement, Delhaize estime ainsi baisser ses frais de personnel de 25 % *vs* ses autres supermarchés Food Lion.

Pourquoi c'est un cas d'école...

Parce que Bottom Dollar joue sur tous les déterminants du coût-outil !

LES INCONTOURNABLES AVEC LESQUELS « COÛT-OUTIL » EST PARTICULIÈREMENT CORRÉLÉ :

DÉVELOPPEMENT ET CONSOMMATION DURABLE, EXPÉRIENCE CLIENT, LESS IS MORE AND GO FASTER, VALUE FOR MONEY.

EXPÉRIENCE-CLIENT

COMMENT DÉFINIR CET INCONTOURNABLE ?

L'expérience-client est la somme de tout ce qu'un commerçant donne à vivre à ses clients. Et ce, depuis la préparation de l'achat jusqu'à l'achat lui-même. En non-alimentaire, l'expérience-client démarre le plus souvent (dans 80 % des cas) bien en amont du magasin puisque les achats sont préparés majoritairement sur internet. Et, le cas échéant, elle se prolonge au-delà du point de vente jusqu'à l'installation / mise en service du produit.

En magasin, l'expérience-client a deux objectifs :

> Être au rendez-vous des basiques de l'achat : la compréhension de l'offre et la compréhension du prix. Faute de quoi, c'est le processus d'achat dans sa dimension transactionnelle qui est menacé.

> Rendre le moment passé le plus agréable possible. Ou, à l'inverse, le moins contraignant possible. Dit autrement, il s'agira, selon les marchés, d'accroître le plaisir d'achat ou l'efficacité. C'est la dimension expériencielle pure.

POURQUOI C'EST IMPORTANT POUR DEMAIN ?

Le champ de la concurrence s'est terriblement accru ces dernières années et s'accroîtra encore à l'avenir. Il y a d'abord un nombre croissant de mètres carrés commerciaux. Il y a ensuite le développement d'un nouveau canal d'achat avec le e-commerce. Autant dire que le client a – et aura – un vaste choix. Et que son niveau d'exigence a progressé en conséquence. En aucune manière, donc, il ne choisira prioritairement une forme de vente / une enseigne dans laquelle l'expérience d'achat n'est pas à la hauteur de ses attentes.

Sur les produits très utilitaristes (l'alimentaire "fond de placard" notamment), la quête principale est l'efficacité : la compréhension de l'offre, la praticité, la rapidité, etc. À l'inverse, sur les produits où l'achat est plus impliquant (cela peut être de l'alimentaire exceptionnel comme de l'équipe-

ment de la maison), la capacité du commerçant à enchanter l'achat sera alors différenciante.

La qualité de l'expérience-client est un excellent levier à activer pour redonner de la valeur à la visite en magasin. Et, une fois en magasin, de la qualité de l'expérience d'achat va découler le taux de transformation.

À QUELS OBJECTIFS CLÉS CELA RÉPOND ?

Enrichir la relation-client au-delà des attendus : l'enchanter

Repenser le parcours client avec l'impact du digital

Construire un lien durable avec ses clients

Remplir le contrat de base et répondre parfaitement aux attendus

Afficher ses différences

QUELS DÉFIS POUR LES ENSEIGNES ?

Premier défi pour les enseignes : accepter que la qualité de l'expérience-client soit avant tout une affaire… locale. Certes, les process et les méthodes nationales sont toujours nécessaires. Mais jamais suffisantes. Dans le même temps, l'enseigne doit s'assurer d'un certain niveau d'homogénéité de l'expérience-client dans tous ses magasins (logique de client mystère). Si tel n'est pas le cas, c'est son image globale qui en souffrira.

Retail is detail aiment à rappeler les Anglo-Saxons. À juste titre ! Au-delà d'un esthétisme (plus ou moins réussi), **le client est d'abord confronté à une somme de détails dans son expérience d'achat. Le cas le plus fréquent ? La bonne compréhension du prix.**

Le commerçant doit savoir montrer à ses clients qu'il a intégré leurs attentes en matière d'expérience d'achat. Par exemple, les services qui offrent praticité et gain de temps (*self-scanning* et circuits courts notamment) doivent exister et être visibles.

Dans une expérience d'achat, certains moments sont plus importants que d'autres. Ce sont les… moments de vérité. Et ils sont différents selon les formats ou les marchés. À bien identifier donc en amont pour valider que le point de vente est au rendez-vous de l'attente de ses clients.

Exemples de "moments de vérité" qui vont influer sur l'expérience-client dans deux circuits

En DRIVE

Ergonomie du site → **Disponibilité des produits** → **Réception des marchandises**

En GRANDES SURFACES DE BRICOLAGE

Compréhension des offres → **Disponibilité d'un conseiller** → **Caisse** → **Premier usage**

LES CITATIONS À RETENIR

" Si vous créez une excellente expérience-client, les clients en parleront. Le bouche-à-oreille est un outil très puissant."

Jeff Bezos, fondateur d'Amazon, NRF (New York), janvier 2012

" Enchanter ses clients ne signifie pas seulement satisfaire ses clients. Quand on veut enchanter ses clients, cela signifie que l'on va aller au-delà de la satisfaction (qui consiste à répondre correctement à un service ou une expérience attendus) et que l'on va dépasser les attentes des clients, tout en créant un effet d'étonnement ".

Lidia Boutaghane, consultante en relation-client, in *Action Commerciale* n° 236, 01/12/2003

" Il y a sept ans, le groupe n'avait pas de code. On aurait été incapable d'ouvrir un magasin qui nous ressemble. Nous avons travaillé notre image, le design de nos matières, l'architecture de nos magasins, nos choix d'achalandage, nos éléments graphiques, etc. À Marseille, par exemple, une voûte en bois fait écho aux voûtes iconiques de notre magasin du boulevard Haussmann à Paris. Notre univers est là : chic, surprenant, impertinent. "

Paulo de Cesare, président du groupe Printemps in *Les Échos*, 22/5/2014

" L'enjeu principal d'un point de vente consiste à faire venir physiquement des gens dans un endroit éloigné de leur domicile. Dans cette optique, il devient nécessaire pour le client de rapporter de cette visite une expérience qui soit supérieure à celle qu'il peut ordinairement avoir. Cela passe par le côté spectaculaire et agréable du lieu notamment grâce à une architecture de plus en plus élaborée mais aussi par son aspect pratique à travers toute une série de services proposés en matière d'accueil, de livraisons à domicile, de distractions, de garderie jeu, de wifi gratuit, de prêt de poussettes ou de parapluies... "

Éric Montazel, Managing Director Expertise, Retail & Shopper TNS Sofres, 16/7/2014, Site TNS Sofres

LES CHIFFRES CLÉS À RETENIR

L'importance de l'expérience-client pour les clients...

Source : Why Customer 'Satisfaction' is No Longer Good Enough, Oracle 2012

10 % > Clients qui seraient **toujours prêts à payer plus** pour une meilleure expérience.

38 % > Clients qui seraient **souvent prêts à payer plus** pour une meilleure expérience.

33 % > Clients qui seraient **rarement prêts à payer plus** pour une meilleure expérience.

L'expérience-client perçue par les Français

Source : Téléperformance et GN Research in *Les Echos* 23/6/2014

19,3 % ont vécu une **très bonne expérience**

14,9 % ont vécu une **très mauvaise expérience**

Les trois plus mémorables

High-Tech	**73,5** %
Voyages et loisirs	**70** %
Électroménager	**67** %

Les trois plus mauvaises

Offres télécom	**40** %
Transport individuel (taxi, train...)	**37** %
Logistique et transports de colis	**20** %

Les meilleures expériences individuelles sont globalement liées à...

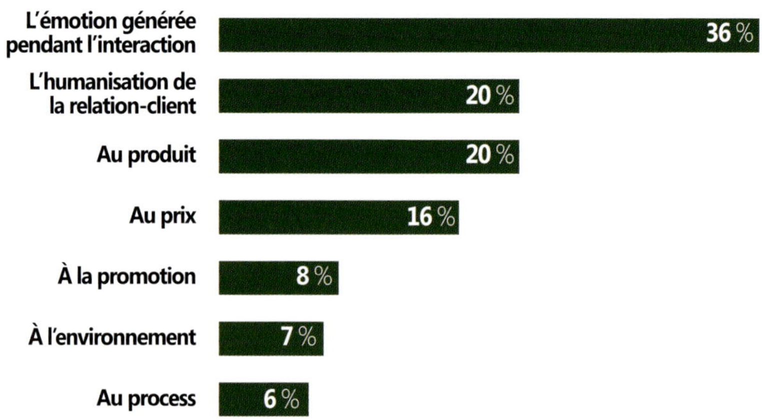

QUELS EXEMPLES RÉFÉRENTS ?

Comprendre l'offre et le prix : l'attente numéro 1 du client

À Creutzwald, Brico E.Leclerc systématise la photo du produit concerné ainsi que les informations essentielles sur les affiches promo.

Pourquoi c'est une bonne idée...

Au-delà de toute autre considération, l'expérience-client doit permettre la compréhension de l'offre et la compréhension du prix. C'est ce qui est incontestablement réussi ici.

Compréhension de l'offre : la méthode Decathlon

Decathlon est probablement l'enseigne qui travaille le mieux la compréhension de l'offre en magasin. Deux exemples ici. Pour les sacs Abeona (comme pour toutes ses offres), Decathlon pointe les quelques critères

techniques les plus importants qui en deviennent autant de raison d'acheter (ou non). Mais, dans tous les cas, le client sait. Autre exemple pour un nouveau produit à l'usage encore méconnu : Abdogain. Dans ce cas, et précisément parce que l'usage est méconnu, Décathlon "montre" via un film.

Pourquoi c'est une bonne idée...

Parce que la compréhension de l'offre est d'autant plus importante sur des produits à faible fréquence d'achat (ce qui est le cas des enseignes spécialisées vs les hypers, par exemple).

SAQ (Québec) : goûter avant d'acheter

Dans certains de ses magasins, la SAQ (la Société des Alcools du Québec, le monopole qui distribue le vin), propose aux clients de déguster jusqu'à une vingtaine de vins différents. Le principe ? Le client achète une carte magnétique sur laquelle sont crédités des droits à déguster. En rayon, avec un conseiller de vente, ou seul, il peut ensuite déguster avant d'acheter.

Pourquoi c'est une bonne idée...

Sur certains produits impliquants, il existe souvent la peur de l'erreur qui peut freiner l'achat. Ici, en proposant la dégustation, la SAQ lève ce frein.

Jardiland met en scène

Pour la décoration de Noël, les jardineries (ici Jardiland) mettent généralement en scène les produits proposés. Double avantage : d'abord, ces théâtralisations peuvent donner du sens à la venue en magasin ; ensuite, les clients visualisent – en situation – les produits en vente. Chaque produit est clairement identifié d'un numéro qui est, ensuite, repris en rayon pour faciliter le repérage, ce qui participe à l'expérience-client en facilitant l'étape transactionnelle.

Pourquoi c'est une bonne idée...

Avec ce type de mise en scène, Jardiland nourrit à la fois l'expérientiel (ce que le client vit en magasins) et l'expérience-client (la compréhension de l'offre s'il souhaite acheter).

La vidéo pour bien comprendre un jouet (Toys R Us)

Chez Toys R Us, Lego a installé un écran de démonstration au cœur du rayon et permet ainsi à l'enfant de visualiser le jouet (et ses fonctionnalités) de manière bien plus complète que le simple visuel sur le pack. Concrètement, l'enfant scanne le jouet de son choix parmi l'ensemble de la gamme et une vidéo de démonstration présente tout ce qu'il est possible de faire avec le jouet.

Pourquoi c'est une bonne idée...

Enfant ou non, tout ce qui permet à un client de s'approprier un produit / un objet avant l'achat accroît notablement le taux de transformation. C'est un principe fondamental du commerce !

La Fnac organise des tournois de jeux vidéo en magasin

Comment faire revenir en magasin des clients sur des marchés dont la bascule *on-line* est une menace sérieuse ? La Fnac y répond en organisant des tournois de jeux vidéo sur la surface de vente. L'occasion de proposer une expérience plaisante à de potentiels clients !

Pourquoi c'est une bonne idée...

Sans même s'en rendre compte, ces clients reprennent le chemin des magasins !

Une expérience multi-sensorielle (Carrefour Espagne)

Le client est sensoriel, par principe. L'expérience sur la surface de vente peut l'être aussi. Oui, ce corner "renifle" le jambon à 20 mètres ! Et alors... Ça donne envie, non ?

Pourquoi c'est une bonne idée...
Dans ce magasin, impossible de manquer le corner jambons secs. C'est la première vertu de ce merchandising multi-sensoriel.

Le libre-toucher, le libre-essai (Boulanger)

Au nom de la maîtrise de la démarque inconnue, trop de magasins proposent encore leurs produits techniques sous vitrines fermées à clé. Boulanger a depuis longtemps fait le choix du libre-toucher. Ici, le client peut écouter les casques audio qu'il souhaite.

Pourquoi c'est une bonne idée...
Le meilleur des merchandising consistera toujours à placer le client en situation d'usage au moment du choix. Et ainsi se rapprocher du stade (crucial) où il s'appropriera l'objet.

Comprendre l'offre par l'exemple (Boulanger)

Comment choisir un produit en toute connaissance de cause ? En comprenant ses fonctionnalités et/ou ses performances ! Dès lors, autant les montrer. Exemple, ici, avec ces webcams. Boulanger présente ainsi le rendu qualitatif du capteur des caméras. Ce qui permet au client de pouvoir percevoir la véritable *value for money* de chacun des produits.

Pourquoi c'est une bonne idée...

En matière d'offre commerciale, le prix ne fait pas tout. La valeur d'un prix, c'est aussi la qualité du produit. Ce que Boulanger présente ici. Pour décider d'acheter en toute connaissance de cause.

Implanter la promo comme le catalogue (Cora)

Tous les consommateurs ont, un jour ou l'autre, pesté contre la difficulté de retrouver en rayon les produits présents sur le catalogue reçu dans la boîte aux lettres. Pour la foire aux vins, Cora simplifie la tâche de ses clients. En rayon, les produits sont implantés dans l'ordre du prospectus. Et la numérotation des pages devient le repère visuel.

Pourquoi c'est une bonne idée...

Ce faisant, Cora a compris le mode de fonctionnement du client sur cette opération. Nombre d'amateurs de vin font leur choix sur le prospectus, préalablement à la venue en magasin. Une fois sur la surface de vente, autant leur faciliter le travail !

Présenter l'offre dans la logique client (Ikea)

Grand classique du merchandising selon Ikea : la présentation de la valeur totale des meubles d'une pièce.

Pourquoi c'est une bonne idée...

Une bonne idée car elle répond à un questionnement classique du client en situation d'achat lorsque les produits sont mis en scène : "Quel prix ?"

Savoir parler la langue du client

Marque, enseigne et client doivent parler la même langue ! Lorsque tel n'est pas le cas, l'expérience-client peut en pâtir. Exemple ici... Quelle est donc la capacité éclairante d'une ampoule de 15 watts, lorsque les repères historiques des consom-

mateurs sont plutôt à 60, 75 ou 100 watts ? D'où l'intérêt d'une simple mention "éclaire comme une 70 W".

Pourquoi c'est une bonne idée...
En donnant au client la clé de compréhension de l'offre, l'enseigne lève le doute éventuel.

Les Ateliers Maquillage de Monoprix

En 30 minutes (et avec la collaboration active des fournisseurs), Monoprix propose une leçon de maquillage à ses clients. L'occasion de les attirer en magasin et de leur "faire vivre une expérience" sur un sujet affinitaire.

Pourquoi c'est une bonne idée...
L'initiative est en totale cohérence avec l'enseigne. D'abord la cible : essentiellement féminine. Ensuite le produit : le maquillage est l'une des aspérités incontestables de Monoprix.

LE CAS D'ÉCOLE
COMMENT DUANE READE AIDE LE CLIENT À CHOISIR LES BONS PRODUITS

Magasin prototype de l'enseigne à New York, Duane Reade Wall Street multiplie les initiatives pour aider le client à choisir les bons produits. C'est notamment le cas au rayon beauté avec deux automates *Find your Look* fonctionnant sur deux principes différents.

L'automate de gauche (déjà observé dans son principe chez Carrefour Planet) permet au client de se photographier et, ensuite, de scanner des produits du rayon (borne de lecture dans le cercle) pour visualiser leur effet sur son visage.
À droite, autre automate. Le point de départ est le même : la photo du client. Mais le chaland navigue ensuite sur un nuancier à la recherche d'un effet final. Toute la palette du maquillage y passe : lèvres, mascara, fond de teint, etc. Après s'être virtuellement maquillé, le client obtient la liste des produits qu'il doit utiliser pour obtenir le résultat escompté. Idée d'autant plus intéressante que l'offre proposée est la conséquence du résultat final attendu. Dans les deux cas, le client peut aussi recevoir la liste des produits par e-mail.

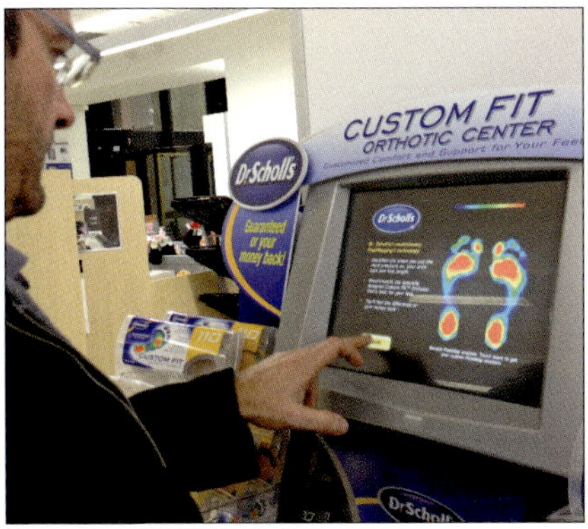

Autre exemple, la "machine à semelles" proposée en collaboration avec Scholl. Les pieds du client sont analysés et, aussitôt, l'automate présente les produits les plus appropriés à la morphologie du client.

Pourquoi c'est un cas d'école...

Acheter le bon produit est l'attente la plus évidente du client en situation d'achat. Tout ce qui facilite l'identification du "bon" produit y répond. Au besoin avec l'aide des fournisseurs et le recours à des technologies novatrices.

LES INCONTOURNABLES AVEC LESQUELS « EXPÉRIENCE-CLIENT » EST PARTICULIÈREMENT CORRÉLÉ :

CONFIANCE, RÉ-HUMANISER, SURPRENDRE/ÉTONNER, RELATION-CLIENT, RETAILTAINMENT.

LOYALTY (et BIG DATA)

COMMENT DÉFINIR CET INCONTOURNABLE ?

Pourquoi utiliser le terme anglais de "*Loyalty*" et ne pas évoquer directement fidélité et/ou fidélisation ? Simplement parce qu'en anglais, *loyalty* signifie fidélité et *loyalty program*, programme de fidélisation. Or, en français, fidélité et fidélisation n'ont pas le même sens. La fidélité suppose, en effet, un regard d'un point de vue client ; et la fidélisation un point de vue de l'enseigne. *Loyalty* englobe donc ces deux regards et impose de fait aux enseignes dans leur stratégie d'avoir ce double point de vue.

Fidélité

La fidélité concerne le client dans son rapport à une enseigne / un commerçant, ses contacts, ses recommandations, ses achats et la part de ses dépenses (taux de nourriture) qu'il consacre à une enseigne.

Fidélisation

La fidélisation est une stratégie qui émane de l'enseigne. Elle organise une démarche qui vise à favoriser des achats répétés et organise également une attitude favorable à l'enseigne ou à ses produits. Cela crée un climat de confiance.

LOYALTY

Dans cette ambition d'accroître la fidélité de ses clients grâce à une stratégie de fidélisation, le "*big data*" est l'un des leviers : évidemment pas le seul, mais un levier qui gagne en importance jour après jour, en raison de la quantité de datas collectées qui induisent une connaissance toujours plus fine du consommateur et de son comportement. Naturellement, le *big data* va bien au-delà des données de fidélité *stricto sensu*. Pour autant, impossible d'envisager un programme de fidélisation sans recours au *big data*.

D'une manière beaucoup plus large, comment définir le *big data* ? La définition proposée par IBM est probablement la plus aboutie car elle donne toute la mesure du sujet : "Chaque jour, nous générons 2,5 trillions d'octets de données. À tel point que 90 % des données dans le monde ont été créées au cours des deux dernières années seulement ! Ces données proviennent de partout : de capteurs utilisés pour collecter les informations climatiques, de messages sur les sites de médias sociaux, d'images numériques et de vidéos publiées en ligne, d'enregistrements transactionnels d'achats en ligne et de signaux GPS de téléphones mobiles, pour ne citer que quelques sources. Ces données sont appelées *big data* ou volumes massifs de données."

POURQUOI C'EST IMPORTANT POUR DEMAIN ?

C'est une vérité qu'il est toujours bon de rappeler : **il est moins coûteux de se développer sur les clients fidèles que d'acquérir de nouveaux clients**. De même, plus la concurrence s'intensifie, plus il est difficile de conserver ses clients qui font face à des sollicitations sans cesse plus nombreuses et plus fréquentes. La stratégie de fidélisation prend donc une importance croissante. C'est particulièrement le cas dans l'alimentaire avec, actuellement, un nouveau format qui redistribue les cartes : le drive.

Les enseignes les plus performantes sont très souvent celles qui enregistrent le meilleur taux de nourriture (la part de budget dépensée dans l'enseigne). Aussi, **la croissance durablement faible en Europe doit inciter à privilégier le développement du taux de nourriture**. Cela s'assimile à une défense du capital-clients, une vraie stratégie de rétention.

Autre raison de l'importance des programmes de fidélisation dans le commerce de demain : **dans leur ensemble, les enseignes ont encore peu de (vrais) programmes de fidélisation.** À savoir des programmes qui récompensent le comportement ou la modification du comportement des clients, et non juste un simple opportunisme promotionnel ! À titre d'exemple, combien d'enseignes, tant en alimentaire qu'en non-alimentaire, récompensent-elles le cumul d'achat ? Pour autant, un programme de fidélisation n'est qu'un moyen et n'est, en tant que tel, pas obligatoire. On peut très bien fidéliser sans programme spécifique, l'exemple de Picard, enseigne préférée des Français en 2014 selon OC&C Strategy Consultant est, à cet égard, très révélateur !

Autre avantage : **une stratégie de fidélisation permet de faire comprendre en interne que l'enjeu le plus important du commerce n'est pas l'achat (mesuré via le chiffre d'affaires) mais bien la satisfaction-client.** Laquelle est la principale source de ré-achat, donc de chiffre d'affaires durable.

Pourquoi la fidélisation ? Des enjeux de plus en plus importants !

Le commerce d'hier	Le commerce de demain
Objectif Croissance du chiffre d'affaires.	**Objectif** Croissance du chiffre d'affaires.
Priorité stratégique Développement du parc, des assortiments et des mètres carrés commerciaux.	**Priorité stratégique** Développement du taux de nourriture.
Principal ressort La stratégie de développement et la stratégie commerciale.	**Principal ressort** La satisfaction-client. (le programme de fidélisation n'est qu'un moyen)

La collecte et l'utilisation des données sont à la base d'un programme de fidélisation. La collecte permet, au minimum, de renforcer la connaissance clients en partant d'une réalité de comportements plus que de déclaratifs très souvent contestables (et d'ailleurs souvent contestés par l'épreuve des faits). C'est dans ce cadre que le *big data* rejoint le *loyalty* en accroissant singulièrement le niveau de données disponibles. **Tout l'enjeu sera alors de rendre pertinentes ces données, le cas échéant jusqu'au prédictif. L'important n'étant pas alors le volume de datas collectées mais leur usage.**

À QUELS OBJECTIFS CLÉS RÉPOND CET INCONTOURNABLE ?

Viser l'excellence dans la relation- client

Construire un lien durable avec les clients

Préserver/renforcer le capital clients

Viser/développer les clients à fort potentiel

QUELS SONT LES DÉFIS PRIORITAIRES POUR LES ENSEIGNES ?

Pour remettre à plat son programme de fidélisation, encore faut-il accepter... qu'il n'existe pas vraiment ! Et ce, même si l'enseigne en dispose. Trop souvent en effet, il ne s'agit en rien de fidélisation mais d'opportunisme répété (c'est particulièrement le cas en alimentaire). Premier défi donc : réinventer le programme de fidélisation, notamment autour des liens entre l'enseigne et le client. Le montant cumulé de ses achats en est un, mais pas le seul.

Les objectifs poursuivis par le programme sont également à fixer en amont. Si la finalité est évidemment d'accroître le niveau de ventes, les leviers à activer peuvent être différents (et justifier d'initiatives particulières selon les cas) : la fréquence d'achat, la dépense totale, le panier moyen ou encore la "récence" (l'intervalle entre deux visites).

Par principe, la fidélité (commerciale) se récompense. Le bénéfice de la fidélité du client doit donc être à la fois tangible, incitatif et compris. Fréquemment, malheureusement, en compliquant à l'excès leur programme de fidélité, les enseignes ne parviennent plus à restituer de manière évidente le bénéfice de la fidélité. Objectif donc : simplifier ! Une double simplication s'impose : à la fois sur le "*earn*" (la manière dont le client accumule sa récompense) et le "*burn*" (la manière dont il peut en profiter).

Pour ce faire, **une stratégie de fidélisation aboutie suppose souvent un décloisonnement des silos habituels de l'entreprise.** Et ce pour que les services exploitation, marketing, marketing-client et informatique puissent imaginer de concert la fidélisation la plus incitative et la plus simple pour le client. Tant dans le "*earn*" que dans le "*burn*".

Attention à ne pas se tromper d'objectif pour quantifier le succès (ou non) du programme de fidélisation. **L'essentiel n'est pas le volant de clients porteurs mais bien leur taux d'activité. Aussi, si les actions commando de recrutement (souvent externalisées) sont utiles, faire vivre la carte au quotidien (via les collaborateurs en contact avec le client, notamment en caisse) l'est bien davantage.** La "satisfaction d'usage" en découlera. Et, par ricochet, la fidélité.

Pour accroître cette satisfaction d'usage, l'enseigne doit traquer tous les dysfonctionnements que le client peut identifier comme tels : par exemple, ne pas pouvoir comptabiliser ses achats sans la présentation physique de la carte (à l'heure de la dématérialisation et des fichiers numériques, aucun client ne le comprend) ; ou encore ne pas reconnaître un même client qui utilise deux canaux différents dans sa relation à l'enseigne. De même, dans le programme de fidélisation, il est important de laisser au client le choix du mode de relation avec l'enseigne et, surtout, la fréquence des contacts. Enfin, le client "actif" est, par principe, dans des dispositions favorables vis-à-vis de l'enseigne. Autant en profiter pour optimiser le programme de fidélisation en l'interrogeant. Il y a quelques années, une étude Nielsen avait fait ressortir que le principal reproche que les Français faisaient aux programmes de fidélisation était précisément qu'on ne leur demande pas leur avis ! À méditer à l'heure du commerce collaboratif...

LES CITATIONS À RETENIR

" *L'histoire de la distribution, c'est un grand mouvement de balancier. Avant, c'était le petit commerçant qui connaissait bien le client. Après, il y a eu la... grande distribution et le lien s'est rompu. Depuis quelques années, la technologie permet aux distributeurs d'inverser la tendance : ils continuent à massifier (l'offre de produits) tout en s'adressant personnellement au client. Et ce, grâce à la technologie.* "

Franck Westrelin, directeur Europe du Sud d'Oracle Retail (in *LSA*, 23/6/2014)

" *La stratégie de fidélisation, c'est ce que l'entreprise décide de mettre en œuvre pour fidéliser ses clients. La fidélité, c'est ce que décide de faire, ou non, le client.* "

Yan Claeysssen, Anthony Deydier, Yves Riquet (in *Le Marketing client multicanal*, Éditions Dunod)

" *Le véritable enjeu est de passer d'un mode réactif à un mode prédictif, voire prescriptif. Cela consiste à anticiper les besoins des clients et également à les conseiller en temps réel en fonction des stocks, des promotions, du parcours en magasin ou encore du panier sauvegardé sur le site de la marque.* "

Thomas Coustenoble, responsable de l'activité smarter commerce d'IBM (in *Stratégies*, n° 1775)

" *On a obtenu des résultats assez extraordinaires : on est capable de prévoir le futur. On l'a observé suite à l'analyse de vingt ans de "unes" du New York Times. Avec une probabilité de 80 %, on a constaté que l'on pouvait déterminer les épidémies importantes et les grandes révolutions. On est donc capable de prévoir le comportement d'individus. [...] On touche ici du doigt le potentiel du big data mais également la problématique éthique.* "

Bernard Ourghanlian, directeur technique et sécurité de Microsoft France (in *Marketing*, mars 2014)

" *Notre base de données mondiale nous permet de mieux connaître nos clients et d'anticiper leurs attentes. Il est possible de décrire leurs comportements : destinations, canal de réservation, durée et fréquence de séjour, préférences de marques, motifs de voyages...* "

Grégoire Champetier directeur général Marketing du Groupe Accor (in *Les Échos*, 24/9/2013)

LES CHIFFRES CLÉS À RETENIR

L'objectif des programmes de fidélité (vu des marques/des enseignes)

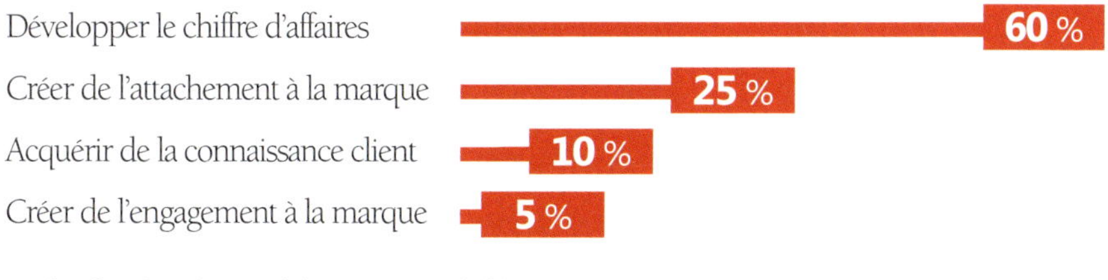

(Source : Vertone, benchmark multisectoriel des programmes de fidélisation, mai 2013 in *Action Commerciale* octobre 2013)

La fidélité, vue du client

Être fidèle à une marque, c'est…

La **recommander** autour de soi	58 %
Acheter toujours la même marque	54 %
Se renseigner régulièrement sur l'**actualité de la marque**	36 %
Défendre la marque lorsqu'elle est attaquée	23 %
Ne pas acheter de **produits concurrents** (même si rupture)	17 %
Acheter les **nouveaux produits** (même si pas besoin)	15 %

Ce qui justifie la fidélité…

La **qualité** des produits	85 %
Sa propension à **récompenser ses clients**	42 %
Ses valeurs	37 %
Sa capacité à **se réinventer**	35 %
L'existence d'un **lien affectif** entre la marque et ses clients	23 %

Les récompenses souhaitées…

Des **bons de réduction**	84 %
Avant-premières produits, soldes, **événements**	47 %
Preuves d'attention aux dates qui comptent	45 %
Donner son avis pour concevoir de nouveaux produits	37 %
Ligne de caisse prioritaire	6 %

(Source : Generix, Toluna, septembre 2014)

QUELS EXEMPLES RÉFÉRENTS ?

Ikea Family : communiquer sur la lisibilité du programme

Il est souvent surprenant de constater que les membres d'un programme de fidélité ne connaissent pas les avantages du programme dont ils sont membres. Pour une enseigne, il faut donc avoir un programme simple, lisible et facile à comprendre. Et, surtout, bien le communiquer en magasin. Ce que fait Ikea en rappelant la liste des avantages du programme Ikea Family.

Pourquoi c'est une bonne idée…

C'est autant utile aux porteurs d'Ikea Family qu'à tous ceux qui n'ont pas encore la carte ! L'enseigne fait le pari que les membres d'Ikea Family ne connaissent pas tous les avantages du programme (et elle a raison compte tenu de la fréquence de visite dans la distribution spécialisée).

Surclasser ses meilleurs clients : la Fnac et Fnac One

En 2009, la Fnac a lancé Fnac One, une version de son programme pour ses meilleurs clients (ceux qui dépensent 4 fois plus que la moyenne des adhérents et viennent, pour 85 % d'entre eux, plus d'une fois par mois). Au-delà du programme Club Fnac classique, les adhérents bénéficient de caisses dédiées (pas un petit avantage lors des fortes affluences de fin d'année), d'une hot line exclusive, des frais de ports gratuits sur Fnac.com, des invitations aux évènements et avant-première, des soirées réservées au cours desquelles le magasin est totalement privatisé. etc. Depuis 2014, le programme Fnac One s'est enrichi d'offres exclusives sur des univers spécifiques.

Pourquoi c'est une bonne idée...

L'enseigne fait le pari de valoriser ses meilleurs clients... pour bien travailler le taux de nourriture en améliorant l'expérience-client et en renforçant les liens avec l'enseigne.

Intermarché : se démarquer en ciblant les familles nombreuses

Le programme de fidélité d'Intermarché comporte un volet pour les familles nombreuses en leur offrant des réductions dédiées compte tenu de la composition du foyer.

Pourquoi c'est une bonne idée...

Par nécessité, les familles nombreuses ont des paniers moyens élevés. Concevoir un volet spécifique du programme pour eux, c'est faire percevoir que l'enseigne est juste dans sa récompense de la fidélité.

Orchestra : le "club", un nouveau principe de fidélisation

Avec Club Orchestra, plus besoin de faire la chasse aux promotions ou d'attendre les soldes ! En devenant adhérent du Club pour 30 euros par an, le client bénéficie toute l'année de 50 % de réduction sur toutes les collections Orchestra et Prémaman.

Pourquoi c'est une bonne idée...

À l'instar de Costco, leader mondial des clubs entrepôts, Orchestra permet de rentabiliser très rapidement l'adhésion en offrant un niveau de promotion élevé toute l'année. L'enseigne peut ainsi capter le maximum de la part du budget consacré à ces dépenses de textile ou de puériculture, le niveau de réduction étant toujours un excellent motif de visite en magasin.

Maintenir le lien avec les clients : Ikea et son magazine Live, Fnac et son magazine Contact

Dans un secteur de l'équipement de la maison qui souffre d'une fréquence d'achat faible, il faut stimuler le consommateur, lui donner envie. C'est bien le rôle et la mission du magazine Ikea, destiné aux clients les plus fidèles. Maintenir un contact quatre fois par an par courrier est une mission qui a du sens. La qualité du contact vient de la qualité du magazine, envoyé par voie postale plus que de simples newsletters ou e-mailing qui ont du mal à émerger dans le flot du courrier numérique.

De son côté, la Fnac suit historiquement le même raisonnement avec son magazine Contact, envoyé chaque mois par voie postale aux porteurs du Club Fnac et de Fnac One.

Pourquoi c'est une bonne idée...

Dans les deux cas, Ikea et Fnac vont (beaucoup) plus loin que les habituels messages des enseignes vers les clients, essentiellement promotionnels.

La Fraîch' fid d'Intermarché

Quand le programme d'Intermarché a évolué en 2011, avec la suppression du doublement des points le jeudi, les offres "fraich'fid" ont vu le jour pour récompenser le client sur le cœur du métier, les produits frais, et avec de fortes réductions (20 %) sur des valeurs faciales élevées. Sur des rayons comme la boucherie perçus comme onéreux, cela a du sens ! Surtout avec la progressivité de la récompense pour travailler le taux de nourriture.

Pourquoi c'est une bonne idée...

C'est une vraie stratégie de fidélisation avec des choix drastiques sur le cœur du métier et des produits à forte marge. Contrairement aux habitudes de la distribution alimentaire qui oriente la promotion sur quelques articles, ici, le client a toute liberté de choix.

Galeries Lafayette : réserver des petites attentions

Chez Galeries Lafayette, les retouches de pantalon, veste ou jupe sont facturées 8 €. En revanche, pour les clients fidèles (porteurs de la carte donc), les retouches sont gratuites.

Pourquoi c'est une bonne idée...

Les clients fidèles ne sont pas des clients comme les autres. Eux le savent (qu'ils sont fidèles) et attendent des signes de reconnaissance tangibles. Ici, valoriser les retouches pour tous les clients et les offrir à certains est un signe réel.

Best Buy : "historiser" les données au service du client

L'enseigne a fait de son programme « My Best Buy » un programme gratuit utilisable sur tous les canaux et qui, comme beaucoup de programmes, historise les données d'achat des clients. La particularité chez Best Buy ? Avoir doté les vendeurs en rayons de terminaux pour lire les données des cartes et ainsi mieux conseiller le client. Les informations figurant sur la carte sont la mémoire du client et le vendeur a la capacité d'optimiser son choix. Dans bien des cas, cela lui permet de donner du sens à son conseil, surtout sur des appareils qui fonctionnent entre eux.

Pourquoi c'est une bonne idée...

Le programme est un véritable support de conseils pour les vendeurs. Il a une mémoire infaillible, contrairement aux clients !

Leroy Merlin ou comment s'assurer de bien identifier les meilleurs clients

Pour Leroy Merlin, il convient de ne pas laisser échapper les meilleurs clients… Ceux qui ont un projet dans leur habitation et vont naturellement réaliser de grosses dépenses dans un laps de temps finalement assez court. Toute la stratégie de fidélisation consiste donc à identifier très en amont les projets, au plus près de leur démarrage, de manière à avoir un taux de nourriture (la part des dépenses réalisée dans l'enseigne), le plus élevé possible.

Pourquoi c'est une bonne idée…

Que ce soit sur une période ponctuelle ou sur trois ans, les avantages du programme Carte Maison ont du sens, tant par les réductions accordées qui ne sont pas négligeables dans le cadre de ses projets que des avantages relationnels. La priorité dans l'assistance téléphonique est importante à cet égard pour « reconnaître » les meilleurs clients. Au final, avec un tel programme, l'enseigne nordiste fait tout pour les capter en encartant ceux qui vont devenir de forts contributeurs sur une période donnée.

LE CAS D'ÉCOLE
WALGREENS : POUR MÉRITER LA FIDÉLITÉ DES CLIENTS, D'ABORD LEUR FAIRE CONFIANCE

Walgreens est le leader mondial des pharmacies. Aux États-Unis, son pays d'origine, l'enseigne est un peu plus qu'une pharmacie, c'est aussi un drugstore avec de nombreux produits alimentaires et articles du quotidien. Le programme de fidélisation de Walgreens est le leader en nombre de porteurs aux États-Unis. Le programme, nommé *Balance Rewards*, est gratuit et tout à fait classique dans ses fondamentaux. Le client cagnotte ainsi 50 points pour chaque dollar dépensé sur les produits de santé et de bien-être. Mais la véritable originalité du programme vient du fait qu'il encourage l'activité physique et la marche. Pour chaque mile parcouru à pied, le porteur se voit créditer 20 points sur sa carte *Balance Rewards*. Pour cela, il lui suffit juste de déclarer son activité (par exemple : une promenade de trois miles un dimanche lui rapporte 60 points) sur son espace personnel sur le site de *Balance Rewards*. Tout repose sur la confiance, l'enseigne ne pouvant pas contrôler l'activité réelle de ses clients.

Pourquoi c'est un cas d'école...

L'enseigne fait confiance à ses clients ! Récompenser l'activité physique est au cœur de son positionnement très axé sur la santé (ce qui est logique pour un pharmacien). C'est donc très cohérent, d'autant que l'incitation est souvent relayée en proximité de produits réputés peu sains (comme les boissons énergétiques sur la photo). Enfin, en 2014, l'enseigne est allée plus loin en doublant le montant initial récompensant chaque mile (20 points au lieu de 10) si le client connecte son compte fidélité avec les devices et objets connectés qui mesurent l'activité physique.

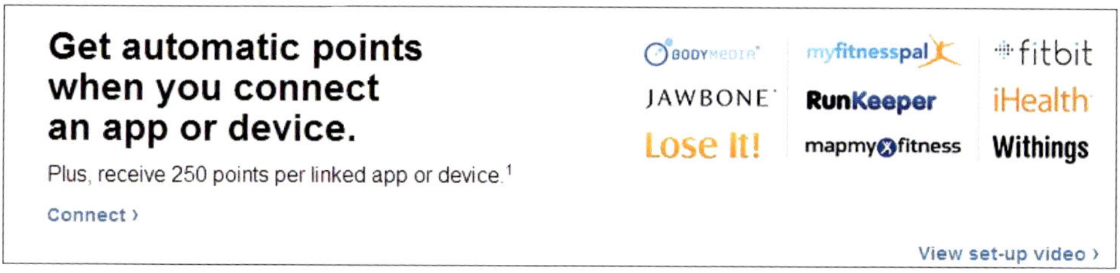

LES INCONTOURNABLES AVEC LESQUELS « LOYALTY & BIG DATA » EST PARTICULIÈREMENT CORRÉLÉ :

RELATION-CLIENT, PERKONOMICS, SURPRENDRE / ÉTONNER

PROMOTION / THÉÂTRALISATION

COMMENT DÉFINIR CET INCONTOURNABLE ?

La promotion des ventes a pour objectif le développement du chiffre d'affaires par des efforts de vente exceptionnels : mise en avant plus ou moins spectaculaire, baisse de prix facial, conditions particulières (lot, cash-back, facilité de financement, etc.). La promotion induit nécessairement un bénéfice tangible – donc compris ! – pour le client. Selon les cas, différentes actions de communication s'ajoutent à l'action commerciale.

La théâtralisation consiste à mettre en scène le produit proposé de manière inédite, originale, bref extraordinaire. La théatralisation doit, d'une manière ou d'une autre accompagner la promotion. À l'exceptionnalité de la proposition commerciale (effort sur le prix par exemple), doit répondre une exceptionnalité dans l'exécution visuelle.

POURQUOI C'EST IMPORTANT POUR DEMAIN ?

Le "savoir-dramatiser" l'offre est – et demeurera – un passage obligé du commerce. **La mise en tension du consommateur est un ressort toujours efficace de stimulation commerciale.** C'est à ce titre que la promotion et la théâtralisation sont incontournables (et associés).

La promotion, via notamment la baisse de prix, est classiquement la manière la plus efficace de créer du trafic en point de vente. La sensibilité au prix du consommateur est aujourd'hui élevée. Et rien ne laisse à penser qu'elle faiblira demain. Au contraire… Ce qui ne peut que donner de l'intérêt à la promotion ! Sur des marchés matures (le cas aujourd'hui pour l'essentiel des secteurs et a fortiori demain), **la promotion contribue à générer de la croissance pour les enseignes par le déplacement de parts de marché (et non plus par la croissance des marchés).** La promotion modifie alors les habitudes d'achat. C'est particulièrement notable dans l'alimentaire.

La réponse consommateur à la promo est avérée. Exemple sur les produits de grande consommation en hypers et supers où la part des ventes sous promo est historiquement au plus haut à environ 20 % !

Exemple aussi sur le textile. En treize ans (de 2000 à 2013), la part des ventes réalisées en promotion (soldes + promotions classiques) a progressé sans interruption de 23 % à 42 %. Et, hormis le cas presque unique d'Apple, l'*Every Day Same Price* (l'antithèse de la stratégie de promotion) n'a pas sa place sur le marché. L'enseigne américaine JC Penney a d'ailleurs tenté une expérience sans succès d'*Every Day Same Price* et a dû réintroduire une dose de promotions.

Au-delà d'un simple rabais de prix, la promotion est aussi la concrétisation de l'animation commerciale du point de vente. Le magasin vit par la promo, laquelle rythme les saisons, les temps forts du calendrier.

Le développement d'outils numériques personnels (smartphone essentiellement) ouvre – enfin – le champ de la promo réellement personnalisée. Et donc la possibilité d'améliorer encore l'efficacité de la promotion en ciblant plus précisément les offres et les messages. Tant en fonction du consommateur qui les reçoit que du contexte dans lequel il se situe.

À QUELS OBJECTIFS CLÉS CELA RÉPOND ?

Générer du trafic

Améliorer l'image-prix, bien travailler sa *value for money*

Être préféré par les clients et les fidéliser

Proposer une expérience plus riche et plus "fun" aux clients

QUELS DÉFIS POUR LES ENSEIGNES ?

La promotion suppose par principe un bénéfice pour le client. Le premier défi consiste donc à s'assurer de la réalité du bénéfice. Le second qu'il soit bien compris par le chaland. Un bénéfice non compris (par exemple par une trop grande complexité promotionnelle) limite automatiquement l'effet positif de la promotion. Les deux enjeux donc pour les marques et les enseignes : conception de l'offre et exécution de l'offre.

À l'heure où les plannings promo des enseignes sont saturés (100 opérations par exemple en moyenne par an pour une enseigne d'hypermarchés), **le nombre de produits mis en avant – la "quantité" de promo – n'influe que peu sur l'efficacité de la promotion. En revanche, le bénéfice des offres – la "qualité" de la promo – est un déterminant majeur.** Pour preuve, le succès du Mois Carrefour en octobre 2012 qui a valu à l'enseigne sa première progression en part de marché pro forma après de longs mois de baisse. Pour la première fois, en effet, une enseigne proposait à grande échelle un niveau de remise de 70 % dès le premier produit. Bénéfice impactant, simple à comprendre : les ingrédients d'une promotion réussie étaient réunis.

Sur l'alimentaire, le cas Leclerc est édifiant sur la différence entre "plus de promo" et "mieux de promo". À mètres carrés commerciaux identiques, Leclerc est en effet l'enseigne dont la pression promotionnelle (nombre d'offres x nombre de magasins) est la plus faible. Pour autant, c'est aussi l'enseigne dont la dynamique commerciale est la plus nette dans une lecture moyen terme ! (voir ci-dessous)

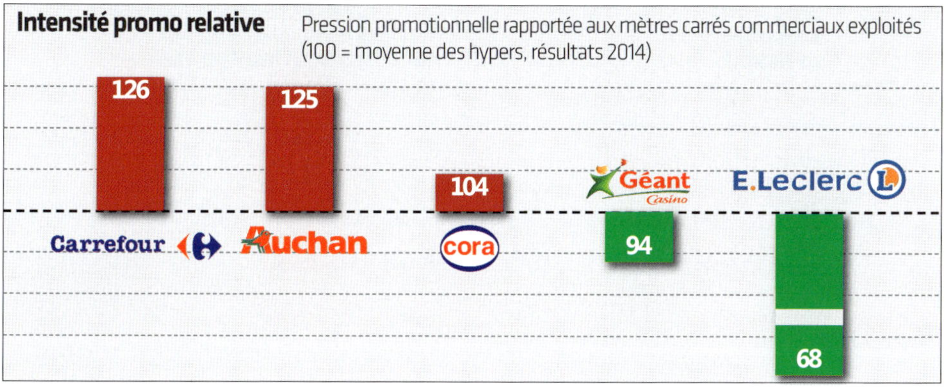

Le sous-investissement promo de Leclerc démontre clairement qu'une approche strictement quantitative de la promotion est insuffisante. À l'inverse, selon l'étude PromoFlash (A3 Distrib / Éditions Dauvers) Leclerc est l'enseigne qui est globalement la mieux classée sur les indicateurs qualitatifs de la promotion : agressivité des offres, compréhension des offres, lisibilité des prospectus qui portent les offres, etc. (voir page suivante). Est-ce un hasard ? Évidemment, non !

Autre défi, et sans doute le plus difficile pour un commerçant : **accepter que la promotion ne soit pas nécessairement rentable**. C'est le concept – avéré – de l'îlot de pertes dans un océan de profits.

Les efforts de promotion ne font sens que s'ils sont perçus par les clients. À la fois par les acheteurs potentiels du produit en promotion mais, également, par les non-clients de la catégorie. La promotion a, en effet, une double mission : générer du trafic (par la venue de clients acheteurs) et nourrir l'image-prix (auprès de tous les clients). Ainsi, au printemps par exemple, la communication et la théâtralisation d'une promotion tondeuse à 29 € par exemple sont doublement utiles : naturellement pour vendre le produit à ceux qui possèdent un jardin ; mais aussi pour convaincre tous les autres (non-acheteurs de tondeuses donc) de l'agressivité prix du magasin.

En ce sens, **la visibilité de la promotion est un prérequis. Le meilleur levier de visibilité ? La massification.** D'abord parce qu'elle répond aux ambitions de ventes additionnelles du commerçant. Ensuite, parce qu'elle reste encore le meilleur moyen de stimuler le client. Rien de pire, donc, que les têtes de gondoles multi-produits !

Les indicateurs qualitatifs de la promotion (résultats 2014)

L'indicateur de promos négatives

Les promos négatives sont les références mises en avant sur prospectus par une enseigne et qui pouvaient être trouvées moins chères ailleurs au même moment. C'est une façon très concrète de mesurer la pertinence prix des offres.

> % de promo négatives

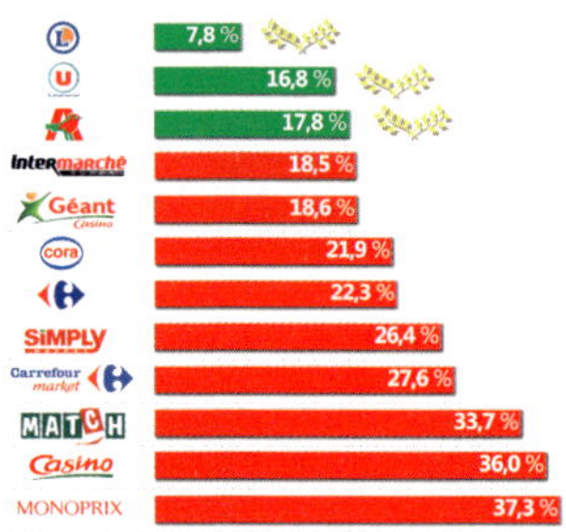

L'indicateur d'agressivité promo

L'indicateur d'agressivité est indice composite qui intègre : le taux d'utilisation de la remise immédiate et du BOGOF ; le % de produits moins chers dans l'enseigne vs les concurrents.

> 100 correspond à l'enseigne la plus agressive

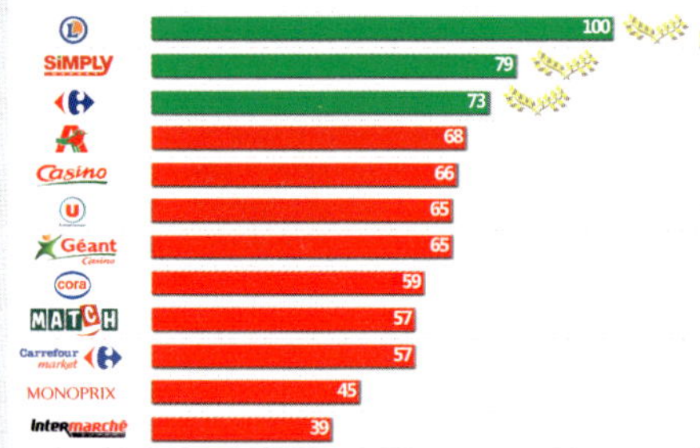

L'indicateur de complexité

Cet indicateur vise à qualifier le niveau de complexité des offres des enseignes. Plus une enseigne proposera des produits avec plusieurs mécaniques promo, plus elle sera, ici, mal classée.

> % d'offres comprenant deux mécaniques promo ou plus

L'indicateur de lisibilité

Plus élevé sera le nombre de références par mètre carré de papier de prospectus édité, moins la lisibilité de l'offre promo sera importante. Ce qui ne peut donc que nuire à sa bonne compréhension.

> Nombre de références par mètre carré de papier de prospectus

La massification est aussi un excellent moyen de "dramatiser" l'offre. La dramatisation a pour objectif la "mise en tension" du client. Il peut s'agir de massification ou, à l'inverse, d'une extrême rareté mais, également, d'un niveau de remise exceptionnel, d'une durée volontairement courte, etc. Bref de tous ces ingrédients qui font de la promotion une proposition vraiment unique.

Dans le cas de promotions personnalisées (par exemple via smartphone), les commerçants ont face à eux le défi de la contextualisation du message. Lequel doit réellement correspondre au profil du destinataire (mais également à ses habitudes, au lieu où il est présent, etc.). Faute de quoi, la promotion sera vécue comme intrusive. Et contre-productive. En la matière, l'avènement du *big-data* ouvre grand le champ des possibles. Demain, la promotion sera... massivement individualisée.

LES CITATIONS À RETENIR

" *Les distributeurs ont contribué à banaliser la promo. Aujourd'hui, il faut trouver des solutions pour continuer de surprendre, sortir du lot.* "

Katell Jumel, directrice marketing et communication de Darty (in *LSA*, 5/6/2014)

" *Ce qui est laid est repoussant, ce qui est repoussant se vend mal.* "

Raymond Loewy, designer

LES CHIFFRES CLÉS À RETENIR

L'intérêt des promotions :

79 % > Les consommateurs qui disent acheter prioritairement un produit en promotion
Source : étude ECR 2014

46 % > La part des Français pour lesquels le prix est le critère le plus important pour choisir un produit. Source : Kantar, 2015

La compréhension des promotions :

80 % > Part des consommateurs qui ne comprennent pas les promotions
Source : étude ECR 2011

QUELS EXEMPLES RÉFÉRENTS ?

Auchan Mantes-la-Jolie : tout pour la promo !

Auchan Mantes-la-Jolie est un hyper récemment rénové. Rénové et... agrandi à 15 000 m², ce qui ne manquait pas d'étonner lors de son inauguration. Grand bénéficiaire de l'agrandissement : la promotion. Les zones promotionnelles ont en effet été musclées : deux plateaux promo en non-al, un en alimentaire. Le tout pour 1 300 m² de surface ! En parallèle, le nombre de TG a aussi progressé avec 20 emplacements supplémentaires. Ce qui permet une plus grande massification pour chaque produit mis en avant.

Pourquoi c'est une bonne idée...

Plus encore que le supermarché, l'hyper doit être le lieu de l'exceptionnalité de l'offre. Ne serait-ce que parce qu'il impose à ses clients un déplacement plus long. La promotion est LA bonne manière de jouer cette exceptionnalité.

Les carburants à prix coûtant de Leclerc (entre autres)

Leclerc n'est pas la seule enseigne à utiliser l'arme du prix coûtant pour soutenir le trafic vers ses hypers et nourrir son image-prix. Mais c'est assurément celle qui a su lui donner sa dimension consumériste (donc impactante) la plus forte. Les week-ends à prix coûtant sont en effet courants pendant l'été, période de grands départs en vacances.

Pourquoi c'est une bonne idée...

Paradoxalement, le gain pour le client du prix coûtant sur les carburants est modeste : à peine quelques dizaines de centimes sur un plein. Pourtant, la charge symbolique est forte sur ce qui est considéré par les Français comme une dépense contrainte. D'où l'efficacité de ce type de promotions. Accessoirement, c'est aussi une promesse promotionnelle qui est simple à comprendre !

Carrefour "Yap-Yap" la promo

Imaginé par Carrefour il y a quelques années (disparu depuis), Yap Yap remettait au goût du jour une vieille technique promotionnelle : la mise en avant d'une offre et d'un volume disponible. En clair, "quand y'en a plus, y'en a plus". D'où le nom ! En magasin, selon les produits, l'opération Yap Yap était relayée en allée pénétrante ou en entrée de rayon. Dans tous les cas, l'offre Yap Yap devenait le fer de lance de la communication promotionnelle de l'enseigne.

Pourquoi c'est une bonne idée...

En annonçant les quantités disponibles – limitées forcément – Yap Yap donnait toute sa puissance à la promotion et constituait une forte raison de fréquentation immédiate. Le point faible ? Lorsque Carrefour, par facilité sans doute, proposait des catégories peu "concernantes". Comme, ici, ces "tee-shirts manches longues pour la pratique de la moto" par exemple (photo p. 66).

Affichage promo : Géant cultive le "AAB"

En matière de promotion, les clients ont trop souvent des difficultés pour comprendre la réalité du bénéfice de la promo. D'où cette règle du "AAB", ici parfaitement respectée par Géant Casino. L'affichage promo doit, en effet, comprendre : le prix Avant, le prix Après et le Bénéfice.

Pourquoi c'est une bonne idée...

Dans le déluge promotionnel actuel, le simple fait de permettre au client de comprendre simplement le bénéfice de la promo est différenciant !

Cdiscount, champion de la dramatisation

Depuis ses origines, Cdiscount n'a jamais abandonné un style promotionnel potache. L'enseigne tronçonne ainsi les prix, les lessives, etc. Quant aux soldes, c'est une "grande boucherie" !

Pourquoi c'est une bonne idée...

Cette créativité très second degré a une double vertu : créer un affect à l'enseigne et mettre le client en tension. Une habile technique de dramatisation de la promotion.

La remise immédiate, première "mécanique promo" de Leclerc

Sur l'ensemble des enseignes alimentaires, la remise immédiate n'est que la deuxième mécanique promo utilisée derrière le lot virtuel (par exemple 2 + 1) avec à peine 15 % des produits présents sur prospectus concernés. Chez Leclerc, en revanche, la remise immédiate supplante toutes les autres mécaniques (avec environ un quart des offres).

Pourquoi c'est une bonne idée...

La remise immédiate est de loin la mécanique promo qui permet au consommateur la meilleure perception possible du prix, à la différence du lot virtuel ou du cagnottage (dont le gain est, soit plus abstrait, soit non immédiat).

Coca-Cola surfe sur la Coupe du Monde (avec Carrefour)

Coupe du Monde après Tour de France, Jeux Olympiques après Euro, toutes les marques jouent la carte de la théâtralisation mais, au final, la médaille d'or est toujours pour Coca-Cola ! En juin 2014, au cœur du Mondial brésilien, l'entrée du Carrefour de Waterloo était aux couleurs des "Diables Rouges", du nom de l'équipe belge de football. Une mise en scène exclusivement réalisée à partir de canettes de soda.

Pourquoi c'est une bonne idée...

Une telle mise en avant interpelle le client. Mieux : si elle est bien exécutée, elle génère systématiquement un "effet waouh" qui alimente une proximité affective entre la marque / le magasin et le consommateur.

Les promos XXL d'Auchan

En magasin, Auchan s'est fait une spécialité de "sur-dramatiser" quelques offres par l'exagération de l'affichage. Un affichage construit de manière identique : une photo du produit pour attirer l'œil, l'utilisation du jaune comme couleur symbole de la promotion et des caractères XXL pour le prix.

Pourquoi c'est une bonne idée...

Une promotion peu ou faiblement théâtralisée n'a évidemment pas le même effet sur le client qu'une mise en situation impactante. L'affichage est le premier levier de théâtralisation. Et pas le plus onéreux...

La surprenante promo de Gifi pour la rentrée scolaire 2014

Une offre très surprenante de la part de Gifi en couverture de son prospectus Rentrée... Pour une trousse achetée, le sac à dos correspondant est offert. Étonnant parce qu'une forme de "normalité commerciale" fait s'attendre à l'inverse car la valeur supposée de la trousse est plus faible.

Pourquoi c'est une bonne idée...

Et si, l'air de rien, Gifi avait simplement inventé une nouvelle mécanique promotionnelle avec le produit perçu comme le plus cher des deux qui est offert ?

LE CAS D'ÉCOLE
LES GROS VOLUMES DE CORA

Cora est l'enseigne qui a "inventé" les opérations gros volumes il y a trente ans. Depuis, succès aidant (la part de marché de l'enseigne peut doubler sur la période), les gros volumes ont été repris et adoptés par toutes les autres enseignes. Le principe ? Des offres hors norme en termes de quantité (papier toilette par 96 rouleaux, brosses à dents par 12, lessive par 15 litres, etc.) sous un chapiteau à l'extérieur du magasin. Le tout annoncé par un prospectus (ultra) grand format, pour cultiver l'image exceptionnelle de l'opération.

Pourquoi c'est un cas d'école...

D'abord, il y a l'intérêt même des offres promotionnelles : de nombreuses marques nationales avec un réel décrochage prix. Ensuite la théâtralisation qui participe à la dramatisation de l'opération. Enfin, la récurrence : deux fois par an à l'origine, quatre fois à présent.

LES INCONTOURNABLES AVEC LESQUELS « PROMOTION / THÉÂTRALISATION » EST PARTICULIÈREMENT CORRÉLÉ :

EVÉNEMENTIALISATION, EXPÉRIENCE CLIENT, SURPRENDRE/ÉTONNER

VALUE FOR MONEY

COMMENT DÉFINIR CET INCONTOURNABLE ?

La *value for money* est une attente majeure des consommateurs en recherche incessante du prix justifié et qui visent à obtenir, pour un prix donné, le maximum de valeur. Les Américains parlent d'une «value for money product» comme d'un produit qui en donne plus pour son argent. La notion de comparaison entre produits, entre produits associés avec des prestations, entre services ou entre enseignes rentre en compte dans la *value for money*.
Appliqué au commerce, ce concept marketing de *value for money* revient à dire : "*Est-ce que cette enseigne m'en donne assez pour l'argent que je dépense chez elle ?*" ou "*Est-ce que la fréquenter le vaut bien ?*" Cette notion de *value for money* va donc bien au-delà de la traduction réductrice de rapport qualité/prix.
La *value for money* d'une enseigne est donc dépendante de ses prix (composante évidemment déterminante) mais pas uniquement...

Les déterminants de la *value for money* d'une enseigne / d'un magasin

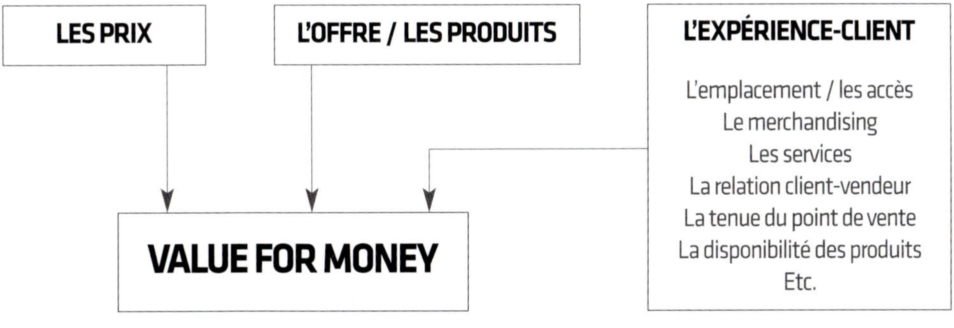

La *value for money* de l'enseigne est sa capacité à porter une promesse finalement assez simple : "*We value your shopping*", ou "*Nous méritons vos achats.*" Et, de fait, chaque enseigne ou, mieux, chaque magasin peut auto-diagnostiquer sa *value for money* (au besoin en utilisant les services d'un client-mystère pour évaluer l'expérience-client).

Dans tous les cas, l'essentiel n'est pas tant la réalité objective, mesurée, des prix, de l'offre, des produits ou de l'expérience-client mais bien la perception que le client en a. C'est en ce sens que le niveau de prix (bas, tel que généralement promis par les enseignes !) n'est pas une finalité mais un moyen. Le moyen de nourrir l'image-prix, élément constitutif de la *value for money*.

Enseigne ou magasin : comment accroître sa *value for money* ?

Un point de vente peut simplement améliorer sa *value for money* en améliorant un ou plusieurs déterminants. Exemple : accroître la disponibilité des produits en baissant le taux de rupture – et même sans revoir aucun autre paramètre – revient ainsi mécaniquement à améliorer sa *value for money*. Naturellement, l'action en sera plus efficace si, tant les prix (ou plus exactement l'image que le client s'en fait), l'offre que l'expérience-client sont améliorés.

POURQUOI C'EST IMPORTANT POUR DEMAIN ?

En une vingtaine d'années, la France (comme d'autres pays occidentaux) est passée d'une société de la consommation à une société de la frustration. La cause ? D'un côté, l'explosion de l'offre (développement de nouveaux marchés et accessibilité croissante des produits via le canal web). De l'autre, une évolution plus modérée de la ressource disponible (le budget libérable par les ménages). Le scénario est évident : des sollicitations qui se développent et des moyens qui stagnent induisent nécessairement un sentiment de frustration. Donc la volonté d'optimiser ses arbitrages en maximisant la valeur pour chaque euro dépensé.

Le règne de la *value for money* ne fait finalement que débuter et ce, pour deux raisons apparemment contradictoires : le prix n'a jamais eu autant d'importance dans le commerce ; et... le prix seul compte pourtant beaucoup moins qu'avant.

Le prix n'a jamais eu autant d'importance dans le commerce...

Vous n'en êtes pas convaincus ? Prenez le premier des marchés : l'alimentaire. Quelle est l'enseigne qui propose, objectivement, les prix les plus bas ? Laquelle dispose de la meilleure image-prix des hypers et supers ? Et, enfin, laquelle a vu sa part de marché progresser plus que les autres sur une période longue, par exemple les dix dernières années ? Leclerc. Tout sauf un simple concours de circonstances... Preuve que la compétitivité-prix peut se transformer en avantage commercial décisif.

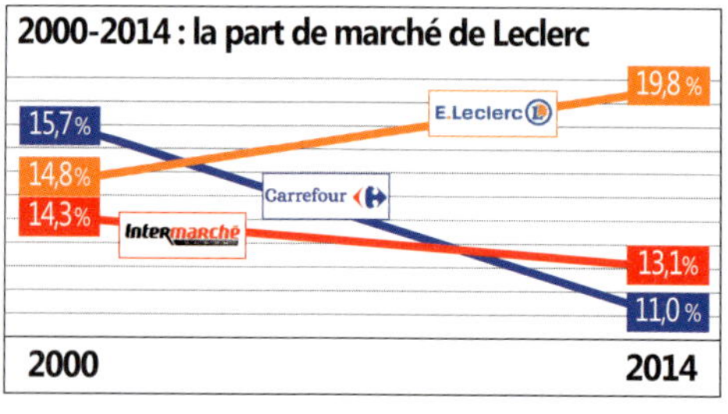

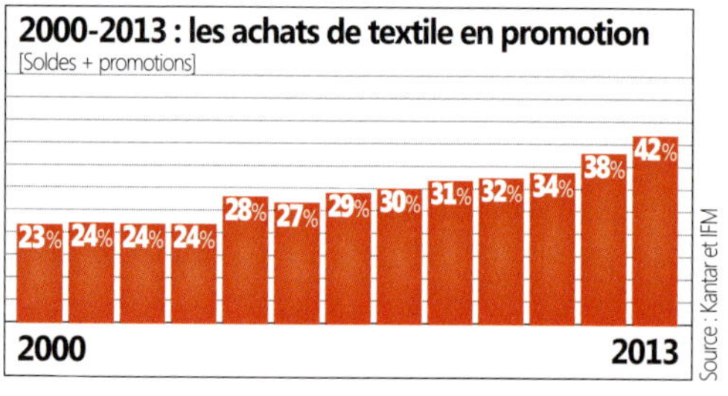

De la même manière, le repositionnement de Géant Casino est riche d'enseignements. En recul à surface comparable de 5 à 10 % par an depuis plusieurs exercices, les hypers de Casino ont brutalement revu leur tarifaire au printemps 2013. En deux ans, l'indice de prix de l'enseigne est passé de plus de 105 à... 93,5 (vs 100 = moyenne nationale / Source Distri Prix). Conséquence, l'enseigne a enrayé la spirale de baisse de ses ventes et présente, désormais, des trimestres (légèrement) positifs.
Autre marché : le textile. La part des achats à prix cassés (soldes ou promotions) n'a jamais été aussi élevée. Nouvelle illustration – en dépit de toutes leurs déclarations – que les Français pensent d'abord... prix.

... mais le prix seul compte beaucoup moins qu'avant

Le prix est important, mais il doit être associé à la qualité, aux services, à un bon comportement social, à des actes prouvant la citoyenneté de l'entreprise, etc. Le prix règne, certes, mais il est presque toujours associé à d'autres critères d'achats pour déterminer la valeur de la proposition commerciale.
A contrario, le hard discount alimentaire qui a toujours eu une excellente image-prix mais des items d'images médiocres (hygiène, fraîcheur et qualité des produits, choix) est aujourd'hui en difficulté. Malgré un effet parc positif (+ 100 magasins de 2009 à 2014, non compris l'évolution de la surface moyenne), tous les indicateurs sont au rouge : la part de marché qui régresse nettement, mais aussi la pénétration, le panier et le nombre d'articles qui plonge. Bref, c'est un vrai détournement de clientèle que subit le hard discount alors que la crise économique et le niveau de chômage auraient dû être le terreau fertile de son développement.

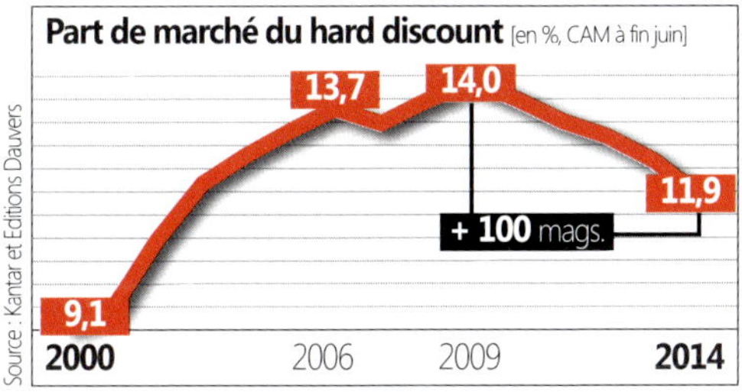

Autre exemple sur le textile : Vêt'Affaires, probablement l'enseigne la plus compétitive en prix brut, est en grande difficulté. Les exercices se suivent et se soldent à chaque fois par un recul des ventes, sous le double effet d'une baisse du trafic et du panier. Explication : Vêt'Affaires a tout sacrifié au prix. Tant la conception et la qualité de ses produits que l'expérience en magasin.

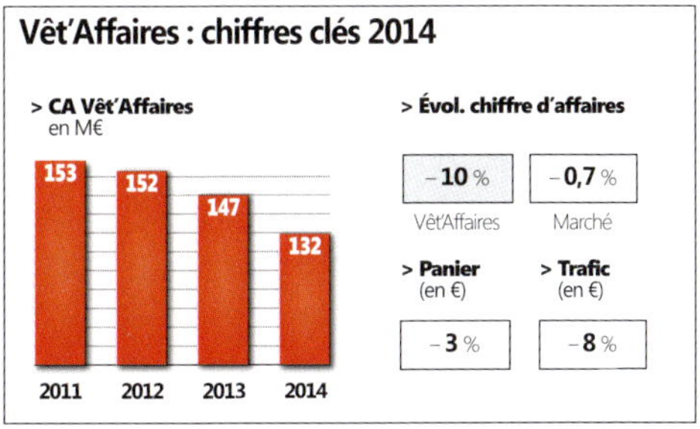

En fait, le prix est tout à la fois indispensable et... insuffisant. Le commerce est plus que jamais confronté à un consommateur qui veut tout : des prix, des services, des attentions, une juste récompense de sa fidélité, une vraie relation-client, des produits qui respectent l'environnement, etc. Face à cette quête d'idéal, dont le prix est le pilier, tout ce qui participe à la justification du prix permet de construire des avantages compétitifs en faisant émerger la *value for money*.

À QUELS OBJECTIFS CLÉS CET INCONTOURNABLE RÉPOND ?

Développer le capital confiance envers les clients

Prix et image-prix sont des conditions nécessaires pour performer

Améliorer la compétitivité globale de l'enseigne

QUELS SONT LES DÉFIS POUR LES ENSEIGNES ?

Travailler la réalité des prix

Si le travail de l'image-prix peut façonner une perception plus favorable de l'enseigne que la réalité de ses prix, attention à ne pas minimiser la part du prix... dans l'image-prix. Aucune enseigne n'a jamais réussi à "tordre" durablement la réalité. Pis, à l'heure où la transparence des prix est rendue plus facile que jamais (via le web et les comparateurs, y compris sur l'alimentaire), le consommateur peut aisément appréhender la réalité des prix.

Disposer d'outils de suivi de la concurrence

Le positionnement prix est, par principe, une situation relative. Il dépend à la fois du prix pratiqué par le point de vente tout autant que du prix des concurrents. Impossible, dès lors, de poser un diagnostic de sa propre *value for money* sans un benchmark complet. Et ce, sur l'échantillon le plus représentatif de produits. Ce qui ne signifie pas... le plus large (trop d'hypers se comparent entre eux sur l'offre exhaustive de PGC mais négligent les produits frais traditionnels dont les prix sont pourtant encore plus visibles pour les clients.

Engager le chantier de l'image-prix

L'image-prix n'est jamais une option mais bien un passage obligé pour une enseigne, quel que soit son positionnement (de hard discount à haut de gamme). Par principe, toute amélioration de la perception du prix par le client améliore mécaniquement la *value for money* du point de vente / de l'enseigne. Reste, évidemment, à engager ce chantier sur la base d'un diagnostic précis, donc fiable. Un diagnostic qui ne peut prendre d'autre forme qu'une étude clients (et non-clients), car il s'agit bien de mesurer la perception des prix.

Offre, produits, services, expérience d'achat : accepter la primauté de la perception !

Rien n'importe plus que la perception du client. C'est lui qui, in fine, fera le succès ou l'échec d'un commerce. Pas les certitudes du commerçant d'avoir sélectionné les meilleurs produits, de proposer des services réellement attendus ou d'avoir imaginé "LE" concept magasin qui fera la différence. La vision du client, sa perception, voilà bien les éléments discriminants de la *value for money*. Le commerçant a donc, là, deux défis : accepter la primauté du client (en dépit, parfois, d'une forme d'évidence / le client a raison même quand il a tort !) ; limiter autant que possible le différentiel entre valeur apportée et valeur perçue, car synonyme de gaspillage de moyens.

Donner le temps au client d'appréhender la *value for money*

La *value for money* est une conséquence de la perception des prix, de l'offre, des services, etc., qui se construit dans le temps : au fur et à mesure des contacts répétés entre le consommateur et l'enseigne. Sur chacun des paramètres, la constance dans la stratégie facilitera la perception du client. Et c'est ce temps long qui donnera à la *value for money* de l'enseigne sa force (et son inertie, notamment face aux initiatives de concurrents).

LES CITATIONS À RETENIR

"Aujourd'hui, il n'y a plus d'un côté les hôtels économiques pour les pauvres et, de l'autre, les hôtels de luxe pour les riches. Les attentes sont devenues universelles car chacun arbitre sa consommation en fonction de ses usages. Cette « dé-segmentation », c'est ce que j'appelle le syndrome Ikea, mais d'autres marques comme Uniqlo ou H&M ont montré la voie. En clair, même avec des contraintes économiques fortes, les clients veulent vivre une réelle expérience. Même dans un hôtel économique, nos clients s'attendent à ce que la marque qu'ils consomment leur apporte émotion, plaisir, confort et innovation. On ne peut donc plus penser l'hôtellerie économique uniquement par la fonctionnalité et le prix."

Grégoire Champetier, directeur marketing d'Accor (*Stratégies*, 10/7/2014)

" La chose la plus importante pour nous est que les gens essaient nos avions. Et, après, ils se diront : mais pourquoi payer beaucoup plus cher sur une autre compagnie ?"

Carolyn McCall, directrice générale de easyJet (in *Les Échos* 31/3/2014)

LES CHIFFRES CLÉS À RETENIR

Le client ne connaît pas les prix (mais reconnaît les enseignes les moins chères et place le prix en tête de ses critères de choix !)

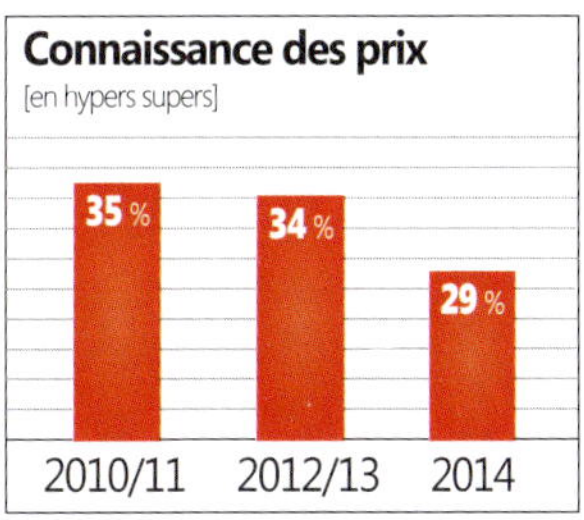

Source : IRI

En apparence, le client ne connaît que très mal les prix des produits qu'il achète le plus souvent : l'alimentaire. Selon IRI en effet, seuls 29 % des consommateurs sont capables de restituer convenablement le prix des produits qu'ils viennent d'acheter. Cette méconnaissance des prix tendrait à relativiser la place du prix dans le lien entre un point de vente et ses clients. Pour autant, sur ce même marché alimentaire, il existe indiscutablement une corrélation entre le niveau de prix et la performance commerciale. Preuve que le client est capable de "juger" les prix sans les connaître. D'ailleurs, toujours selon IRI, le prix est bien le premier critère de choix d'un magasin devant le choix et… les promotions, lesquelles sont très liées au prix. Dit autrement, si le prix n'est pas le critère unique de la *value for money*, il en est une composante déterminante.

Les clients ne cherchent pas systématiquement le prix le plus bas
(mais le meilleur prix)

Critères de choix d'un magasin

"Hormis la proximité (de votre domicile, de votre lieu de travail), pourquoi avoir choisi ce magasin ?"

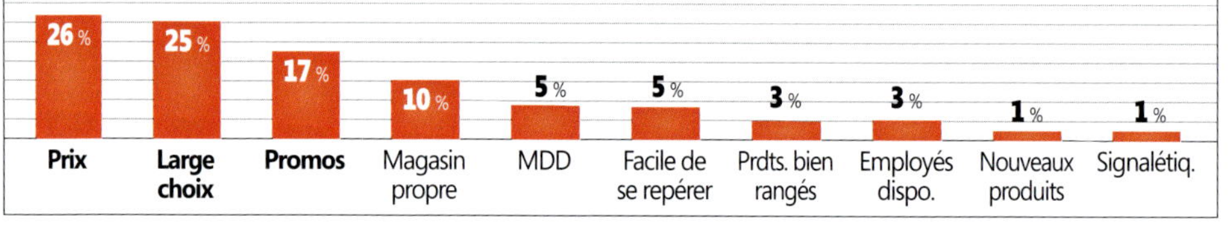

Source : IRI

PDM des premiers prix

[en hypers supers]

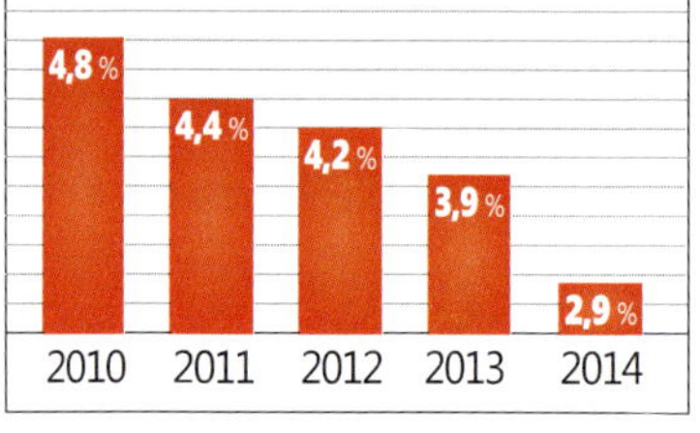

Source : Kantar

Le recul marqué des premiers prix ces dernières années illustre la nuance qu'il existe entre le prix le plus bas et le… meilleur prix (celui qui porte le maximum de valeur). En hypers/supers, à la différence du hard discount, les premiers prix ont uniquement joué la carte du prix, dégradant parfois au-delà de l'imaginable les cahiers des charges. Un niveau de qualité que les clients n'ont pas suivi alors que le niveau de prix était imbattable, en témoigne l'évolution de leur part de marché telle que mesurée par Kantar : en baisse structurelle.

QUELS EXEMPLES RÉFÉRENTS ?

Total revendique son prix et le valorise...

Victimes de leur structure de coûts (et du *dumping* des grandes surfaces), les stations Total proposent des prix factuellement plus élevés que leurs concurrents. D'où le besoin de les justifier. Ce que l'enseigne fait avec sa gamme Excellium. Oui, le carburant est plus cher ("Pour 1,20 € de plus par plein"...) mais il est porteur de bénéfices tangibles, explique Total : sur la longévité du moteur, la consommation et les rejets polluants. Sous-entendu : le différentiel de prix est justifié.

Pourquoi c'est une bonne idée...

Le surcoût des carburants Total est un fait avéré et une conviction pour la majorité des automobilistes. Total en prend son parti (plutôt que de le contester) et le justifie.

SFR : le prix n'est pas tout

"Chez nous, le prix ne vient jamais seul" : en 2010 (avant donc que Free ne vienne dynamiter le marché, voir ci-après), SFR cultivait la valeur de ses prix en les "habillant" d'éléments valorisants. Ici, moyennant 55,90 € mensuels, le client avait davantage qu'un forfait de communications illimitées. Il profitait, par exemple, du "réseau le plus complet" ou d'un "vrai service d'assistance".

Pourquoi c'est une bonne idée...

À l'époque, sur le marché des télécoms, l'objectif des opérateurs était de rendre la comparaison entre les offres difficile, voire impossible. Pas question donc de se comparer à son concurrent ! Mais plutôt de donner le plus d'attributs à son propre prix.

Free : la téléphonie mobile pour une pièce de 2 €

En janvier 2012, Xavier Niel, patron fondateur de Free, s'oppose fortement aux opérateurs historiques et se met ainsi du côté des consommateurs en révolutionnant la *value for money* du marché de la téléphonie mobile.

Sa conférence de presse démarre par la définition de Free dans un dictionnaire fictif : "Qui est libre, sans engagement, sans contrainte, sans limite, libéré, affranchi". Pour s'inscrire dans cette définition, Free propose alors deux offres : d'abord un forfait illimité à 19,99 € ; ensuite un mini forfait (60 minutes + 60 SMS) pour 2 €. Une somme symbolique et facilement représentable ! Le tout évidemment sans engagement pour s'inspirer et nourrir les valeurs de la marque. En cassant les prix (et les codes), Free a révisité la *value for money* du marché. Et en est devenu le référent.

Pourquoi c'est une bonne idée...

Trois ans plus tard, Free se rapproche des 10 millions d'abonnés à ses offres mobiles et revendique une part de marché de 13 %. C'est la preuve qu'il y avait sur ce marché le besoin d'une proposition de valeur radicalement différente. Ce qui, au passage, a contraint l'ensemble des opérateurs à réinventer leur propre value for money, faisant de Free, sur ce point, le modèle que l'on imite.

Transavia minimise le prix de ses billets

Dans sa campagne 2014, Transavia, la compagnie low cost du Groupe Air France parle aux clients un langage parfaitement compréhensible en valorisant le rapport destination/prix. Un billet pour Lisbonne est ainsi "au prix d'un resto portugais" : 40 €.

Pourquoi c'est une bonne idée...

Peu importe, en fait, que la compagnie compare probablement un fauteuil dans ses avions contre deux couverts dans un restaurant, le parallèle est suffisamment frappant pour optimiser la valeur de son prix. L'offre devient alors plus attractive qu'une simple mention de prix bas.

Chez Decathlon, les premiers prix ont plus de valeur que leur simple prix

Dans bien des enseignes, les premiers prix n'ont comme élément de valeur que leur prix, bas. C'est effectivement l'attente numéro un des clients sur ce segment de marché. Pour autant, les premiers prix n'ont-ils absolument aucun autre élément de valeur ? Decathlon a depuis longtemps répondu à la question avec ses produits bleus, rebaptisés "premiers prix techniques". Le prix est systématiquement accompagné d'éléments de valeur. Le tee-shirt basique à 2 € aura ainsi une composition garantie

100 % coton ou encore une "coupe ample" (pour ne pas être gêné pendant la pratique sportive), etc. Ici, par exemple, pour ces chaussures de course à pied pour femme, Decathlon met en avant leur grande légèreté ou leur respirabilité. Des arguments qui seront certes insuffisants pour les pratiquants avertis. Mais forcément rassurants pour des néophytes, ceux que Decathlon vise avec ses produits bleus.

Pourquoi c'est une bonne idée...

Un client n'achète jamais qu'un prix ! Car, en face, il y a toujours un produit. Décathlon l'a intégré dans sa communication point de vente.

Le tryptique des prix Leroy Merlin pour choisir en fonction de son usage

Dans le domaine du bricolage et de l'équipement de la maison, plus que le prix lui-même, c'est le prix rapporté à l'usage qui a du sens. Leroy Merlin l'a parfaitement compris (et depuis longtemps !) en proposant dans chacun de ses univers un tryptique de prix avec, pour chaque niveau de prix, un rapport prix/usage.

Pourquoi c'est une bonne idée...

Toute l'offre (jusque dans le rayon) est organisée en fonction des usages et amène le client à se poser la question : Qu'est-ce qui convient le mieux à mon besoin ? L'enseigne sait répondre à cette question en proposant à chaque fois l'offre et le prix adaptés.

Auchan fait la pédagogie de son discount responsable

Le "discount responsable" (cher à Auchan) est, en apparence, un oxymore. D'où un (grand) besoin de pédagogie en rayon pour donner toute sa valeur au concept, et donc au prix. Ici, sur l'un des produits les plus symboliques du rayon fruits et légumes, Auchan explique à ses clients en quoi le discount peut être responsable. Via son fournisseur, l'enseigne soutient ainsi la formation des producteurs et l'éducation de leurs enfants, s'engage dans la réduction de l'impact environnemental de la production et dans une politique de santé publique, via la construction d'infrastructures médicales.

Pourquoi c'est une bonne idée...

Ce faisant, Auchan entend démontrer que cette banane-là n'est pas nécessairement la même que celle du magasin d'à côté. Simplement parce qu'elle n'a pas la même valeur.

La publicité comparative sur des produits strictement comparables

Comme toutes les enseignes alimentaires (ou presque), Intermarché a intégré la publicité comparative dans sa panoplie de communication. Objectif évident : améliorer son image-prix. En comparant des produits strictement comparables d'un magasin à l'autre (par exemple ici une bouteille de Coca-Cola) et en s'affichant moins cher que ses concurrents immédiats, Intermarché cultive en effet sa *value for money*. Le produit est identique dans tous les magasins mais moins cher chez Intermarché. C'est donc ici qu'il a le plus de... valeur.

Pourquoi c'est une bonne idée...

La publicité comparative n'a réellement de sens (et d'intérêt pour le client) que lorsqu'il s'agit de produits vraiment comparables. C'est un élément qui permet au client d'apprécier là où ses euros dépensés auront le maximum de valeur.

LE CAS D'ÉCOLE
IKEA, UN CHAMPION DE LA VALUE FOR MONEY

Pour valoriser au maximum le budget investi par ses clients, l'enseigne travaille sur plusieurs dimensions, soit séparément, soit simultanément, mais c'est bien l'addition de tous ses efforts sur le parcours client, du catalogue au web, en passant par les magasins et l'épicerie suédoise qui fait la force d'Ikea.

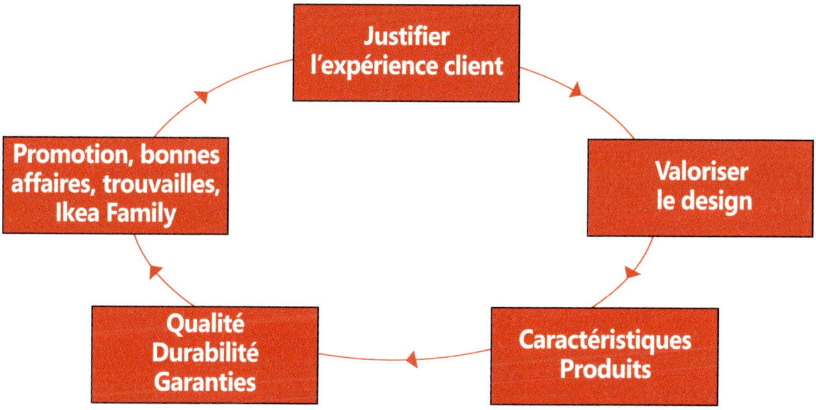

Expérience client :
tout pour justifier des prix bas

Le commerce collaboratif avant l'heure ! Le client fait des efforts pour contribuer à faire baisser les prix ou, dit autrement, il a le prix (bas) qu'il mérite.

Les produits : valoriser le design

Les produits Ikea sont des produits à marque-enseigne, uniques, avec un surcroît de design. L'enseigne fait tout pour les faire échapper aux comparaisons avec des produits de la même catégorie et répondant au même besoin. Il faut donc valoriser le produit, d'abord via le design. Mais le prix n'est jamais absent.

Produits :
valoriser les caractéristiques

Chaque produit, même le plus basique, est valorisé soit par ses caractéristiques techniques, soit par ses usages, sa praticité ou son fonctionnement. Par principe, il n'est pas de produit sur lequel Ikea n'a rien à dire.

Produits : valoriser la durabilité

Quand les prix sont bas, le consommateur n'hésite pas à remettre en cause en permanence la qualité. Il faut donc lui rappeler l'origine de ces prix bas, pour lesquels il est lui-même acteur, en assurant le transport et le montage. Mais il faut aussi rassurer sur la qualité. Soit en faisant des "tortures tests" comme sur ce sol stratifié, soit en valorisant les garanties, toujours gratuites et incluses dans le prix, comme par exemple les vingt-cinq ans sur les cuisines et ustensiles de cuisine ou les cinq ans sur l'électroménager (avec Electrolux) pour se donner le maximum de compétitivité en *value for money*.

Prix : faire percevoir ses efforts

Tout le parcours client est jalonné de preuves des efforts prix d'Ikea. Les premiers prix ne sont pas cachés en bas de linéaire, comme chez les distributeurs alimentaires. Ils sont partout, visibles et fortement théâtralisés. Même démarche pour la cafétéria qui conforte l'image-prix de l'enseigne suédoise en proposant des prix impactants. Par exemple un petit déjeuner avec jus d'orange, boisson chaude et croissant à 1 €. Forcément imbattable !

Pourquoi c'est un cas d'école...

Avant Ikea, il y avait du design mais pas accessible. Pour des produits accessibles, il n'y avait pas de design. La force d'Ikea est de jouer sur l'oxymore design/prix bas et de concilier ces deux dimensions en apparence contradictoires tout en le rappelant en permanence et, surtout, tout au long du parcours client en magasin.

LES INCONTOURNABLES AVEC LESQUELS « VALUE FOR MONEY » EST PARTICULIÈREMENT CORRÉLÉ :

CONFIANCE, COÛT-OUTIL, EXPÉRIENCE CLIENT, RELATION-CLIENT, RÉSEAUX ET MÉDIAS SOCIAUX, LOYALTY (ET BIG DATA).

Ambition n° 2

INTÉGRER LA RÉVOLUTION DIGITALE

COMMERCE PARTICIPATIF

COMMENT DÉFINIR CET INCONTOURNABLE ?

Le commerce participatif consiste à déléguer partiellement la conception de la proposition commerciale au client final, qu'il s'agisse de produits ou de services.

Selon les situations, la participation du client peut être plus ou moins importante :

Implication du client →

Validation	Choix	Co-production
Le client approuve (ou désapprouve) des propositions abouties qui lui sont faites	Le client choisit entre plusieurs propositions	Le client est associé à toutes les phases, de la conception à l'aboutissement

La participation des consommateurs peut aussi aller jusqu'au financement de produits et de services, que l'on appelle généralement le *crowdfunding*.

POURQUOI C'EST IMPORTANT POUR DEMAIN ?

Derrière le commerce participatif, il y a deux objectifs distincts, aussi importants l'un que l'autre pour le commerce de demain. L'objectif de la démarche est en effet double. **D'un côté, en associant le consommateur dès la genèse d'un projet, le commerçant minimise les risques.** Et au regard des coûts de lancement / de développement, abaisser les risques est, par principe, une bonne stratégie. **D'un autre côté, impliquer le consommateur en amont d'un projet, d'un concept ou d'un produit est une habile technique de relation-client.** Un client qui devient alors bien plus qu'un simple acheteur. La force, comme la qualité du lien avec l'enseigne, s'en trouvent consolidées.

En termes d'image, le commerce participatif a également la vertu de montrer à ses clients la préoccupation d'écoute de l'enseigne et sa considération : pour les clients qui participent, c'est une évidence ; mais pour les autres également, grâce à la publicité qui en est faite. Mieux : dans une approche très symbolique, le commerce participatif nourrit la perception du pouvoir qui est donné au consommateur.

Le rapport coût/bénéfice de ce type de démarche est généralement très bon. D'abord, le développement du web et des outils collaboratifs a considérablement abaissé les coûts. Ensuite, la motivation (potentielle) du client est telle que la rémunération n'est pas un passage obligé : les votants pour l'élection du parfum Danette ne sont pas rémunérés. Pourtant, ils sont d'un bénéfice certain pour la marque !

La coproduction est également en phase avec l'époque sur deux aspects : 1) la volonté affichée des consommateurs de prendre la parole (en témoigne le succès des forums, des sites d'avis, etc.) : en 2012, selon une étude Nomao, les Français ont ainsi posté 1,1 million d'avis en ligne ; 2) la défiance générale envers les "puissances économiques" : marques, enseignes, etc. **La co-conception ou le cautionnement apportent alors un élément de confiance non négligeable**. S'il est sincère...

Enfin, autre vertu de faire appel au client : la démarche peut régénérer le processus créatif en apportant des *inputs* nouveaux et libres de toutes contraintes *vs* les habitudes.

À QUELS OBJECTIFS CLÉS CELA RÉPOND ?

Développer le capital confiance

Afficher ses différences

Construire un lien durable avec les clients

Faire une démonstration d'écoute clients

Développer de nouvelles formules commerciales

QUELS DÉFIS POUR LES ENSEIGNES ?

Donner du sens, de la pertinence et de la constance. Le commerce participatif est bien davantage qu'un simple gadget. La démarche se doit d'être en phase avec les valeurs de l'enseigne par ailleurs. Impliquer ponctuellement le client et l'ignorer le reste du temps ne suffira pas. De même, l'apport du client ne doit s'envisager que s'il est pertinent, tant en termes de timing que du contenu : "*À quel moment solliciter le client ?*", "*Sur quel sujet peut-il être réellement contributeur ?*", sont deux questions essentielles et préalables.

En prolongement, ne pas attendre plus du client que ce qu'il peut vraiment donner. L'enseigne doit être réaliste dans ses attentes et dans sa méthode. Peut-être mieux vaut-il en effet se placer en mode de simple validation ou de choix (entre quelques propositions) que directement en co-conception.

Attention à la robustesse scientifique de la méthode. Sur certains sujets – comme la validation d'un produit – la représentativité des clients doit être réelle. En premier lieu pour conforter le résultat (et minimiser vraiment le risque d'échec par la suite). Ensuite, pour être légitime dans la communication à venir.

Gérer l'après coproduction. Pour le client, le lien à l'enseigne ne s'arrête pas à la coproduction. Il se poursuit et doit donc être alimenté par un retour d'informations. Le tout dans une plus grande transparence que d'ordinaire.

Comprendre que le commerce participatif ne peut être qu'un énième étage d'une relation-client déjà établie, et non la seule et unique marche. Une telle démarche ne peut être que complémentaire à une stratégie de relation-client déjà bien en place.

De même, la co-production enseigne-client ne peut se substituer à l'innovation classiquement menée par l'enseigne. L'imagination du consommateur ne palliera pas aux défaillances du commerçant. Au mieux, elle l'accompagnera. Nuance… Dans tous les cas, il sera indispensable de faire partager en interne la démarche. Tous les services d'une entreprise ne sont pas préparés à confier au client le process d'innovation. C'est un euphémisme… Un sentiment de dépossession peut rapidement gagner ceux qui sont normalement chargés de la création.

Autre défi : savoir faire vivre la démarche au-delà des clients qui ont participé. En clair : valoriser l'initiative en communication pour nourrir son image.

LA CITATION À RETENIR

" Au service recherche et développement, nous mettons tout en œuvre pour proposer de nouveaux produits qui plairont à un éventail très large des consommateurs de Danette. Ce projet (de co-conception, NDLA) nous a permis l'implication de consommateurs très en amont plutôt qu'en phase finale de dégustation et des consommateurs un peu particuliers, car complètement fondus du produit. Nos échanges nous ont poussé à explorer des voies ignorées jusque-là. Nous avons expérimenté la co-création avec eux pour un résultat dont nous sommes très fiers."

Anne-Laure Moyen, responsable R&D Danette in *Marketing Magazine* (mars 2012)

LES CHIFFRES CLÉS À RETENIR

651 000 > Le nombre de Français qui ont financé des projets en *crowdfunding* en 2013. Ce n'était que 320 000 en 2012 (Baromètre Compinnov in *Cosmétique Mag*, juillet août 2014).

400 000 > Le nombre de votants au programme de conception collaborative proposé par Danette en 2006. En 2007, c'était 1,4 million puis 2 millions en 2008.

QUELS EXEMPLES RÉFÉRENTS ?

Quand le client décide le référencement des produits : le cas Walmart

Le concours lancé par Walmart, n°1 de la distribution mondiale, "*Get on the Shelf*" littéralement "Mettez-le en linéaire", est révélateur de ces nouveaux dispositifs participatifs. Lancé d'abord sur Twitter, le concours permet de capitaliser sur l'image-prix de Walmart puisqu'il s'agissait de demander aux clients de révéler les produits qu'ils aimeraient trouver dans les rayons... aux prix les plus bas ! Un véritable *crowdsourcing*, ainsi que le définit d'ailleurs Walmart. Par une succession de votes, chaque client a donc la possibilité d'influencer le référencement du n°1 mondial de la distribution. Un vrai laboratoire pour détecter, à coup de vidéos et de photos, les meilleures innovations. Le public a la possibilité, par la suite, de voter pour son produit préféré parmi les trois finalistes.

Pourquoi c'est une bonne idée...

Aux États-Unis, Walmart est victime du "syndrome de la taille". Un géant mondial est forcément oppressant pour ses fournisseurs et loin de ses clients... En redonnant (très ponctuellement) le pouvoir au consommateur, Walmart entend corriger cette image. Et, au passage, utilise ses clients comme des rabatteurs d'innovation et l'assume clairement : "Walmart utilizes crowdsourcing to identify great products."

La pizza participative de Domino's Pizza en Australie

En Australie, en mars 2012, Domino's Pizza a ouvert sa page Facebook pour permettre aux internautes d'imaginer une nouvelle pizza et choisir eux-mêmes la pâte, la sauce et les ingrédients. Ils proposaient également un nom. Une fois les pizzas créées, les internautes pouvaient voter pour leur version préférée. Double motivation pour alimenter la création : le référencement sur la carte de l'enseigne et – tout de même – une dotation de 1 000 dollars australiens.

Pourquoi c'est une bonne idée...

L'expérience a eu pour Domino's un triple bénéfice. Bénéfice de communication : l'espace de quelques jours, l'opération a fait le buzz sur le web ; bénéfice de R&D : l'enseigne a pu "entendre" les ingrédients favoris de ses clients, au-delà de la recette gagnante ; et bénéfice d'image en nourrissant le lien enseigne-client.

Carrefour revisite ses MDD avec ses clients

En 2011, à l'occasion du relifting de sa gamme MDD, Carrefour a fait du consommateur un acteur du développement des produits. Selon Carrefour, 15 000 familles ont été sollicitées pour valider les produits. Le process était simple : les familles recevaient à domicile les produits Carrefour (alimentaire ou non) pour essai ou dégustation. La notation s'effectuait sur une échelle de 1 à 10 avec une note éliminatoire par produit. A l'automne 2011, après validation de la première vague, 400 produits étaient disponibles en rayon, reconnaissables grâce au logo "inspirés, testés et approuvés par vous".

Pourquoi c'est une bonne idée...

À l'évidence, les clients n'ont pas vraiment co-conçus les produits. Mais l'étape de validation à grande échelle (5 000 produits passés à ce crible à juin 2012) aura au moins deux bénéfices : d'abord, rappeler à l'ensemble des équipes concernées que seul compte vraiment le jugement du client (ce qui va sans dire va toujours mieux en le disant, voire en le répétant). Ensuite, nourrir une communication positive impliquant le client.

Le *crowdsourcing* à grande échelle selon Starbucks

En 2008, l'enseigne américaine Starbucks a lancé My Starbucks Idea : une plate-forme collaborative de crowdsourcing. Concrètement, tout internaute peut accéder à une grande "boîte à idées" et soumettre ses propositions dans trois registres : les idées de produits, les idées d'expériences d'achat et les idées d'implication et d'engagement de l'enseigne. Pas loin de 30 000 idées de recettes de cafés et boissons ont ainsi été proposées. L'espace collaboratif permettant non seulement de partager ses suggestions mais, également de voter et de commenter les idées d'autres Starbucks addicts !

Pourquoi c'est une bonne idée...

L'enseigne organise à grande échelle l'intervention de ses clients. Au passage, elle alimente ses propres recherches en y adjoignant la robustesse statistique du nombre de participants. En parallèle, Starbucks assure le suivi des idées proposées par ses clients. Exemple avec le 11e café offert, une suggestion de ses clients (parmi les plus votées) et que Starbucks a intégré à son programme de fidélité "Rewards" aux États-Unis.

Intermarché invite ses clients à voter pour les innovations de l'année

En 2011, Intermarché a imaginé un Grand Prix de l'Innovation dont les votants sont les clients de l'enseigne via les réseaux sociaux et les candidats des produits de PME uniquement. 90 PME ont ainsi déposé 160 dossiers, parmi lesquels un premier jury mêlant professionnels et consommateurs a retenu 30 produits. Ces 30 références ont ensuite été présentées en magasins et le vote ouvert. Pour ce faire, les produits proposés bénéficiaient d'un référencement de 6 mois. Pour le produit lauréat, l'enjeu était de taille : 6 mois de référencement national supplémentaires. Soit, au final, une année complète pour faire ses preuves. Et ce, sans bourse délier !

Pourquoi c'est une bonne idée...

Intermarché est parvenu en une démarche à conjuguer deux postures positives : le soutien aux PME et l'écoute de ses clients. Évidemment, dans un groupement d'indépendants comptant plus de 1 500 magasins, l'exécution en magasins a été fort hétérogène tout comme (probablement) la participation. Reste que l'enseigne a su faire vivre la démarche au-delà des clients qui ont réellement participé.

Quirky, le business du collaboratif

Quirky est un site collaboratif qui propose aux particuliers d'inventer les produits de demain. Une espèce de concours Lépine, version 2.0. Concrètement, chaque inventeur peut déposer son idée sur Quirky (moyennant quand même 10 $ de frais de participation). Environ 3 000 idées sont déposées chaque semaine. Tous les jeudis soir, la communauté Quirky (300 000 membres) en sélectionne 50. Charge ensuite à un bureau d'études d'avancer dans la conception du produit. Mais, pour autant, les internautes peuvent toujours participer en bonifiant le projet ou en lui trouvant un nom commercial. Sur les 50 produits, deux en moyenne seront réellement lancés en production et diffusés dans les 20 000 magasins partenaires aux Etats-Unis (Target, Bed Bath & Beyond par exemple mais également Amazon). Les internautes créateurs sont ensuite rémunérés :

ils se partagent 41 % des bénéfices de Quirky (30 % pour l'inventeur initial, 10 % pour les autres et 1 % pour celui qui a imaginé le nom).
Depuis 2009, Quirky a développé 250 produits, lesquels répondent souvent "aux petits problèmes du quotidien" : écouteurs sans nœuds, hub USB, barre de LED à fixer sur son écran d'ordinateur pour éclairer le clavier, etc. Le best-seller ? Une multiprise articulée (photo page précédente) dont 400 000 exemplaires ont été vendus et qui a rapporté plus de 350 000 dollars à son inventeur, un lycéen américain.
En France, Quirky a débarqué en 2013, via un partenariat exclusif avec Auchan. L'enseigne prenant à sa charge 100 000 bons de dépôt d'idée pour ses clients. Mais la démarche a, depuis, été arrêtée.

Pourquoi c'est une bonne idée...
En organisant la collecte d'idées neuves, Quirky "renouvelle le genre" de l'innovation et, surtout, met en exergue les attentes réelles des clients.

Le Club Med demande l'avis de ses clients avant de construire un village

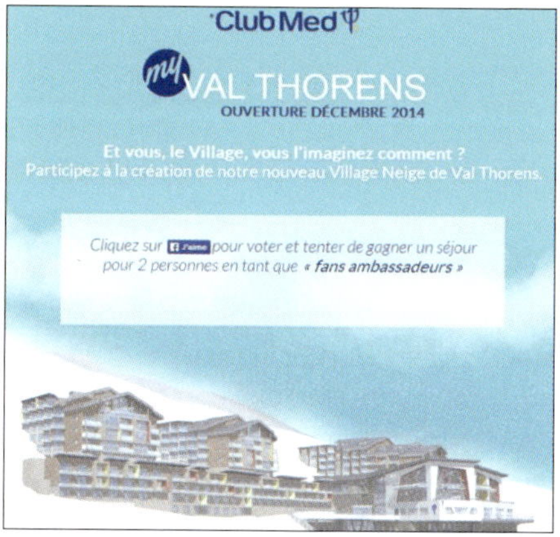

L'application Facebook My Val Thorens a permis au Club Med de faire participer ses fans et "Gentils Membres" (GM en jargon Club Med) à la construction de l'un de ses derniers villages à Val Thorens. Pendant trois mois, de janvier à avril 2014, les fans ont été questionnés sur de nombreux domaines via Facebook. Par exemple sur le nom du village (Val Thorens Sensations), la décoration ou encore les activités post ski. Pour motiver la participation de ses fans, le Club Med a offert un séjour tout compris au nouveau village pendant son inauguration en décembre 2014. Plus de 5 000 personnes ont ainsi orienté et participé à la construction du village.

Pourquoi c'est une bonne idée...
Demander leur avis aux clients, c'est faire la démonstration de la stratégie "customer centric" du Club Med, c'est aussi mieux connaître les clients qui ont pu exprimer leurs souhaits sur un grand nombre de sujets.

Démolition Party d'Euralille : quand le client participe à la rénovation du centre et fait lui-même les travaux

DR

Pour informer les clients de travaux à venir, rien de mieux que de rendre l'information positive et de valoriser l'étape de démolition. Exemple à Euralille, le centre commercial situé en plein centre de la métropole lilloise. Le centre a ainsi proposé aux clients (60 ont été retenus après un concours de *selfies*) de saccager et de démolir eux-mêmes le sol et de gagner en plus une carte cadeau.

Pourquoi c'est une bonne idée...
Cela permet de sensibiliser les clients à la rénovation du centre et de rendre le projet, souvent pénalisant pour les clients, plus ludique.

Cofinancer les prochains produits vendus chez Habitat

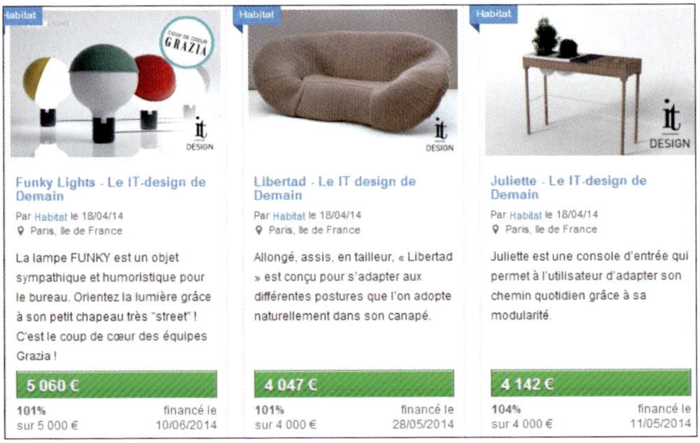

Plus que de simplement voter pour de nouveaux articles, Habitat propose à ses clients de participer au financement des prochains produits "Les It Design d'Habitat" en se groupant sur la plateforme My Major Company pour atteindre le seuil qui permet de financer les produits élus qui sont ensuite commercialisés dans le réseau Habitat. En parallèle, l'enseigne communique sur les projets retenus dans ses magasins. Et la plateforme My Major Company permet de savoir à tout instant si le financement nécessaire est atteint ou non.

Pourquoi c'est une bonne idée...
À court terme, les clients se transforment en facilitateurs de projets. Par la suite, ils deviennent de véritables ambassadeurs des produits financés. Au passage, l'enseigne s'assure d'une certaine couverture médiatique par l'originalité de sa démarche et renoue avec ses racines design.

Cvous : Casino organise la communauté de ses clients

Au printemps 2012, Casino a lancé le premier site web communautaire du *mass-retail*, Cvous : un mélange des fonctionnalités des forums, des blogs, de Facebook ou encore de Twiter. La plateforme donne tout autant la parole aux clients qu'elle organise la collecte d'avis et la remontée d'informations. Concrètement, les clients peuvent par exemple être amenés à voter pour une initiative mise en place en magasins ou un produit qui sera lancé. Dans les premières semaines de vie du site, les internautes ont ainsi décidé d'un nouveau parfum de glace au yaourt. Ils peuvent également suggérer de nouveaux produits (notamment des produits locaux pour l'offre "Le Meilleur d'ici"), nouveaux services ou améliorations diverses. Des community managers animent l'ensemble de la plateforme.

Pourquoi c'est une bonne idée...

Casino a bien identifié la volonté d'un nombre croissant de consommateurs de s'exprimer et de partager avis et préférences. D'ailleurs, en présentant sa démarche, Casino rappelait qu'en France trois internautes sur quatre sont membres actifs d'un chat, d'un forum, d'une communauté ou d'un blog. Et, de fait, qu'ils sont web-participatifs. Autant dire que le terreau est fertile. Restait néanmoins à donner une véritable pertinence à la démarche. Ce que Casino a su faire en conjuguant une approche très communautaire et une dynamique de co-création. Le tout en ayant pris le soin de déconnecter Cvous de toute logique commerciale trop voyante.

Pour Casino, la démarche est riche d'avantages. D'abord, les remontées d'une communauté sont généralement précieuses. Lorsqu'elles sont organisées (dans le cas d'un vote par exemple pour un nouveau produit), elles peuvent rapidement devenir opérationnelles. Ensuite, l'enseigne se place dans une posture d'écoute de ses clients, ce qui ne nuit jamais... Enfin, et même si la grande majorité des clients de Casino ignorent tout de Cvous – effet générationnel oblige –, Casino prend date et accumule expertise et expérience.

LE CAS D'ÉCOLE
DANETTE, LA RÉFÉRENCE DE L'IMPLICATION CLIENT

Depuis 2006, Danette organise un vote sur Internet pour choisir le prochain parfum entre trois recettes. Le succès est au rendez-vous : 400 000 votes la première année, plus de deux millions deux ans plus tard. En 2012, pour sa 7e édition, la marque a franchi un nouveau pas dans sa relation avec ses consommateurs. Elle a, en effet, offert l'opportunité aux plus fans des fans de venir en cuisine réaliser les parfums "candidats", présentés par la suite au vote du public. Ils étaient 400 postulants au départ dont 9 retenus (visuel page suivante) pour travailler aux côtés du chef pâtissier Christophe Michalak pour l'élaboration de pas moins de 18 recettes en l'espace de deux jours de travail. Parmi les recettes imaginées : vanille

sur lit de fraise, crème brûlée, chocolat-cacahuète, chocolat-orange, calisson, banane caramélisée, etc. Deux recettes ont finalement été pré-sélectionnées et soumises au vote du 12 mars au 22 avril. La recette "élue" a été révélée deux jours plus tard (saveur crème brûlée façon catalane) et elle a débarqué en rayon le mois suivant.

Pourquoi c'est un cas d'école...

En passant du simple vote (un choix parmi deux propositions) à la conception même des produits, Danette franchit la plus difficile marche du commerce participatif : intégrer véritablement le client en amont de la démarche d'innovation. Dans le même temps, et par l'originalité de la démarche, Danette bénéficie d'un buzz positif assurant une forte présence (gratuite) dans les médias à l'occasion du lancement commercial.

LES INCONTOURNABLES AVEC LESQUELS « COMMERCE PARTICIPATIF » EST PARTICULIÈREMENT CORRÉLÉ :

S'ENGAGER/MILITER, EXPÉRIENCE CLIENT, RELATION-CLIENT, RÉSEAUX ET MÉDIAS SOCIAUX

CROSS-CANAL

COMMENT DÉFINIR CET INCONTOURNABLE ?

Le cross-canal correspond à la possibilité offerte aux clients d'utiliser plusieurs canaux différents de relation/transaction avec l'enseigne pour préparer et concrétiser un même achat. Et, ce, sans aucune "rupture relationnelle" avec le client. Le cross-canal complète ainsi le multi-canal qui, lui, ne correspond qu'à une superposition de canaux, pas nécessairement en communication les uns avec les autres.

Du multi-canal au cross-canal

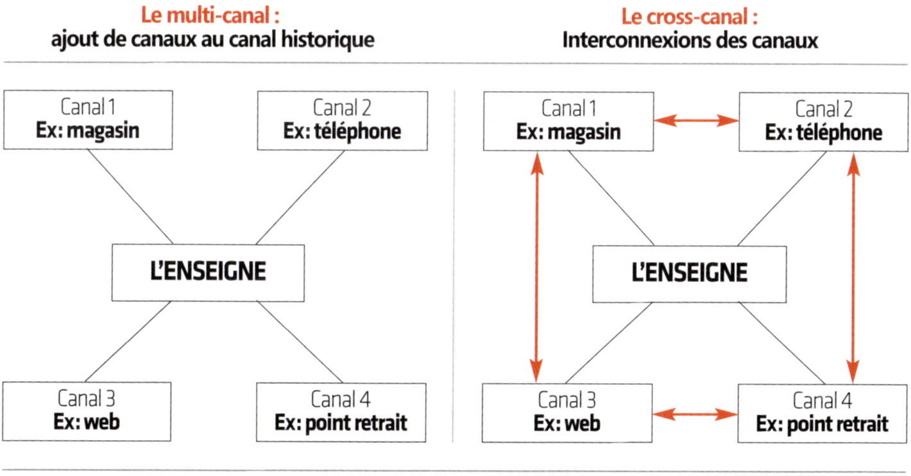

Le cross-canal est, de fait, la forme aboutie du multi-canal. Autrement dit, une stratégie cross-canal est forcément multi-canal, l'inverse n'étant pas vrai. A l'origine, le multi-canal s'est souvent construit sur une logique de cloisonnement des canaux (via une organisation en silo). Avec, parfois, jusqu'à une étanchéité de l'offre et des prix ! Une logique évidemment inacceptable pour le client qui ne peut comprendre pareilles différences. Par l'interconnexion des canaux qu'il génère, le cross-canal impose donc une cohérence de la proposition commerciale (voir *Quels défis pour les enseignes ?*).

POURQUOI C'EST IMPORTANT POUR DEMAIN ?

Les consommateurs évoluent très vite dans l'adoption des outils (un client sur deux possède un smartphone) comme des technologies. Une frange importante d'entre eux est aujourd'hui technologiquement mature. Mieux, ils sont devenus experts dans l'usage d'Internet appliqué au commerce, notamment pour préparer leurs achats ou consulter les sites communautaires et d'avis de consommateurs. En très peu de temps, les clients ont boudé les commerçants qui sont restés concentrés sur une logique mono-canal. Ils plébiscitent désormais le click & collect qui consiste à réserver un produit ou l'acheter sur Internet et à venir le retirer en magasin. Le succès du drive alimentaire en étant un exemple actuellement frappant.

Seconde raison : **si le client entend avoir le choix dans le point d'accès à l'enseigne (en clair : utiliser le canal le plus adéquat au moment, à l'attente, au budget, etc.), il exige de pouvoir passer de l'un à l'autre sans aucune rupture relationnelle** : commencer son processus d'achat sur un canal, le poursuivre voire l'achever sur un autre. Dans un univers commercial marqué par l'abondance de l'offre, le client devient, de facto, extrêmement exigeant. Et la continuité relationnelle est déjà aujourd'hui – et sera plus encore demain – un minimum incontournable pour une enseigne.

L'un des enjeux du commerce réside dans la capacité de l'enseigne à tisser une relation telle avec le client qu'elle finisse par créer la préférence. En ouvrant de nouveaux canaux de relation, le cross-canal y participe grandement. En 2010, dans une étude sur l'avenir du commerce à l'horizon 2020 basée sur des entretiens avec des dirigeants d'entreprises, le Crédoc pointait d'ailleurs cette impérieuse nécessité de "*créer une relation plus profonde et plus riche avec les clients*". Pour les 97 distributeurs interrogés, il s'agissait de l'une des deux priorités principales. Cinq ans plus tard, en 2015, la place du cross-canal dans cette quête d'une "*relation plus profonde*" est plus prégnante encore.

Symbole du développement du cross-canal, **le e-commerce n'en finit pas de gagner du terrain.** Certes, le rythme d'accroissement des ventes ralentit (+ 11 % en 2014 après des années à + 20 % !) mais les Français dépensent désormais plus de 50 milliards d'euros en ligne tous les ans selon les calculs de la FEVAD. Autant dire que l'habitude d'usage est à présent bien établie et que les craintes initiales (notamment sur le paiement) ne concernent qu'une part minoritaire des consommateurs.

À QUELS OBJECTIFS CLÉS CELA RÉPOND ?

Faciliter la préparation des achats en toutes circonstances

Enrichir la relation entre l'enseigne et le client

S'adapter au client qui est déjà cross-canal dans son comportement

Repenser le parcours client avec l'impact du digital

Développer de nouvelles formules commerciales

QUELS DÉFIS POUR LES ENSEIGNES ?

Assurer (vraiment) la connexion des canaux

La différence entre le multi-canal et le cross-canal réside précisément dans la bonne connexion (et pas uniquement au sens informatique du terme) des différents canaux de relation et de vente. C'est un vrai chantier car il existe souvent, au sein des enseignes, des oppositions entre les canaux. D'abord, pour des questions de culture d'entreprise, mais aussi d'organisation en silo ou par *business units* et, enfin, pour des raisons d'affectation de chiffre d'affaires ou de marge. C'est d'ailleurs souvent la principale raison, non avouée. Exemple : cette chaîne d'électrodomestique où les directeurs de points de vente n'ont vraiment communiqué sur le site web marchand qu'après la décision de la direction générale de leur affecter les e-achats des clients de leur zone géographique !

Comprendre les attentes (différentes) des clients selon les canaux…

Vu des clients, tous les canaux ne se valent pas ! Chacun dispose de ses propres points forts que l'enseigne doit cultiver. En mai 2011, une étude TNS Sofrès comparait les attentes respectives des clients selon qu'ils soient sur le web ou en magasin. La première des qualités d'internet (avec 84 % d'agrément) était "*un moyen de s'informer sur les produits*". Ce qui impose, de fait, aux enseignes un important niveau de détail dans l'information produits sur leurs sites. Faute de quoi, le client s'informera en détail ailleurs ! À l'inverse, toujours selon cette étude, par rapport à internet, les points de vente sont "*une autre expérience, une autre manière de faire des achats*" (première réponse avec 74 % d'agrément). Ce qui, là, donne un sens à la venue en magasin. À la condition donc que l'expérience y soit particulière, différente, etc. Faute de quoi elle sera déceptive. En magasins, les clients recherchent avant tout de voir/toucher/essayer les produits et, le cas échéant, d'obtenir les conseils d'un vendeur dont ils seront certains de la sincérité.

… tout en garantissant la cohérence de l'ensemble (et la reconnaissance du client)

Si les canaux sont différents, le client, lui, est unique ! La cohérence des canaux est donc une exigence. Sans surprise, une étude consommateurs du cabinet américain Cognizant (2010) le confirmait. Les trois attentes des Américains étaient alors : la cohérence et la continuité des prix ; un process de retour de la commande facilité quel que soit le canal ; et, en matière de relation-client, un traitement identique (et réel) quel que soit le canal. C'est même l'un des grands enjeux des programmes CRM : s'adapter à ce nouveau contexte de cross-canalité et reconnaître les clients quels que soient les canaux utilisés pour préparer et/ou conclure leurs achats.

Anticiper la web-perméabilité des catégories

Sur le strict volet transactionnel du cross-canal, toutes les catégories ne sont également web-perméables et ne seront pas concernées à l'identique par le e-commerce. D'où l'intérêt pour les enseignes de mesurer à l'avance le degré de menace du commerce en ligne sur leur activité. C'est le concept de web-perméabilité (Éditions Dauvers – 2013) : une approche très pragmatique qui vise à anticiper, rayon par rayon, le risque d'une bascule *on-line* du marché. Et permet donc d'identifier ceux sur lesquels il est pertinent d'investir (ou non). Pour déterminer la web-perméabilité d'un produit/d'un rayon, passez-le au crible de ces cinq critères...

LA WEB-PERMÉABILITÉ

1 – Dématérialisation ?

C'est le critère le plus évident. **Dans le cas d'un produit dématérialisable (musique, vidéo, etc.), le e-commerce casse la structure de coûts en supprimant plusieurs étapes dans la chaîne de valeur.** Nul besoin de graver, emballer ou transporter un CD pour vendre un morceau de musique. Le e-commerce en devient automatiquement plus compétitif que les formes de vente physique. Et l'histoire démontre clairement que toute nouvelle forme de vente qui bouleverse à ce point la chaîne de valeur devient dominante. Trop souvent, cependant, la réflexion sur la web-perméabilité s'arrête à la dématérialisation. Or, même des produits non dématérialisables peuvent avoir une web-perméabilité élevée parce qu'ils répondent à d'autres critères favorables (lire ci-après).

2 – Rapport poids-prix ?

Le rapport poids-prix conditionne l'impact du coût de la livraison sur le prix du produit. Donc l'acceptabilité économique de la vente à distance (hors click & collect qui vise précisément à s'émanciper de cette contrainte). De manière certes simpliste, la web-perméabilité d'un pack d'eau Cristalline est nulle : 9 kilos pour une valeur de 1 euro, et un coût de livraison équivalent à plusieurs fois la valeur du produit ! Ce qui est exactement l'inverse de nombre de produits hi-tech, légers et onéreux.

3 – Valeur de stock et cycles de vie ?

Ce troisième critère intègre la valeur intrinsèque des produits (quelques euros, dizaines d'euros ou centaines d'euros) et leur rapidité d'obsolescence. Une catégorie de produits se caractérisant par des prix élevés ET un renouvellement très rapide de l'offre avantagera les formes de vente mono-point de stock (e-commerce) vs les formes de vente qui sont, par définition, multipoints de stock (hypers ou GSS). Le coût relatif du stock sera, en effet, moins important et le e-commerçant pourra vendre moins cher. A défaut de casser la structure de coût (à l'image de la dématérialisation), ce critère peut la bousculer.

4 – Prédétermination de l'achat ?

Lorsqu'un achat est parfaitement prédéterminé (jusqu'au produit précis), le rôle du magasin est uniquement transactionnel. Et donc en rien expérienciel (voir ci-contre). **Pour un rôle purement transactionnel, la valeur apportée par le e-commerce est objectivement supérieure :** accessibilité 24/24, non-déplacement, praticité, disponibilité plus probable (liée à une concentration du stock en un point vs plusieurs), largeur d'offre, etc. C'est, par exemple, ce qui explique la rapide bascule on-line du livre, alors que le produit n'est pas (encore) réellement dématérialisé. Pour une part non négligeable des achats, le livre répond en effet à une logique d'achat prémédité à l'article, sans risque de déception quant à la conformité du produit.

5 – Valeur de l'expérience d'achat ?

C'est la question du rôle expérienciel du point de vente. Pour quelle raison un client continuera-t-il à acheter tel produit en magasin au-delà du fait qu'il y soit disponible ? **Pour certaines catégories de produits, il est ainsi important, voire crucial, d'essayer, de toucher, de voir, de sentir. Bref, de donner une sensorialité à l'expérience d'achat.** Et malgré les progrès objectifs (e-merchandising, 3D, etc.), le e-commerce est, par définition, moins efficient que le magasin. Simplement car en matière de sensorialité, le réel supplantera toujours le virtuel.

Quelques exemples de web-perméabilités différentes...

APPAREIL PHOTO. Un appareil photo n'est certes pas un objet dématérialisable mais son rapport poids/prix est plutôt avantageux pour la livraison (comparé à de l'alimentaire par exemple !). Surtout, la valeur de stock est élevée et le renouvellement des gammes rapides. Régulièrement, les fabricants modifient leurs produits et créent de nouvelles références, obligeant les retailers à déstocker pour restocker. **Avantage au e-commerce.**

BIJOUTERIE. Un exemple de marché où la valeur de stock est élevée mais les cycles de vie des articles plutôt longs. Surtout, la prédétermination de l'achat est faible. La décision d'achat est la conséquence de l'"essayage", de la comparaison, bref de l'expérience d'achat. Laquelle prend alors une réelle valeur. **Avantage au magasin.**

CHAUSSURES. En dépit du buzz des quelques e-commerçants spécialisés sur les chaussures, les fondamentaux de ce marché laissent à penser que le e-commerce ne sera jamais dominant. La prédétermination de l'achat est faible (sauf sur les marques, précisément le terrain de jeu des Spartoo, Sarenza, etc.) et l'expérience d'achat a une sacrée valeur : ne serait-ce que pour essayer... Spartoo et Sarenza permettent certes le retour sans frais. Mais pas sans coût... Lequel est forcément intégré dans la marge commerciale. **Avantage au magasin.**

ARTS DE LA TABLE. Dans l'univers non-alimentaire, voilà sans doute le rayon le moins web-perméable. Le rapport poids/prix y est nettement moins favorable à la livraison à domicile que celui des produits hi-tech ! Sans compter que les produits achetés sont très rarement prédéterminés à l'article précis et sont donc la conséquence de l'expérience d'achat. **Avantage au magasin.**

PARFUMERIE. Le rapport poids/prix des produits est très favorable à la vente à distance. De plus, certains consommateurs sont très prémédités sur une marque et n'en changent que rarement. Dans ce cas, **avantage au e-commerce.** À l'inverse, pour les clients qui souhaitent choisir entre plusieurs fragrances, le rôle du magasin est alors irremplaçable. Dans ce cas, **avantage au magasin.**

LES CITATIONS À RETENIR

“ *Les marques fortes de distribution ont le pouvoir d'être à la fois dans la poche du consommateur via les technologies mobiles et de créer des expériences sensorielles uniques par leurs points de vente. C'est en combinant innovation, co-création, et conversation que les marques leaders de la distribution pourront construire et défendre leur valeur auprès des consommateurs [...] Les enseignes qui sauront se démarquer ne se contenteront pas de survivre au numérique : elles en profiteront pour devenir encore plus fortes.* ”

Bertrand Chovet, managing director d'Interbrand Paris

“ *Avec la généralisation du mobile, des applications géolocalisées et la modification des habitudes d'achat nées d'Internet, le parcours d'achat est devenu cross-canal. La porosité entre off et on-line est totale. C'est un défi énorme pour les marques comme pour les enseignes.* ”

Mathieu Mogensztern, PDG de Digitas France (in *Marketing Magazine*, mai 2012)

“ *L'omnicanal n'est pas un mot que l'on utilise, car nous pensons que les canaux n'existent pas. Nous croyons au client d'abord !* ”

Nathalie Gonzalez, directrice marketing de Nespresso (in *LSA*, 27/3/2014)

LES CHIFFRES CLÉS À RETENIR

Les Français et le e-commerce (source : Nielsen 2014)

> "Pour chacune de ces affirmations, êtes-vous d'accord ou pas... ?"
(en % des répondants)

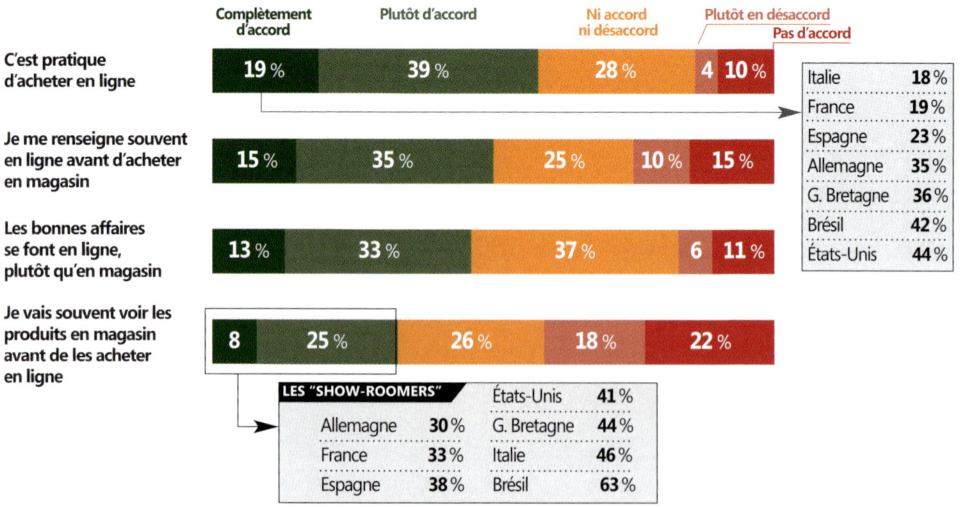

Une majorité de Français partage l'avis que "*c'est pratique d'acheter en ligne*" : 58 % selon Nielsen. Mais seul un sur cinq est complètement d'accord avec l'affirmation. Ce qui fait des Français les e-consommateurs les moins convaincus ou presque. En Angleterre et en Allemagne, par exemple, ils sont plus d'un tiers à être véritablement persuadés de la praticité du e-commerce. Au Brésil ou aux États-Unis, la proportion atteint même plus de 40 %.

En termes de comportement, un Français sur deux reconnaît se renseigner souvent en ligne avant d'acheter en magasin. Ce qui donne tout leur sens aux initiatives de "ROPO" (research on-line, purchase off-line) mises en place par les enseignes. Par exemple, la visibilité sur les stocks en points de vente pour éviter au client un déplacement inutile. Preuve que le magasin et internet sont réellement complémentaires (ce que démontre également l'Observatoire Cetelem).

A l'inverse, le show rooming (déplacement en magasin pour choisir puis achat en ligne pour profiter de meilleurs prix) est une pratique encore minoritaire. Un consommateur sur trois y a recours. Un niveau non négligeable certes, mais bien inférieur à la pratique dans d'autres pays. Le cas le plus extrême ? Le Brésil, avec près de deux consommateurs sur trois qui "show rooment".

Autre enseignement de l'étude Nielsen (voir ci-dessous) : la nature du terminal par lequel le client se connecte sur les sites marchands. L'ordinateur est le support privilégié dans tous les pays de l'étude. Mobile et tablette sont certes des "portes d'entrée marchandes", ils n'en restent pas moins (encore) largement devancés par les ordinateurs.

> Les supports les plus fréquemment utilisés pour les achats en ligne (oui à... XX %, plusieurs réponses possibles)

	ORDINATEUR	MOBILE	TABLETTE
FRANCE	71 %	29 %	20 %
Europe	78 %	33 %	24 %
Grande-Bretagne	76 %	25 %	24 %
Allemagne	79 %	31 %	20 %
Monde	80 %	44 %	31 %

L'usage du mobile en situation d'achat

76 % > Les possesseurs de smartphones qui utilisent leur mobile en magasin.
(source : ROPO 2013)

41 % > Les Européens qui comparent les prix en magasins avec leur smartphone
(source : Cetelem 2014)

43 % > Les consommateurs qui utilisent leur mobile pour lire des commentaires dans le magasin.
(source : TNS Mobile Life 2013)

Pourquoi utiliser son mobile : l'exemple de la relation avec sa banque (source : TNS Mobile Life 2013)

22 %	>	Les mobinautes qui ont utilisé leur téléphone pour accéder à leur banque		
		Les raisons :	Parce que… c'est rapide	57 %
			N'importe où, n'importe quand	37 %
			Ça me permet de mieux maîtriser	22 %
			C'est la seule option possible	5 %

Le e-commerce lève progressivement ses freins

Seuls 14 % des Européens qui n'ont jamais acheté sur Internet l'expliquent par la peur du paiement en ligne (contre 48 % en 2008). Seuls 15 % craignent de recevoir un produit non conforme à la demande ou en mauvais état (contre 44 % en 2008). (source : Cetelem 2014)

QUELS EXEMPLES RÉFÉRENTS ?

Auchan renvoie du rayon vers le site

Par définition, l'offre présentable en magasin est limitée à la surface des rayons, y compris dans les très grands hypers ! Sur certains univers, particulièrement concurrencés par les e-commerçants (Amazon en tête sur la puériculture), Auchan joue la synergie entre le canal magasin et le canal web. À l'hyper, la présentation physique des produits (donc l'essayage éventuel), au site internet la largeur d'offre avec plusieurs centaines de références.

Pourquoi c'est une bonne idée…

Dans l'esprit du client, magasins et web ne sont pas concurrents mais complémentaires. Ici, l'enseigne en prend acte et assume de diriger le client de l'hyper vers le site.

Leclerc et U ouvrent un nouveau canal de vente de vins

Le succès de Vente-privée.com interpelle toutes les enseignes ! Mais il est difficile à reproduire dans le réseau off-line car les quantités disponibles sont généralement insuffisantes pour l'ensemble d'un parc. C'est particulièrement le cas sur le marché du vin où les lots de quelques milliers de cols seulement sont fréquents. En 2014, pour adresser cette problématique, Leclerc et Système U ont inauguré un

nouveau canal de vente de vins : un site web, animé dans une logique communautaire (les passionnés de vin) et proposant des ventes événementielles comme le web le permet.

Pourquoi c'est une bonne idée...

En ouvrant ces sites, Leclerc et U atteignent deux objectifs. D'une part, donc, se positionner sur des lots modestes. D'autre part, nourrir le lien entre l'enseigne et les amateurs de vins. Lien qui n'existait jusqu'à présent réellement qu'au moment des foires aux vins d'automne. Deux objectifs que seul le canal internet permet d'atteindre.

Grâce au QR code, Nocibé présente son offre "hors les murs"

Le QR code est le moyen le plus rapide de diriger un consommateur vers une adresse internet sur laquelle l'enseigne a publié du contenu. Que ce contenu soit commercial ou informatif. Ici, Nocibé a choisi de présenter son offre de soins "hors les murs", via le flash du QR code présenté en vitrine.

Pourquoi c'est une bonne idée...

Les usages du QR code sont potentiellement nombreux. Mais l'usage, même s'il existe, est encore loin d'être banalisé. L'intérêt de la démarche de Nocibé est de permettre au consommateur de prendre connaissance de l'offre sans nécessairement être en interaction avec les conseillères du point de vente, ce que certains clients redoutent, par peur qu'on leur "force la main". Le QR code permet alors un accès à l'offre en total libre-service.

Casino multiplie les synergies entre Cdiscount et son réseau off-line

D'un côté, Cdiscount est parmi les leaders français du e-commerce avec près de deux milliards d'euros de ventes. De l'autre, Casino est le commerçant qui contrôle le plus grand nombre de points de contacts dans l'Hexagone : 120 hypermarchés, 450 supermarchés, 1 000 hard-discounters et plus de

8 000 magasins de proximité. Et l'un est la filiale de l'autre ! Logique dès lors que Cdiscount fasse des 10 000 points de vente Casino autant de points de retrait. Ce qui correspond à une première forme de synergies, logistiques.

En parallèle, Casino a initié des synergies marchandises et marketing. En 2012, les hypers Géant ont ainsi accueilli des espaces Cdiscount en magasins (photo 1), proposant les best-sellers du site, relayés dans les prospectus trafic de l'enseigne 2). En 2014, nouvelle étape : Cdiscount a cautionné (en les reprenant à son compte) une série de promotions non-alimentaires proposées dans les hypers Géant et dans le réseau hard-discount Leader Price (photos 3 et 4). À terme, Cdiscount pourrait bien devenir la marque-enseigne globale du groupe Casino pour le non-alimentaire, quel que soit le canal.

1

2

3

4

Pourquoi c'est une bonne idée...

Conséquence d'une agressivité tarifaire (et merchandising) inédite sur le web, Cdiscount bénéficie d'une excellente image-prix dont, in fine, bénéficient les enseignes off-line du groupe Casino. De son côté, Cdiscount profite d'un nombre de points de contacts inédits sur le marché. D'autant que le retrait en magasins est une réassurance indispensable pour de nombreux clients.

Boulanger : retrait en point de vente 1h après la commande en ligne

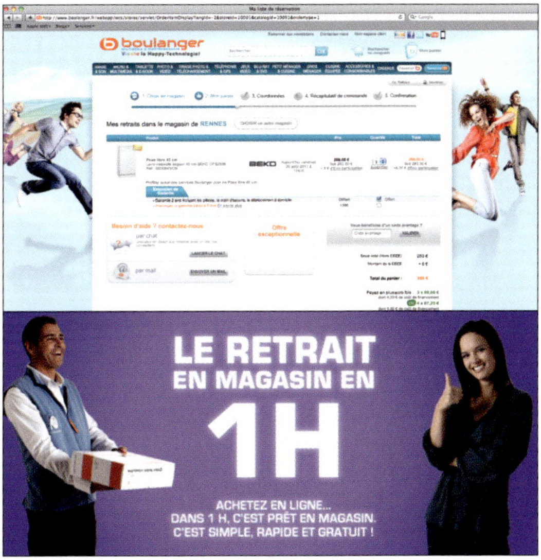

Depuis fin 2009 (c'est historiquement la première enseigne), Boulanger propose à ses clients de Boulanger.fr de retirer leurs achats en magasin 1h après avoir validé leur commande. Un véritable "plus" pour le chaland qui peut ainsi disposer quasi immédiatement de ses achats et, en fin de compte, se rendre en point de vente avec la certitude de la disponibilité du produit. Pour tenir sa promesse, Boulanger se doit donc de synchroniser tant le prix que les stocks entre son site on-line et son magasin off-line. Ce qui constitue, là, deux prérequis du cross-canal.

Pourquoi c'est une bonne idée...

Avant que cela ne devienne un standard (voir chapitre Drive et click & collect), Boulanger avait compris qu'il n'y avait pas de compétition à entretenir entre magasin et site marchand. Et qu'il y avait, là, une réponse indispensable à un client qui était devenu cross-canal avant que les enseignes elles-mêmes ne le soient !

@cosme (Japon) : le communautaire présent sur tous les canaux

À l'origine, @cosme est un site internet communautaire avec des avis sur les produits cosmétiques, devenu également un site de e-commerce puis un magasin (en général, le commerce évolue dans le sens inverse !). La particularité : les consommateurs votent pour les produits sur le site internet de l'enseigne et @cosme présente en magasins les produits ayant reçu le plus d'opinions favorables.

Le site tient son succès d'une forte mobilisation des consommateurs japonais : près de sept millions d'avis recensés les 8 premières années d'activité. Au final, le site sert de "bible" pour tous les produits cosmétiques avec plus de 150 000 références sur lesquelles les avis sont consultables.

Pourquoi c'est une bonne idée...

Recueillir les avis des consommateurs sur tous les produits cosmétiques, les rendre disponibles et classer les meilleurs par catégories n'a aucune frontière et fonctionne parfaitement sur tous les canaux. Le web joue l'exhaustivité avec les avis et le site marchand, les magasins "jouent" uniquement les meilleurs produits.

E.Leclerc : comparer les prix dans toutes les situations

"Comme nous ne craignons pas la comparaison, nous sommes allés encore plus loin en créant l'application quiestlemoinscher pour smartphone. Avec cet outil (750 000 téléchargements à ce jour), vous pouvez scanner un code barre quand vous êtes chez un concurrent et votre téléphone vous informera du prix de ce même produit dans le centre E.Leclerc le plus proche du magasin où vous êtes situé. Par ailleurs, ce prix est régulièrement actualisé." C'est ainsi que Michel-Édouard Leclerc justifiait, en janvier 2013 sur son blog, le lancement de l'application quiestlemoinscher en version smartphone. D'abord développé pour une consultation sur ordinateur, le comparateur devenait en plus mobile avec l'application et une promesse "Tous les prix sont dans votre poche."

Pourquoi c'est une bonne idée...

L'enseigne s'adapte aux nouvelles technologies et, où que soit le client (chez lui pour préparer ses achats ou en magasin pour les concrétiser), elle lui donne les moyens de comparer et d'affirmer sa supériorité prix. Et même si l'usage est rare, le simple fait que l'application existe (et qu'elle fonctionne) est un fort élément de réassurance.

LE CAS D'ÉCOLE
THE CONTAINER STORE (USA)

The Container Store est une enseigne américaine (77 magasins aux États-Unis) dédiée au rangement. Son spectre est large : du cintre à l'armoire, du garage à la chambre à coucher. L'originalité de The Container Store n'est pas d'avoir ouvert de nouveaux canaux de vente en complément des magasins (web et téléphone, avec retrait en magasin ou livraison à domicile), mais d'avoir su les interconnecter au bénéfice du client et de lui faire savoir clairement. Dans la communication de l'enseigne, le client se voit en effet proposer les 4 scénarios possibles (au-delà du classique achat en points de vente) : web + retrait magasin (c'est le "click & pickup" ; téléphone + retrait magasin ("call & pickup") ; web + livraison ("click & deliver") ; magasin + livraison ("scan & deliver"). En magasin (voir page suivante), la communication sur la complémen-

tarité des canaux est omniprésente au travers d'un slogan finalement assez simple : "Shop the way you like" (faites vos achats comme vous le préférez). Et cette liberté d'action donnée au client fait sens. Prenons le scénario de l'achat d'une armoire. Par praticité, le client l'aura peut-être choisi en magasin ou commandé à distance, mais il se la fera livrer à domicile. Malchance : il lui manque quelques cintres ou boîtes de rangement. Un clic sur son ordinateur ou son smartphone, il vérifie la disponibilité des produits en magasin et va les acheter sur le champ (il les aura peut-être payés à distance pour les réserver et n'avoir qu'à les retirer au "picking point").

Pourquoi c'est un cas d'école...

C'est la posture de The Container Store qui est remarquable. L'enseigne met l'ensemble de ses canaux à la disposition de son client en assumant que c'est bien lui (le client) qui fait le choix. Et non pas l'enseigne qui le contraint !

LES INCONTOURNABLES AVEC LESQUELS « CROSS-CANAL » EST PARTICULIÈREMENT CORRÉLÉ :

COÛT OUTIL, DRIVE ET CLICK & COLLECT, RÉSEAUX ET MÉDIAS SOCIAUX, VALUE FOR MONEY.

DRIVE ET CLICK & COLLECT

COMMENT DÉFINIR CET INCONTOURNABLE ?

Le drive existe depuis longtemps dans la restauration rapide aux États-Unis et dans tous les grands pays. Outre-Atlantique, c'est même un service banal pour retirer du cash aux distributeurs automatiques de billets, sans même descendre de voiture ! Ou encore pour retirer ses médicaments qui auront été commandés auparavant. Derrière le mot drive, une logistique est mise en place pour permettre au client de retirer sa commande en un minimum de temps.

Dans le commerce français, particulièrement en alimentaire, le drive connaît depuis quelques années un succès spectaculaire. Dans ce cas, le drive est un nouveau service rendu au client qui consiste à assurer, pour son compte, la préparation de la commande (ou picking) et lui permettre d'en prendre possession le plus rapidement possible, parfois même sans descendre de son véhicule. Au préalable, le client aura passé sa commande sur un site web dédié de l'enseigne. En l'état du parc (près de 3 500 sites déclarés en France début 2015), il est possible de classer les drives selon le service rendu au client, l'emplacement et l'organisation.

Mieux comprendre la typologie des drives

selon **le service rendu**		selon **l'emplacement**		selon **l'organisation**	
Vrai drive	**Faux drive**	**Accolé au magasin**	**Déporté sur autre zone**	**Picking en magasin**	**Picking en zone dédiée**
Le client ne sort pas (ou ne s'éloigne pas) de son véhicule.	Le client doit se signaler à l'accueil du PDV (ou autre endroit éloigné).	Le drive est sur le site même du PDV. Même zone commerciale.	Le drive est éloigné, sur une autre zone (commerciale ou non)	Préparation des commandes effectuée sur la surface de vente.	Préparation dans un entrepôt spécifique, non accessible au public.
Forte praticité	**Faible praticité. À terme (après expansion des vrais drives) ce ne sera qu'un modeste service, sans intérêt**	**Drive défensif. Evite de perdre des clients et accroît la dépense des clients sur la zone.**	**Drive offensif. Permet la conquête de CA. Va rebattre les cartes sur les zones. Mais crée du trafic sur un site concurrent !**	**Un seul avantage : évite d'investir dans un entrepôt. Inconvénients : coût du picking et désagréments sur la surface de vente.**	**Une zone organisée par niveau de rotation pour la productivité. À terme : automatisable pour certaines références.**

Au-delà du drive, le click & collect est un point de retrait en magasin ou dans des casiers dédiés hors du magasin, d'une commande effectuée le plus souvent sur le site marchand de l'enseigne. Le click & collect permet alors, s'il est maîtrisé, de faire gagner du temps au client, de lui permettre de choisir son moment de retrait et d'économiser le coût de la livraison (puisqu'il l'assure).

POURQUOI C'EST IMPORTANT POUR DEMAIN ?

> Le succès commercial du drive (alimentaire) est aujourd'hui manifeste. En 2011, Leclerc annonçait avoir dépassé 400 millions d'euros de chiffre d'affaires. Trois ans plus tard, l'enseigne a bouclé l'exercice 2014 à... 1,97 milliard d'euros. Quasiment cinq fois plus ! Sur la même période, Auchan et Chronodrive ont, eux, triplé leurs ventes : de 350 millions d'euros à 1,06 milliard. Plus globalement, le chiffre d'affaires du drive a atteint 4,3 milliards d'euros en 2014. Et si le rythme de croissance ralentit logiquement avec le développement du marché, il se situe toujours à + 15 % environ en 2015.

CHIFFRE D'AFFAIRES DRIVE 2014 PAR ENSEIGNE (ET ÉVOLUTION VS 2013)

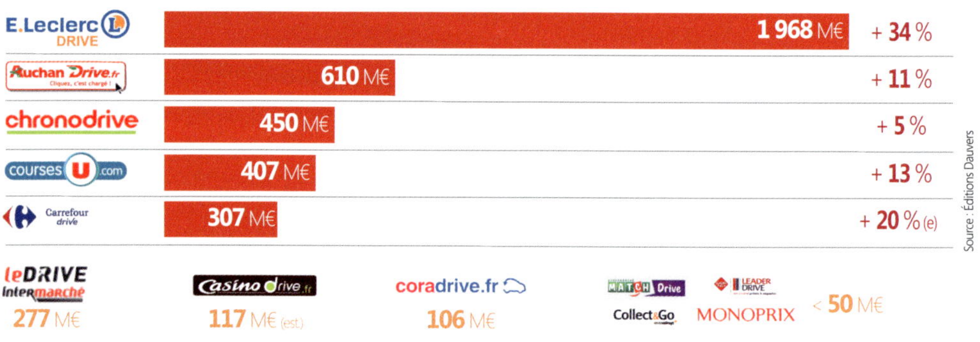

PART DE MARCHÉ DU DRIVE (ET ZOOM SUR QUELQUES TYPOLOGIES DE FAMILLES)

Sur univers PGC / Frais LS

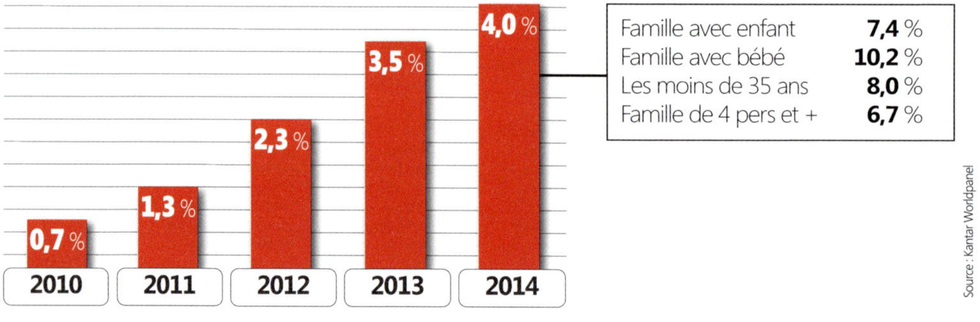

> **Les études clients démontrent un niveau de satisfaction particulièrement élevé.** Inédit même pour une forme de vente. Selon Kantar Worldpanel, en effet, 96 % des acheteurs drive sont satisfaits, 92 % l'ont vanté à leurs relations et 48 % en font leur mode d'achat préféré.

LES CLIENTS ET LE DRIVE

> Raisons de fréquentation du drive

Temps / praticité	oui à	**89** %
Liberté du moment des courses	oui à	**65** %
Moins de tentation	oui à	**53** %

> Niveau de satisfaction

96 %	**sont satisfaits de ce mode d'achat**
92 %	**l'ont déjà recommandé**
48 %	**le considèrent comme leur mode d'achat préféré**

Source : Kantar World Panel 2013

Double lecture de ces résultats : ils traduisent d'abord l'attrait des clients pour la praticité (c'est la première raison de fréquentation des drives). Mais, dans une approche sociologique, ils matérialisent aussi un lien dual à la consommation : d'un côté les achats utilitaristes, car routiniers et/ou peu impliquants ; de l'autres les achats plaisants, car exceptionnels, valorisants ou impliquants. Le drive répond parfaitement aux courses corvées. En ce sens, son développement est une évidence incontestable.

> Seconde raison de l'importance du drive dans les stratégies des enseignes : l'enjeu concurrentiel qu'il sous-tend. En 2011, le drive expliquait un tiers de la croissance de Leclerc. En 2014, c'était la totalité de la croissance de l'enseigne. De même, les études de mixité de clientèle démontrent depuis des années que **les enseignes absentes ou peu présentes sur le drive alimentent en clients leurs concurrents**.

> **Le click & collect est aussi – c'est la troisième raison – le prolongement naturel du e-commerce**, qu'il soit alimentaire ou non. Dans sa chaîne de valeur, le e-commerce implique en effet préparation de la commande et livraison au domicile du client (picking et delivering). La livraison à domicile (ou «dernier kilomètre») est l'étape la plus coûteuse car, potentiellement, la plus longue. Le click & collect permet précisément de s'en émanciper et de transférer cette tâche au client. Au besoin en répercutant dans le prix l'économie réalisée. En ce sens, le drive sera à terme un incontournable point de rencontre entre on-line et off-line. D'ailleurs, pourquoi ne pas imaginer des drives mutualisés entre enseignes de e-commerce non concurrentes ? À l'image, par exemple, des Points Relais ou Kiala...

À QUELS OBJECTIFS CLÉS RÉPOND CET INCONTOURNABLE ?

Développer le parc et le business

S'adapter à l'exigence absolue des clients : la gestion du temps

Repenser le parcours client avec l'impact du digital

Développer de nouvelles formules commerciales

QUELS SONT LES DÉFIS PRIORITAIRES POUR LES ENSEIGNES ?

Définir le bon modèle serviciel

Vrai drive ou faux drive ? Drive avec pistes ou simple point de retrait ? La question est centrale. En l'état actuel du marché (encore peu développé comparé à son potentiel à terme), le déploiement de faux drives plus ou moins contraignants pour le client peut constituer une première étape légitime pour proposer un service plébiscité par les clients mais à moindre coût. Nul besoin d'investir dans des bornes, une simple sonnette fait l'affaire ! Dans certaines situations, le client doit même se signaler intuitu personae à l'accueil du point de vente. A court terme donc, ces faux drive sont une première réponse, essentiellement tactique. A moyen terme, ils seront largement insuffisants. Et ce d'autant que Leclerc et Auchan, les deux leaders, ont imposé par leur déploiement le niveau de service de drives avec pistes (au besoin sans quitter son véhicule).

Autre défi pour les enseignes : ajuster la promesse de disponibilité – aujourd'hui 2 heures – à la véritable attente des clients. En la matière, le trop (de services) est l'ennemi de la rentabilité par ce qu'il impose en mobilisation de ressources humaines. Selon des observations – empiriques certes, mais bien réelles et dans différentes enseignes –, tous les clients, loin s'en faut, ne rejoignent pas le drive deux heures après la commande. Ce qui permet de douter de la pertinence de l'engagement.

Définir le bon modèle organisationnel

Le picking magasin est le modèle le plus rapide à mettre en place car ne nécessitant que de faibles investissements. Second avantage : dans l'absolu, il permet de reproduire en ligne l'offre complète du magasin. Ou, en tout état de cause, une offre plus large que dans un modèle de picking en zone dédiée. Inconvénients néanmoins : la faible productivité du picking (le trajet du préparateur est sensiblement plus long) et sa conséquence, le coût, qui rend ce modèle difficile à rentabiliser. Sans compter la gêne occasionnée pour les clients du magasin. De sources concordantes, dès lors que l'activité drive génère 5 % (ou plus) du chiffre d'affaires total du point de vente, le picking en rayons se fait au détriment du confort d'achat des chalands. À l'inverse, l'entrepôt dédié préserve la tranquillité des clients et permet une plus grande productivité (*voir Le cas d'école : Leclerc*).

Emplacements : prioriser les sites défensifs

Où implanter son drive ? En proximité immédiate de son point de vente, dans sa zone commerciale ? Ce qui constitue alors une logique défensive. Ou, plutôt, dans la zone d'un concurrent ? Logique offensive... En l'état actuel du marché, la priorité est clairement de limiter l'évasion commerciale. Les études le démontrent : ne pas proposer de service drive est pénalisant. Dès lors, priorité doit être donnée à l'installation d'un drive sur sa propre zone commerciale. Et ce d'autant que l'installation d'un site offensif, sur la zone d'un concurrent, n'est pas sans risque. Une enseigne forte qui s'implanterait en version drive sur le parking d'une enseigne plus faible contribuerait à renforcer le trafic de la zone !

Anticiper l'évolution "foncière" des magasins

Dans les situations les plus favorables, le drive peut aujourd'hui représenter jusqu'à 15 % du chiffre d'affaires de l'hyper auprès duquel il est implanté. Dans ces situations, il s'agit systématiquement d'une organisation de picking en zone dédiée. Autant dire que ce chiffre d'affaires ne "rémunère" donc plus la surface commerciale de l'hyper. Ce qui, à terme, posera inévitablement la question du rendement locatif de ces mètres carrés. En toute logique, les points de vente qui auront le mieux pris le virage du drive devront, en parallèle, ajuster leur surface commerciale. Plus globalement, c'est l'enjeu que pose le développement du e-commerce à l'immobilier commercial.

Politique marchandises : faire les bons choix

Comme pour un point de vente physique, la largeur d'offre est un élément constitutif de l'attractivité et de la rentabilité. L'assortiment doit être suffisamment complet pour couvrir l'essentiel des besoins mais néanmoins pas trop large pour ne pas pénaliser la productivité (coût du picking). En l'état, les enseignes se cherchent encore avec d'importants écarts : d'un côté, Leclerc qui propose en moyenne à peine 7 000 références et, de l'autre, Cora qui en offre plus de 20 000. Et, contrairement à une idée reçue en matière commerciale, pour le drive, l'offre ne fait pas automatiquement la performance.

NOMBRE DE RÉFÉRENCES MOYEN PAR ENSEIGNE

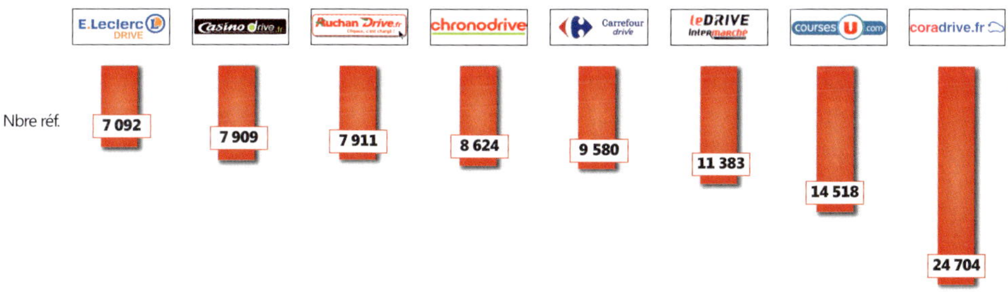

Source : DRIVE INSIGHTS2015 (A3 Distrib / Ed. Dauvers)

Derrière ces écarts, une certitude : le drive est un format encore immature dont les déterminants du succès ne sont pas encore clairement établis. Autre volet de la politique marchandises : l'arbitrage MDD et marques nationales. Ici, la tentation est grande de prioriser les MDD en raison de leur rentabilité supérieure (et ainsi mieux amortir le surcoût du picking). Sur ce critère, les écarts entre enseignes sont importants, du simple au double.

	E.Leclerc DRIVE	Casino drive	Auchan Drive	chronodrive	Carrefour drive	leDRIVE Intermarché	courses U	coradrive.fr
% MDD	**47** %	**37** %	**31** %	**26** %	**29** %	**33** %	**29** %	**24** %

Merchandising : travailler l'impulsion

L'achat à distance, via un écran, freine naturellement l'impulsion. En témoigne une étude Kantar Worldpanel qui a identifié les catégories de produits les plus pénalisées par le mode d'achat drive (en comparant leur rang dans les paniers hypers/supers et dans les paniers drive). Sans surprise, arrivent en tête de liste les produits d'impulsion : confiserie de sucre et confiserie de chocolat. L'achat à distance pénalise donc directement ces produits.

Ergonomie : un élément de différenciation à venir lorsque le service drive sera commun

L'ergonomie des sites est encore inégale. Elle joue pourtant sur la facilité de commande et le temps nécessaire. Deux critères importants puisque, d'une manière plus générale, gain de temps et praticité sont les motivations principales des clients drive. À l'avenir, un élément de préférence, c'est sûr.

Réinventer le magasin

Ce sera l'une des conséquences du développement du drive : la nécessité de réinventer le magasin, lui redonner une mission. Toutes les enseignes ont, d'ores et déjà, identifié la zone marché comme un élément marquant du magasin de demain à l'heure du drive. Mais bien peu, notamment en supermarchés, en ont tiré les conséquences sur les concepts, le merchandising, la marchandise et le professionnalisme des équipes. Ce sont pourtant les quatre chantiers qu'il faut nécessairement mener. Mais la zone marché n'est pas la seule aspérité du magasin à cultiver. Parmi les rayons expérienciels à privilégier : la parfumerie ou la cave à vins par exemple. D'ailleurs, comme un signe, le vin se rapproche désormais souvent de la zone marché dans les récentes rénovations.

S'assurer du bénéfice temps pour le click & collect

Sur les marchés non-alimentaires où le drive devient – sémantiquement – click & collect, le bénéfice temps pour le client est encore très inégal. S'inspirant du drive alimentaire, certaines enseignes ont mis sur pied de véritables zones organisées pour un retrait rapide. D'autres en sont encore à imposer à leurs clients un passage par la case caisse. Et à subir l'attente qui va avec... Ce qui est absolument incompatible avec le prérequis du service.

LES CITATIONS À RETENIR

" *Nos clients peuvent faire un achat sur internet le soir, et venir chercher le produit dans nos magasins quelques heures après. Nous sommes les seuls à pouvoir le faire, grâce à un réseau très dense : 70 % de la population américaine se trouve à moins de quinze minutes d'un magasin Best Buy.* "

Hubert Joly, CEO de Best Buy in *Les Echos*, 09/2013

" *58 % des ménages disent qu'ils n'ont pas de temps libre en semaine. Et 42 % déclarent passer leur journée à courir. Le terreau est fertile pour le drive qui est, par définition, le circuit qui "rend" du temps aux clients.* "

Gaëlle Le Floch, Kantar Worldpanel, Consumer's Morning, 02/15

" *Le drive est un vrai tue-l'amour du commerce. Toutes les études consommateurs montrent aujourd'hui que la routine, les listes enregistrées, prennent le pas sur la découverte des premiers instants. Je vous fiche mon billet que vous allez bientôt proposer des abonnements sur les achats récurrents. Amazon inquiète tout le monde avec ses débuts pourtant timides, et Auchan a démarré ses premiers tests. Bref, vous vous privez vous-mêmes de ce qui fait le sel du commerce, les achats d'impulsion, les produits frais, le plaisir, le conseil et les marges rondelettes qui vont avec.*"

Benoit Merlaud, rédacteur-en-chef adjoint de *Linéaires*, 07/2014

QUELS EXEMPLES RÉFÉRENTS ?

Chronodrive, le pionnier pure player

Filiale d'Auchan, Chronodrive est un pure player du drive, n'exploitant que des entrepôts avec pistes de retrait. Symboliquement, c'est même le premier à avoir vraiment cru au drive. C'était en juin 2004 à Marcq-en-Barœul près de Lille. À l'époque, la jeune enseigne se veut ambitieuse. Un grand panneau publicitaire accueille les clients : "Ici la révolution des courses a commencé." De fait, ce premier site sera le point de départ d'une nouvelle forme de vente. Et Chronodrive, seul pure player du marché, aura souvent un temps d'avance. Par exemple en matière de cross-merchandising. Rapidement, l'enseigne met ainsi en place les ventes croisées, utilisant au mieux les possibilités digitales. Dans cet exemple, en cliquant sur le rayon pâtes, le client internaute se voit proposer une fiche recette avec des pâtes, laquelle propose également les autres produits nécessaires. Un moyen astucieux de lutter contre la baisse mécanique des achats d'impulsion en misant sur les ventes associées.

Cora, la première enseigne à équiper tous ses magasins (et à pratiquer la "ramasse")

Avec 59 sites et 106 millions d'euros de chiffre d'affaires en 2014, Cora est un acteur modeste du drive. C'est néanmoins la première enseigne à atteindre un taux de couverture de 100 %. En clair, tous les hypers Cora proposent le service drive à leurs clients. Mais par volonté de limiter les investissements, Cora n'a pas mis en place d'entrepôts de préparation dédiés et a donc opté pour le store-picking. Avec cependant une problématique particulière : la surface moyenne de ses hypers, 10 000 m². D'où une innovation organisationnelle : la “ramasse”. Concrètement, il s’agit de ramasser en une seule fois tous les produits d’une même allée puis de les “éclater” par commande dans la réserve. L’avantage est clair : ce sont les employés du rayon qui ramassent les produits, ils les connaissent donc bien et travaillent sur un rythme élevé dans un petit périmètre (et non sur l’ensemble de la surface de vente). Cette ramasse s’effectue généralement le matin, quelques minutes avant l’ouverture du magasin, lorsque les employés ont achevé le remplissage des rayons. Cela dit, un inconvénient : Cora doit convaincre ses clients de commander la veille au soir (ou pendant la nuit) pour optimiser le nombre de commandes qui seront traitées en ramasse. D’où la mise en place d’incitations, souvent quelques euros de remise.

Zara épargne un long “tunnel de commande” aux clients qui le souhaitent

Quel client n’a jamais pesté contre la longueur du “tunnel de commande”, cette étape où, page après page, il doit créer un compte en renseignant un nombre important de “champs” : informations d’état civil, d’habitat, etc. Zara permet certes aux clients qui le souhaitent de créer leur compte mais également d’acheter directement, “en tant qu’invité”, selon la sémantique de l’enseigne. Avantage : un gain de temps évident pour le client.

Cache-cache/Decathlon : orienter le choix du client vers le click & collect magasin

Dans le tunnel de commande de Cache-cache et Decathlon, le click & collect magasin est bien mis en valeur par rapport aux autres modes de livraison. De plus, uniquement les infos vraiment utiles sont présentes : date de disponibilité et prix. À l’inverse, trop d’enseignes ne favorisent pas le retrait en magasin, car elles pré-cochent le mode livraison ou ne mettent pas assez en valeur la gratuité du service click & collect.

LE CAS D'ÉCOLE : LECLERC

Leclerc n'est pas le premier à s'être lancé sur le marché du drive en France (c'était Auchan à Leers, en juin 2000), mais c'est assurément l'enseigne qui est devenue à la fois le leader et le référent. Fin 2014, Leclerc exploitait 557 "vrais" drives, réalisant près de deux milliards d'euros de chiffre soit 5 % des ventes de l'enseigne. Plus spectaculaire, Leclerc a, chaque année, dépassé ses objectifs. Tant en chiffre d'affaires qu'en ouvertures. En juin 2012 par exemple, Michel-Édouard Leclerc fixe le cap à 400 drives en 2015. L'objectif sera atteint en.. octobre 2013 !

Dès l'origine, Leclerc a fait le choix de l'entrepôt dédié pour assurer la préparation des commandes. Au fil des ans, l'organisation de l'entrepôt a permis d'améliorer la productivité de telle sorte que les frais de personnel de Leclerc Drive atteignent en moyenne de 9 à 10 % du chiffre d'affaires. C'est moins que la moyenne générale d'un hyper (environ 11 %), mais c'est bien davantage que les coûts de personnel ramenés au périmètre PGC / FLS du point de vente (de 4 à 5 %). Mais, dans le même temps, la charge d'investissement d'un drive est notoirement plus faible : absence de carrelage, de décorum, de mobilier, etc. Résultat, selon Leclerc, le niveau de rentabilité des drives serait – malgré la préparation de la commande pour le compte du client et la pratique de prix identiques – au même niveau qu'en hypers. Dans les faits, néanmoins, il est probable que les plus petits drives de l'enseigne (moins de 3 millions d'euros de ventes par site) ne soit guère au-dessus de l'équilibre.

En fait, la clé du succès économique réside dans la productivité de la préparation de la commande. A l'image des grossistes en pièces détachées, Leclerc a organisé ses entrepôts à la fois par famille de produits et par niveau de rotations, donc de probabilité de présence sur une liste de courses. L'implantation est organisée de telle manière que le préparateur ait – statistiquement – le plus de chance d'avoir à effectuer le plus petit parcours possible. Prochaine étape : automatiser une partie de la préparation de la commande. Pour que la marchandise vienne au préparateur, et non l'inverse ! Sur le modèle, cette fois, des grossistes en pharmacie.

LES INCONTOURNABLES AVEC LESQUELS « DRIVE ET CLICK & COLLECT » EST PARTICULIÈREMENT CORRÉLÉ :

COÛT-OUTIL, COMMERCE DE FLUX, EXPÉRIENCE CLIENT, CROSS-CANAL, LESS IS MORE (AND GO FASTER).

PRÉPARATION DES ACHATS/ROPO

COMMENT DÉFINIR CET INCONTOURNABLE ?

Le ROPO est la pratique qui consiste à **rechercher des produits ou des services en ligne et, par la suite, à les acheter en magasin** et non sur internet. Littéralement, ROPO (ou ROBO) signifie ainsi : "*Research On-line, Purchase Off-line*" ("*Research On-line, Buy Off-line*"). Le ROPO définit avant tout un comportement humain (je me renseigne sur Internet et j'achète en magasin). Un comportement qui s'explique...

Les 5 principales raisons de ce comportement :

- Je veux en **savoir plus** sur le produit
- Je veux le produit **immédiatement**
- Je veux le produit **sans frais de livraison**
- Je veux **toucher**, voir le produit
- Je ne souhaite **pas donner d'informations sur moi sur Internet**

POURQUOI C'EST IMPORTANT POUR DEMAIN ?

Le ROPO est au croisement de trois phénomènes majeurs : d'un côté, l'accès absolu à l'information via le web ; d'autre part, la quête incessante (et croissante) des clients pour donner le maximum de valeur à chaque euro dépensé ; enfin, la défiance vis-à-vis des messages "officiels" des marques ou des enseignes.

L'accès absolu à l'information

Le "savoir" sur les produits et les services a longtemps été l'apanage des vendeurs en magasins. Experts de leur rayon, de leur catégorie de produits, ils étaient la référence ultime pour les clients. Ce n'est désormais plus le cas eu égard à la masse d'informations disponibles on-line : informations officielles (les marques qui présentent leurs produits avec un niveau de détail inédit) ou informations officieuses (les avis de consommateurs, voir ci-après). En outre, et par principe, cette information est disponible avec un niveau de facilité et de disponibilité plus importante qu'en magasins.

Donner le maximum de valeur à l'euro dépensé

L'économie de la consommation est marquée par l'écart grandissant entre le pouvoir d'achat (schématiquement en quasi-stagnation sur les dix dernières années) et le vouloir d'achat, lequel ne cesse de progresser sous le double effet d'une offre croissante de produits et services mais, également, de nouveaux mètres carrés commerciaux. En conséquence et pour préserver sa capacité à acheter, le consommateur contemporain cherche à optimiser la valeur de l'euro dépensé : qu'il s'agisse de rechercher le prix le plus bas ou d'identifier le produit (pas nécessairement le moins cher) qui apportera le maximum de la valeur attendue.

La défiance vis-à-vis des messages "officiels"

La maturité du consommateur, son lien distancié et méfiant avec la publicité : voilà autant de raisons qui contribuent à la défiance croissante vis-à-vis des messages "officiels" des marques et des enseignes. Nombre de consommateurs recherchent à présent avant tout achat la réassurance de leurs congénères. L'illustration la plus frappante ? Trip Advisor ou, plus généralement, la consultation des "avis" sur tous les sites, marchands ou non. Ce qui n'est rien d'autre qu'une préparation on-line d'un achat à suivre.

À QUELS OBJECTIFS CLÉS CELA RÉPOND ?

Fournir le maximum d'informations clés aux clients

Faciliter la préparation des achats pour déclencher plus facilement le passage à l'acte

S'adapter à l'exigence absolue des clients : le digital et l'omnicanal

Optimiser et repenser le parcours client avec l'impact du digital

QUELS SONT LES DÉFIS PRIORITAIRES POUR LES ENSEIGNES ?

Dans la masse d'informations disponibles sur internet, **la valeur ajoutée attendue par le consommateur n'est pas tant la quantité (d'informations) disponible mais bien l'accès facilité à ce qu'il recherche.** C'est le premier défi des enseignes : hiérarchiser, identifier, mettre en exergue ce que le client attend réellement. En clair, toutes les informations ne se valent pas. L'enseigne a alors un rôle autrement plus ambitieux que la simple compilation des fiches produits transmises par les industriels. En permettant par exemple (parmi d'autres) la comparaison aisée entre les offres. En interne, c'est une mission cruciale qui suppose un réel niveau de formation.

La recherche en ligne suppose une décision d'achat qui suivra (immédiate ou différée, mais elle existe). Par principe, **la recherche porte donc tant sur la réalité tangible des produits (caractéristiques, fonctionnalités, avantages, etc.) que sur le prix et sur sa perception**. Dit autrement, le travail sur la valeur du prix (*voir chapitre Value for Money*) est à considérer en amont du point de vente, dès la phase ROPO.

L'intérêt du ROPO reposant pour partie sur le besoin du consommateur d'être rassuré (donc influencé) par ses alter ego, **l'enseigne doit accepter de ne pas être la seule source d'information de ses clients. Mieux, elle se doit d'être en veille sur ce qui s'écrit ou se dit d'elle ou de ses produits** (*voir chapitre Réseaux sociaux*).

Avec l'avènement du ROPO, **le rôle des vendeurs en magasin a donc considérablement changé. Ils ne sont plus les "sachants", loin s'en faut.** Ce qui suppose donc un double défi de formation pour les enseignes. D'abord un défi technique : comment disposer néanmoins d'un maximum d'informations pour répondre au client ? Ensuite un défi comportemental : comment "être" face à un client surinformé ?

Techniquement, enfin, autre défi : **accompagner la mutation mobile du client.** Si la recherche est de plus en plus en ligne, elle est de moins en moins... immobile, derrière un clavier d'ordinateur. L'ensemble des informations disponibles et des sites accessibles doivent, à l'évidence, avoir intégré la part croissante de requêtes effectuées depuis un terminal mobile.

LES CITATIONS À RETENIR

" *Le parcours d'achat s'est considérablement digitalisé. Aujourd'hui, 75 % de nos clients qui achètent en magasin ont préparé leurs achats sur notre site web.* "

Bérangère Lamboley, directrice générale marketing de But (*LSA*, 6/9/2012)

" *Il est fondamental d'avoir en tête qu'aujourd'hui près de 80 % des clients qui rentrent chez Darty se sont auparavant rendus sur le site internet.* "

Olivier Godart, responsable de la digitalisation des points de vente de Darty (*Marketing*, février 2014)

" *Il faut sortir de la guerre entre « off » et « on-line ». La seule problématique qui vaille est de trouver des éléments qualitatifs pour attirer les clients. Pour eux, l'internet est aussi bien un circuit de vente qu'un média : ils s'informent aussi sur les produits via les sites d'Amazon, de Darty ou des fabricants. Nous devons communiquer de la même façon dans le virtuel comme dans le réel.* "

Murali Sivaraman, directeur général de Philips Domestic Appliances (*LSA*, 27/3/2014)

" *Nous formons nos vendeurs afin qu'ils connaissent les 8 000 références du site e-commerce.* "

José Peixoto, directeur du réseau magasins, Oxybul (*LSA*, 21/11/2013)

LES CHIFFRES CLÉS À RETENIR

92 % > Les consommateurs qui se renseignent sur internet avant d'effectuer un achat en magasins (Source : ROPO 3, FullSix 2014). 64 % se renseignent depuis un ordinateur, 32 % depuis un smartphone et 23 % depuis une tablette.
Une étude Opinion Way pour eBay confirme également cette proportion avec 9 internautes sur 10 qui commencent par faire des recherches sur le web avant toute considération d'achat (étude 2014).

26 % > Les Français qui utilisent une (ou plusieurs) application de courses.
(Source : High Co in *LSA*, 6/6/2013).

86 % > Les Français qui pensent que les avis consommateurs sont utiles dans leur prise de décision. (Source : Testntrust, baromètre annuel des faux avis 2013). Selon Nielsen, 80 % des consommateurs déclarent faire confiance aux recommandations de leurs proches pour effectuer un achat.

42 % > Les enseignes qui permettent de connaître en ligne le stock magasin
(Source : Vertone in *L'Express*, octobre 2013)

La préparation on-line des achats... continue en magasins

"Lorsque vous êtes en magasin, vous arrive-t-il de..." [réponses en %]

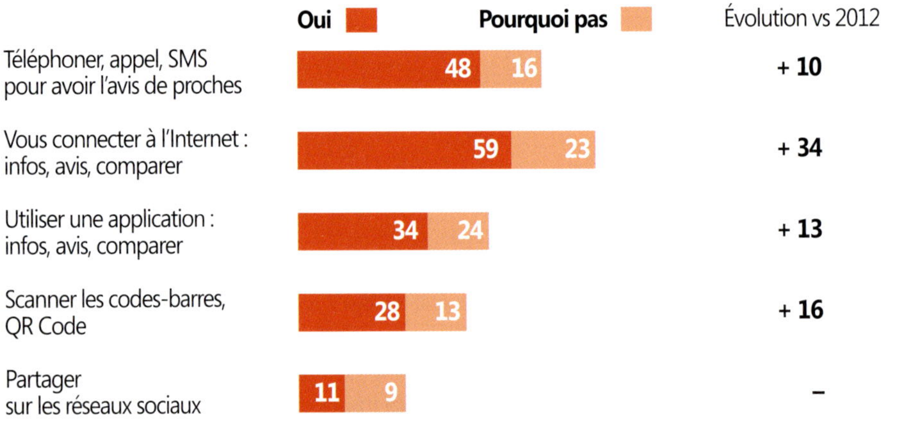

Source : étude Digitas/Vivaki Advance réalisée du 15 au 24 mars 2013 in *LSA*, 6/6/2013

QUELS EXEMPLES RÉFÉRENTS ?

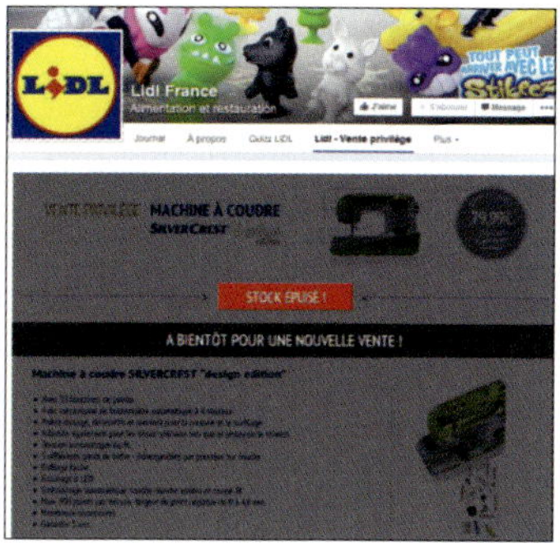

Lidl : une application Facebook pour réserver ses best-sellers

Via une page Facebook, Lidl propose régulièrement de réserver des produits événements.

Pourquoi c'est une bonne idée...

Cette fonctionnalité permet de valoriser et d'événementialiser l'offre. Les produits "arrivages" n'étant souvent disponibles que quelques heures en magasins, c'est une manière objective de préparer (et réussir) ses achats.

Conforama Profil Literie : impliquer les dormeurs sur leur profil

L'enseigne d'équipement de la maison a lancé en 2014 un site pour la préparation à l'achat de literie. Le principe est simple : le client identifie son profil de dormeur avant de choisir la literie qui convient à son sommeil... et à son budget.

Pourquoi c'est une bonne idée...

Cela permet de donner du sens à la préparation de l'achat. Sur un produit aussi impliquant (et de si longue durée de vie : sept ans en moyenne), le client peut bien passer 45 secondes à déterminer son profil ! De plus, les utilisateurs ont souvent leurs habitudes et ont du mal à les expliquer en magasins à des vendeurs pressés.

Ikea et la disponibilité des produits sur internet : des remises à jour toutes les 75 minutes

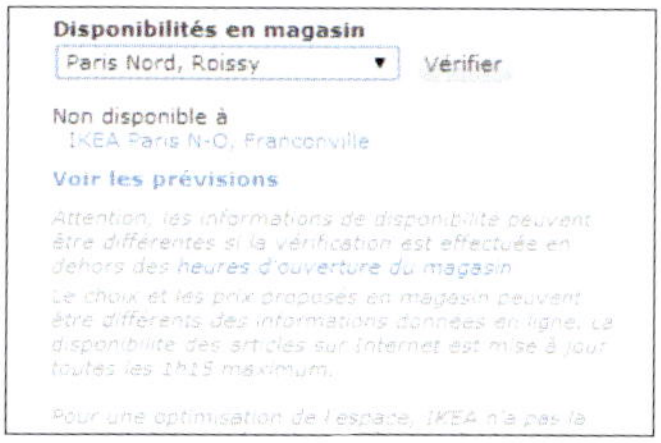

Ikea propose de vérifier la disponibilité de chaque produit dans le magasin de son choix : une information utile pour ne pas décevoir le client et lui permettre de mieux préparer sa visite (ou de la reporter, ce qui est une façon de réussir la prochaine !). Exemple avec ce best-seller absolu d'Ikea : la bibliothèque Billy. Une visite sur le site ikea.fr permet de savoir que Billy est disponible en blanc dans le magasin avec une forte disponibilité, alors que la couleur chêne n'est plus disponible. Une information précieuse avant de se rendre en magasins.

Pourquoi c'est une bonne idée...

Rien de pire dans l'expérience-client qu'une décision d'achat sur le site de l'enseigne suivie d'une visite infructueuse en magasin en raison d'une rupture. Dans la préparation de l'achat, la visibilité des stocks va rapidement devenir une "dette naturelle" de l'enseigne envers son client.

Via la disponibilité des produits, Castorama aide à choisir le magasin

Castorama, lui, propose de donner la disponibilité sur plusieurs magasins dans la zone de chalandise du client (en rentrant son code postal) de manière à l'aider à choisir le bon magasin, le plus proche mais, surtout, celui qui a la disponibilité du produit recherché. Les stocks sont indiqués et c'est une information pertinente.

Pourquoi c'est une bonne idée...

Là, l'enseigne va plus loin que l'indication des stocks. Elle oriente le client en fonction de la disponibilité. Ce qui est finalement l'attente numéro 1, une fois le produit choisi.

Ikea encourage la préparation de la prochaine visite

L'affichage est systématique (du moins en théorie !) en fin de parcours chez Ikea. L'enseigne suggère au client de préparer sa prochaine visite sur le site du magasin : "Vous pouvez y consulter nos produits et services, construire votre projet cuisine ou dressing, vous informer sur l'actualité de notre magasin..."

Pourquoi c'est une bonne idée...

Une visite bien préparée a plus de chance d'être une visite réussie. Et donc le premier motif de la suivante !

Boulanger : prendre rendez-vous en magasin avec un conseiller

Rien de pire dans l'expérience-client que l'attente qui se prolonge en magasin lorsqu'il s'agit de solliciter un conseiller. Pour y remédier, Boulanger propose, en amont de la venue en point de vente, la prise de rendez-vous. À l'heure convenue, un conseiller sera disponible en magasin pour le client. Client qui, au moins sur ce point-là, aura la sensation d'une visite réussie. La prise de rendez-vous s'effectue via le site web de l'enseigne.

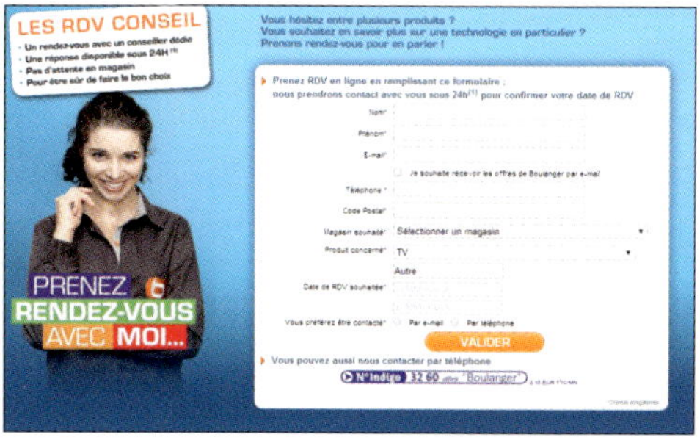

Pourquoi c'est une bonne idée...

Le process n'est certes pas encore parfaitement "huilé" (puisque le client émet un souhait de date auquel Boulanger a 24 heures pour répondre) mais il place l'enseigne dans la bonne posture vis-à-vis de son client. Pour le client précisément, c'est l'assurance d'optimiser le temps consacré à la préparation de son achat. Pour l'enseigne, cela évite de perdre, en cas d'attente, des consommateurs captifs et à potentiel.

L'application mobile Castorama : (presque) indispensable pour préparer ses achats

L'application Castorama multiplie les fonctionnalités pour faciliter la préparation des achats. À cet égard, c'est sans doute la plus complète. Le client peut, par exemple, obtenir plus d'informations sur les produits présentés en catalogue, simplement en les photographiant. Il aura même la connaissance des stocks. En parallèle, d'autres modules de l'application permettent notamment de calculer les quantités de matériaux nécessaires pour des travaux ou encore la mise en situation de produits dans l'intérieur du client. Sans compter, naturellement, la localisation des magasins.

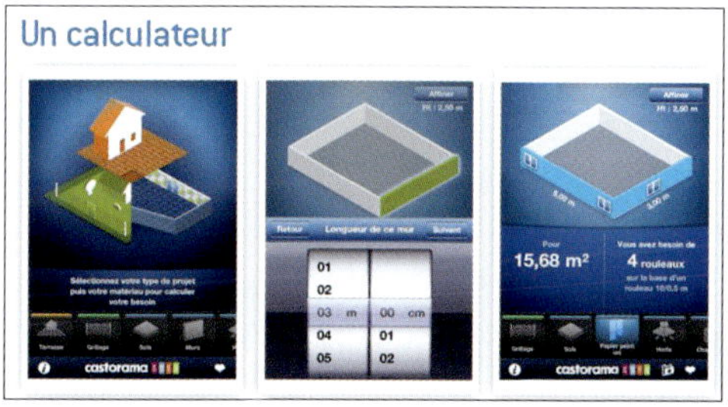

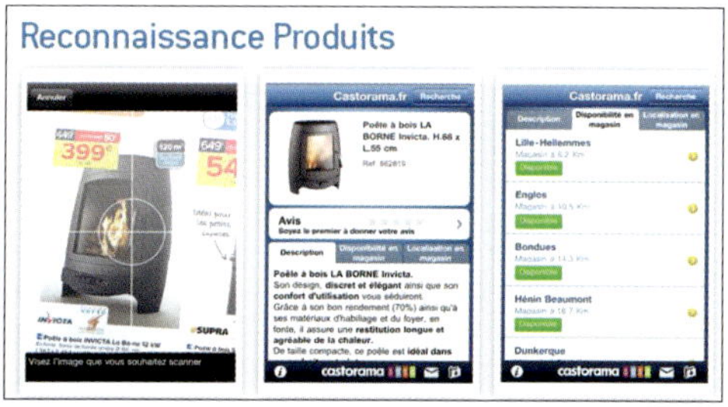

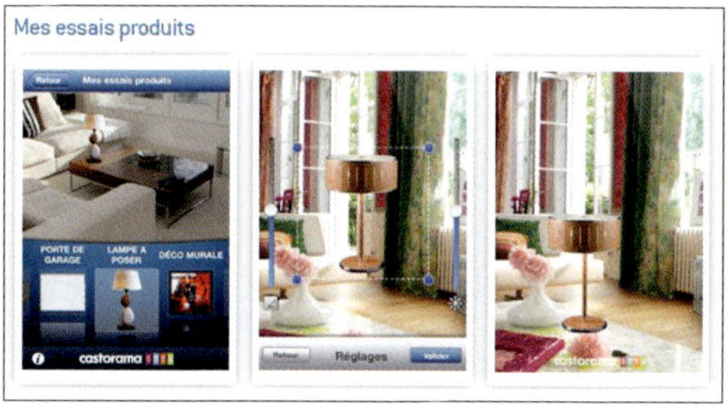

Pourquoi c'est une bonne idée...

L'application Castorama est résolument "pensée" client. L'information essentielle est disponible et elle s'appuie sur des avancées technologiques récentes, donc marquantes.

LE CAS D'ÉCOLE
MIEUX CHOISIR SES PRODUITS AVEC LE "LABO FNAC"

Depuis plus de 40 ans, les dossiers techniques du Labo Fnac et ses fameuses "étoiles" sont une référence des guides consommateurs et, en conséquence, une aide efficace à la préparation des achats. Le Labo Fnac a été créé en 1973 par les fondateurs de la Fnac (elle-même créée en 1954) : Max Théret et André Essel. En septembre 2014, dans le magazine des adhérents du Club Fnac, le directeur du laboratoire, Lionel Jarlan, en définissait l'ambition : "*Le principal objectif du laboratoire est de mieux répondre aux besoins d'information de nos clients. Internet met à leur disposition une masse énorme d'informations sur les produits, mais elles sont généralement subjectives et souvent peu fiables. La rigueur et l'objectivité des tests du Labo leur donnent toute leur valeur. Mais il nous faut les publier plus vite : le rythme saisonnier de publication des dossiers (printemps et fin d'année) ne suffit plus. Depuis six mois, nous nous adaptons pour pouvoir coller à l'actualité et publier sur le site Fnac les résultats des tests à un rythme plus rapide... La particularité du Labo Fnac est son approche scientifique et objective de la mesure des performances des produits d'électronique grand public, mais son originalité, depuis sa fondation, c'est son indépendance, qui le place au service du consommateur. Aucune autre entreprise de distribution dans le monde ne s'est lancée dans cette démarche.*"

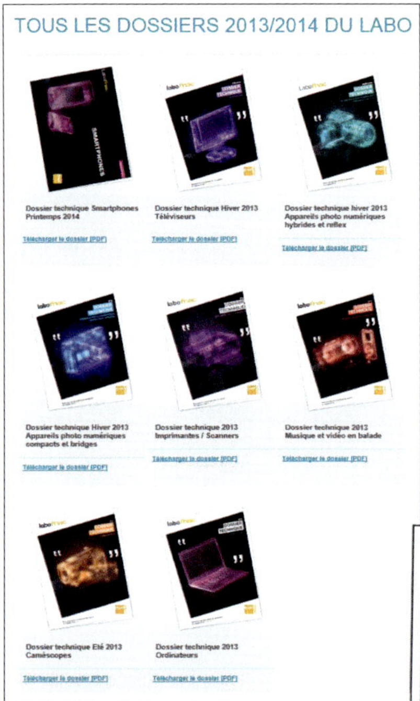

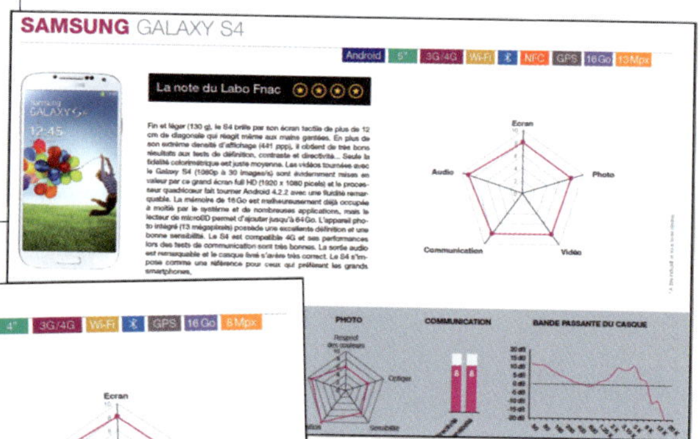

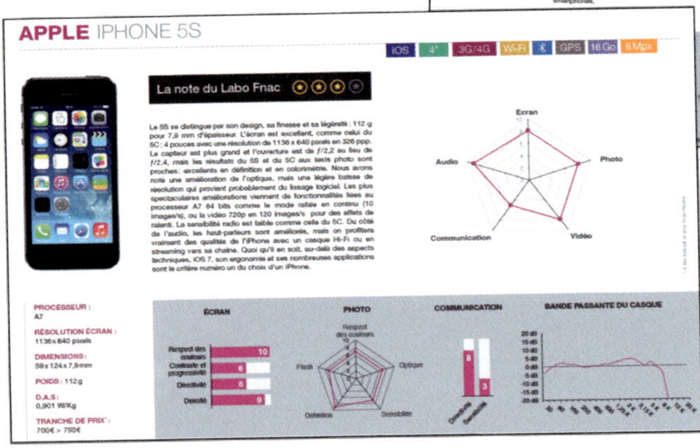

Les dossiers portent sur une dizaine de familles de produits tels que les appareils photo numériques, caméscopes, ordinateurs portables, smart-

phones, téléviseurs, baladeurs, imprimantes, etc. Autant de catégories sur lesquels le Labo Fnac entend mettre en avant les critères discriminants de choix en se concentrant sur l'usage des produits. Une véritable logique client que la Fnac n'oublie pas de valoriser en magasins.

Pourquoi c'est un cas d'école...

La Fnac répond de manière quasi optimale à l'attente d'informations du client. D'un côté, le spectre de la comparaison est large. De l'autre, le conseil est sincère, déconnecté de considérations commerciales. Le tout au bénéfice de l'expertise supposée de l'enseigne.

LES INCONTOURNABLES AVEC LESQUELS « PRÉPARATION DES ACHATS/ROPO » EST PARTICULIÈREMENT CORRÉLÉ :

CROSS-CANAL, DRIVE ET CLICK & COLLECT, LESS IS MORE AND GO FASTER, RELATION CLIENT, RÉSEAUX ET MÉDIAS SOCIAUX, VALUE FOR MONEY.

RÉSEAUX ET MÉDIAS SOCIAUX

COMMENT DÉFINIR CET INCONTOURNABLE ?

Un réseau social est un groupe d'individus (ou d'entreprises) fédérés par un même centre d'intérêt et qui dialoguent de manière électronique, donc virtuelle. C'est en ce sens que le réseau social devient média social car les échanges entre les membres constituent autant d'informations diffusées sous une forme « one to many ». **L'échange digital entre les membres abolit les barrières de géographie, de nombre d'individus dans la « conversation » et de disponibilité**, notamment horaire. Ce qui permet de démultiplier les échanges. Donc, par exemple, d'accélérer le temps pour les acteurs économiques dont les réputations – positives ou négatives – peuvent se faire ou se défaire en quelques instants lorsque quelques jours/semaines/années étaient au préalable nécessaires dans le temps médiatique classique. Les réseaux sociaux en deviennent ainsi parfois des « médias électroniques de pulsion ».
Facebook et Twitter sont, actuellement, les deux réseaux sociaux les plus influents et sont donc, pour les marques comme pour les enseignes, les principales portes d'entrée vers le monde numérique. Mais, attention !, rien ne dit qu'ils le resteront si d'aventure de nouveaux acteurs les supplantent ou si eux-mêmes déclinent !

POURQUOI C'EST IMPORTANT POUR DEMAIN ?

Il y a derrière l'incontournabilité des réseaux sociaux la réalité de leur nombre d'utilisateurs. En septembre 2012, Facebook a ainsi franchi le seuil du milliard d'utilisateurs actifs sur un mois. Plus de la moitié avaient été actifs tous les jours ! Et, désormais, le compteur affiche...1,3 milliard. Uniquement en France, en 2014, Facebook compte environ 28 millions d'utilisateurs. L'audience de Twitter est plus faible mais néanmoins significative : 4,5 millions de comptes en France. Et, tous réseaux confondus (incluant donc Linkedin, Google +, Copains d'Avant, etc.), 79 % des Français sont "socionautes".

L'emprise des réseaux sociaux ne peut que progresser. À échéance 2020, selon l'Union des entreprises de conseil et achat media (Udecam), les réseaux sociaux compteront ainsi près de 2,8 milliards d'utilisateurs dans le monde.

Autre preuve tangible de la montée en puissance des réseaux sociaux : ils sont transgénérationnels. Contrairement à une idée reçue, les plus jeunes ne sont pas les seuls utilisateurs. En 2012, par exemple, avec plus de 1,2 million de « tweetos » actifs en France, les plus de 55 ans ont devancé, en nombre, les 15/24 ans ! En clair, l'usage est désormais avéré.
Le fort développement des réseaux sociaux a créé, pour les marques comme pour les enseignes, une autre forme de dialogue/communication avec leurs clients que les médias classiques. **L'audience est ainsi fragmentable** (quasi à l'infini) selon, par exemple, les centres d'intérêts. Ce que ne permettent pas (ou peu) les médias habituels.

L'avènement des réseaux sociaux consacre une mue engagée depuis longtemps : le passage d'un monde de relatif silence (où les acteurs économiques communiquaient finalement assez peu, hormis les prises de parole préalablement décidées) à un monde de totale transparence. Les clients veulent savoir, et peuvent savoir, « tout sur tout et de partout ». Conséquence : **être silencieux lorsque le monde parle est un risque**. À l'inverse, être actif sur ces réseaux permet de devenir son propre éditeur de contenu. Ce que, visiblement, les consommateurs apprécient. 88 % de ceux qui suivent une marque sur un réseau social se considèrent ainsi mieux informés de son actualité, 78 % déclarent mieux la connaître et 78 % également la considèrent comme plus moderne (Source : Observatoire IFOP des réseaux sociaux.)

Pour les marques ou les enseignes, les réseaux sociaux sont une étape supplémentaire dans l'agrégation d'une communauté. Les sites web permettaient déjà de constituer une communauté. Les réseaux sociaux permettent de l'animer (donc de la renforcer) de manière autrement plus efficace, car contextuelle et interactive.

Avec le temps, les réseaux sociaux sont aussi devenus des « bureaux des réclamations » accessibles de n'importe où, n'importe quand. Un rôle à ne pas négliger et qui devrait convaincre les indécis ! Car, à défaut de solutionner les problèmes soulevés par les clients, les réseaux sociaux permettent, a minima, qu'ils les expriment. Autant donc les canaliser. En ce sens, **le réseau social devient un moyen d'écoute : les signaux forts mais également les signaux faibles.**

Enfin, le réseau social peut également avoir une vertu d'aiguiller vers le site « officiel » de l'enseigne, marchand ou non. Pour 76 % des entreprises américaines, c'est même la première motivation de présence sur les réseaux sociaux (source Ris News).

À QUELS OBJECTIFS CLÉS CELA RÉPOND ?

Viser l'excellence dans la relation-client

S'adapter à l'exigence absolue des clients : le digital et l'omnicanal

Construire un lien durable avec les clients

Établir des liens permanents avec les clients et non-clients

Montrer sa réactivité notamment en relation-client

QUELS DÉFIS POUR LES ENSEIGNES ?

Le premier défi est celui de la présence. Simplement pour éviter d'être au centre de conversations sans le savoir et/ou pouvoir y prendre part. Ne serait-ce que parce que pour certains clients les réseaux sociaux sont un passage préalable à une décision d'achat.

Mesurer le retour sur investissement est encore difficile en raison de la jeunesse de ces médias. En 2011, selon une étude de Microsoft Advertising, 72 % des responsables marketing considéraient qu'il était carrément impossible de mesurer le véritable ROI des réseaux sociaux. Pour autant, la question de la présence d'une marque ne se pose plus ! Preuve qu'**il faut accepter une part d'aveuglement sur la réalité du ROI.**

La qualité de la relation nouée avec ses clients/prospects dépasse largement l'approche quantitative qui a pourtant souvent été la seule lecture des réseaux sociaux : « combien de fans ? », « combien de followers ? ». Les enjeux ? D'abord, donner un sens à la relation. Un sens qui soit en cohérence avec les valeurs de la marque/de l'enseigne. Ensuite, donner un contenu à sa politique de marque. En novembre 2011, une étude de l'Observatoire des réseaux sociaux (IFOP) démontrait ainsi que, pour plus d'un utilisateur de réseaux sociaux sur deux, les marques qui y étaient présentes n'étaient pas forcément plus à leur écoute que les autres. Même si du chemin a été parcouru depuis, c'est la preuve que la présence ne suffit pas. Et qu'il faut être réellement actif avec l'objectif de créer un écosystème digital puissant qui alimente toute la communication et booste les ventes.

Comme tous les médias, les réseaux sociaux sont un vecteur de l'image de l'enseigne et pas uniquement un canal de communication. A considérer comme tel !

Les réseaux sociaux imposent une réactivité autrement plus immédiate que n'importe quel autre média. Le temps « acceptable » de réponse ne dépasse que très rarement la journée (83 % des utilisateurs de Facebook attendent une réponse dans la journée / Source : Bricksfish). Le défi consiste alors pour l'enseigne à mettre en place la structure capable d'une telle réactivité. D'ailleurs, à la différence d'une urne/boîte à suggestions en magasins, les messages sont publics. La pression de la réponse rapide n'en devient que plus forte !

Si les réseaux sociaux s'appuient certes sur internet, ils n'en deviennent pas automatiquement des plates-formes marchandes ! Un réseau social a d'abord une mission relationnelle et non transactionnelle. Les « vrais » sites de e-commerce sont autrement plus outillés…

Au final, l'usage des réseaux sociaux peut se résumer en 9 directions :

Produits	**Contenu éditorial**	**Animations**
Promotions Deals	**Relation-client SAV**	**Événements Live**
Corporate RP	**Web to store**	**Actualités**

Les exemples présentés dans les pages suivantes seront d'ailleurs chacun rattachés à l'un de ces usages.

LES CITATIONS À RETENIR

“ *80 % de nos fans sont des clients.* ”

Nicolas Guilloux, adhérent responsable du marketing Intermarché (in *LSA*, 23/1/2014)

“ *Une récente étude américaine montre que 94 % des adolescents américains sont actifs sur Facebook, et que ce chiffre progresse. Tous les chiffres montrent une croissance forte des usages. Notre croissance est soutenue sur le fixe et explose sur le mobile [...] Facebook est devenu en quelques années un groupe mondial avec cette vision d'une grande plate-forme ouverte, collaborative, qui aide les gens à échanger. Facebook incarne la transformation des modes de communication.* ”

Laurent Solly, directeur général de Facebook France (in *Les Echos*, 24/6/2013)

“ *Avec les réseaux sociaux, les commerçants peuvent enfin renouer le dialogue avec les consommateurs. Dans un monde plus rapide et plus complexe que jamais, avec des Français devenus exigeants, informés et zappeurs, la marque qui ne saisit pas cette opportunité prend le risque de s'éloigner des consommateurs d'aujourd'hui et de demain.* ”

Yves Puget, directeur de la rédaction de *LSA* (in *LSA*, 23/1/2014)

LES CHIFFRES CLÉS À RETENIR

Une diversité de réseaux sociaux et 79 % de "socionautes" en France

Sur la population des internautes en Frances, 79 % sont inscrits et actifs sur des réseaux sociaux. Souvent sur plusieurs réseaux d'ailleurs... Source : Harris Interactive, janvier 2014, baromètre de l'usage des réseaux

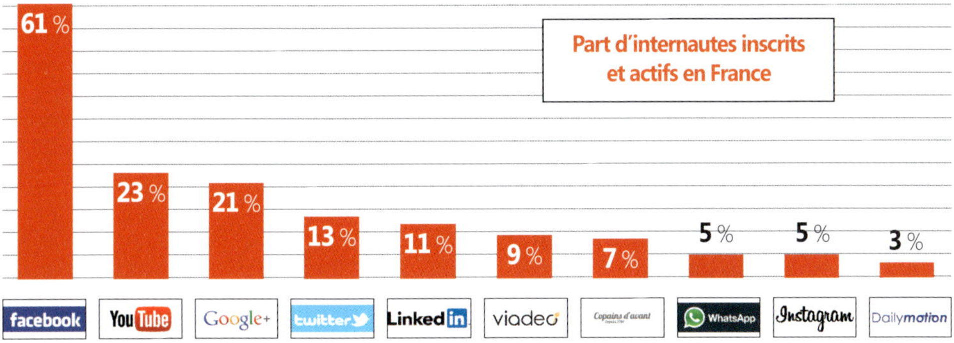

87 > Nombre d'entreprises du classement Fortune 100 qui utilisent les réseaux sociaux pour communiquer. Sources : Fortune, Réseaux Professionnels 2012, Doc News 2012

1 sur 3 > Proportion d'utilisateurs des médias sociaux qui disent préférer contacter une marque via les médias sociaux plutôt que par téléphone.
Sources : Fortune, Réseaux Professionnels 2012, Doc News 2012

68 % > Part des responsables marketing qui se sentent mal préparés face au développement des médias sociaux. Source : *Les Échos* 24/3/2014

Les "socionautes", les marques et le shopping

• 22 % des abonnés Facebook et 25 % des abonnés Twitter en France suivent une marque. Leurs attentes sont à 29 % des promotions, à 26 % des informations en avant-première et à 16 % des offres personnalisées. Source : Kantar Media TGI, novembre 2013 in *Marketing* mai 2014

• 14 % des utilisateurs français de Facebook jugent que le fil d'actualité est responsable de certains de leurs achats. De même, 46 % des inscrits Facebook français consultent Facebook quand ils font leur shopping. Source : Facebook in *LSA*, 23/1/2014

• 70 % des utilisateurs de Pinterest dans le monde y cherchent de l'inspiration pour faire leurs courses. Source : Digital Information World in *LSA*, 23/1/2014

Les 10 premières marques par réseau social en France

Alors que la distribution est le premier secteur investisseur en média en France, très peu d'enseignes se placent dans le top 10 des réseaux sociaux. Seuls Kiabi sur Facebook, La Redoute sur Twitter, Leroy Merlin sur You Tube et les Galeries Lafayette sur Google + apparaissent dans les classements. Source : Social Bakers mai 2014.

facebook	Fans
Nutella	**3 387 756**
Coca-Cola	**3 310 316**
Oasis	**2 847 940**
M&M's	2 673 854
Red Bull	2 235 513
Samsung	1 990 219
Dragibus	1 984 270
Kinder	1 650 406
Kiabi	1 577 455
Danette	1 536 449

twitter	Followers
Yves St. L.	**2 028 933**
La Redoute	**431 304**
Air France	**341 814**
Colette	301 931
Elie Saab	221 994
Red Bull	162 912
Oasis	145 331
Look voyages	134 764
Play Station	131 948
X Box	112 377

YouTube	Téléchargements
EA	**69 087 640**
Samsung	**36 572 495**
SFR	**33 779 099**
Oasis	33 228 776
L'Oréal Paris	30 151 149
Renault	24 974 753
Contrex	23 674 777
Nokia	22 290 197
Orange	21 064 033
Leroy Merlin	18 986 822

Google+	Followers
L'Oréal Paris	**110 437**
Samsung	**90 421**
LDLC.com	**85 132**
Orange	67 385
Play Station	63 991
Galeries Lafayette	46 263
Orangina	22 933
Joe Mobile	16 293
Sosh	4 833
Alloresto.fr	1 853

QUELS EXEMPLES RÉFÉRENTS ? POUR QUELS USAGES ?

Monoprix, pour enrichir la relation

ACTUALITÉS/ANIMATIONS

L'enseigne s'est lancée sur les réseaux sociaux en janvier 2010. Sa page Facebook comptait alors 2 000 fans. Quatre ans après, en juillet 2014, l'enseigne dépasse le million de fans. L'enseigne a mis en place une stratégie spécifique à l'occasion de temps forts calendaires, avec des jeux concours pour faire participer les internautes. Elle s'est distinguée dans l'univers de la distribution avec l'élection de son Monoprix préféré (Marseille est arrivé en tête pour le premier vote). L'enseigne est également présente sur Twitter, depuis début 2011 et diffuse des informations inédites comme la sortie de sa nouvelle application ou le nom d'un designer qui travaillera en exclusivité pour la marque.

Pourquoi c'est une bonne idée...

Monoprix a compris plutôt plus rapidement que ses concurrents que les réseaux sociaux étaient un canal supplémentaire de relation avec les clients.

Citroën Social Club
ou le magasin connecté en permanence aux réseaux sociaux

CORPORATE, RP

Citroën propose une expérience d'un type nouveau mariant les partages «physique» et «numérique». Et prend le pari de revendiquer, d'assumer et de mettre en avant ce qui est dit, publié, filmé, écrit, raconté, commenté sur elle. Le Citroën Social Club, situé dans le show-room de la marque au 42 Champs-Elysées, agrège ainsi en temps réel les contenus provenant de Facebook, Twitter, YouTube, FlickR, Dailymotion, Foursquare, Vimeo… Il offre aux visiteurs une expérience technologique en live qui pourrait se résumer par observer et partager en live les contenus et les propos échangés autour de la marque sur les médias sociaux. Le principe ? Quatre écrans représentant chacun une tranche de 6 heures résument 24 heures de la vie de Citroën sur les médias sociaux.
La marque montre ainsi, avec plus de 20 langues représentées, qu'elle est réellement une grande marque, internationale de surcroît. Spectateurs du "bruit Citroën" sur les réseaux sociaux, les visiteurs du Citroën C 42 peuvent aussi devenir acteurs en partageant leurs impressions grâce à une application Facebook.

Pourquoi c'est une bonne idée...

La marque reconnaît être un sujet de conversations/commentaires/créations sur les réseaux sociaux. Et, en l'assumant de manière aussi visible, le revendique.

Avec Vive les bébés, Intermarché donne du sens à sa présence sur Facebook

CONTENU ÉDITORIAL

À l'origine de cette page Facebook baptisée Vive les bébés (2010), il y avait l'ambition pour Intermarché de fédérer une communauté de jeunes mamans autour de l'enseigne. En clair, créer une relation plus étroite avec ces clientes et leur donner des raisons de préférer l'enseigne. Enjeu relationnel donc. Facebook a été ainsi utilisé comme un média complémentaire au site Intermarché et aux campagnes on-line qui existaient déjà. Concrètement, la page Facebook permet d'animer la communauté (790 000 fans en avril 2015), d'apporter du contenu, d'organiser des animations (jeux-concours) ou de publier des promotions spécifiques.

Pourquoi c'est une bonne idée...
La démarche d'Intermarché démontre qu'il est toujours plus facile d'agréger des communautés sur des centres d'intérêts très affinitaires. Les bébés en sont un.

Cora : vu à la TV !

CONTENU ÉDITORIAL

Enseigne pourtant réputée discrète, Cora a compris tôt l'intérêt offert par You Tube pour produire son propre contenu vidéo via CoraTV. À l'origine, en 2011, c'était un court magazine de quelques minutes sur l'enseigne et ses coulisses, produit de manière très professionnelle (donc coûteuse). Depuis, CoraTV s'est recentrée sur un contenu éditorial orienté sur des recettes de cuisine filmées en "pas-à-pas". Avantage : le contenu répond à une attente plus explicite des clients que la découverte des coulisses d'une enseigne. Sans compter que le coût de production est très probablement inférieur.

Pourquoi c'est une bonne idée...
Cora surfe sur l'intérêt des ses clients(es) pour la cuisine faite maison tout en cultivant le lien affectif, notamment par la qualité de réalisation.

Sur Facebook, Carrefour démontre sa réactivité

DEALS, PROMOTIONS

En octobre 2012, Carrefour innove en matière promotionnelle avec son "Mois" : une opération promotionnelle qui, pour la première fois à cette échelle, propose des remises de 70 % (en cash-back) sur le premier produit acheté. L'opération était relayée en prospectus, en affichage, en spots radio mais, également, sur la page Facebook de l'enseigne. L'occasion d'initier une interactivité positive avec ses clients. Mais, rapidement, la grogne monte : sans surprise (eu égard à l'agressivité de la promo), les magasins ont en effet été dévalisés. Sur la page Facebook, les commentaires se font donc moins élogieux et la page devient le réceptacle de tous les mécontentements ! Ce qui a permis à Carrefour de démontrer sa réactivité dans la gestion de sa page. Exemples avec cet enchaînement de notes...
A 2h18, le 26 septembre, "Sofcel Sof" (pseudo d'internaute) regrette de ne pouvoir passer commande. Un message négatif que Carrefour "traite" aussitôt pour éviter qu'il ne se diffuse de manière polluante ou incite d'autres internautes à renchérir. A 2h42, Carrefour prend officiellement la parole et, au passage, annonce "se renseigner". Rien n'aura probablement été fait en pleine nuit sur ce point précis mais

Carrefour
mardi

C'est notre anniversaire ! L'occasion de fêter cela pendant un mois (pourquoi se contenter d'un jour) et de vous offrir un mois de folie riche en jeux et promotions. Tout est ici : http://lemoiscarrefour.carrefour.fr/ Profitez en bien !

J'aime · Commenter · Partager

Lina Rosa, Laila Kaddour, Annie Duquenoy et 37 autres personnes aiment ça.

Voir les commentaires précédents 50/59

Valerija Vojnovic Joyeux anniversaire
mardi, à 10:48 · Modifié · 2

Philippe Lefevre Moi carrefour de tinqueux reims, 9h00 sur place, blindé de monde 30 à 45 min de queue à la caisse mais toutes les promos souhaitées dans mon caddie (dont les couches à -70%) merci carrefour pour notre pouvoir d'achat.
mardi, à 12:29 · 2

Sofcel Sof je ne comprend pas pourquoi on ne peut pas passer commande, j'aimerais une explication
mercredi, à 02:18 · 1

Carrefour Bonjour Sofcel, nous sommes en train de nous renseigner sur le sujet et nous espérons vous apporter une réponse concrète dans la journée. Bonne journée
26 septembre, 02:42

Carrefour aura néanmoins acté la situation aux yeux des internautes. Le lendemain, à 13h19, l'enseigne poste un message plus circonstancié qui revient sur l'opération promotionnelle, les précautions pourtant prises par Carrefour en termes de volumes commandés et propose à chaque internaute un contact "privé" pour prendre les commandes.

Pourquoi c'est une bonne idée...

La rapidité de réaction de Carrefour a empêché toute "contamination" de sa page Facebook par des messages négatifs qui auraient nécessairement atteint l'image de l'enseigne.

Carrefour Bonjour à tous, nous tenions avant tout à vous présenter nos excuses pour les différents désagréments dont vous nous avez fait part et à vous remercier de vos alertes, conseils et avis éclairés. Nous sommes heureux de la Confiance que vous placez en nous pour venir en discuter ici. Nous avons effectivement été victime de notre succès. Nous avions prévu beaucoup plus qu'habituellement pour vous proposer ces fortes promotions, mais force est de constater que certains magasins ont été très rapidement à court. Notre anniversaire est un temps fort pour nous comme pour vous, avec des promotions attractives et nous sommes sincèrement navrés de ne pas avoir pu tous vous satisfaire. Pour le catalogue de cette semaine (le suivant arrive le 2 octobre, et sera en ligne sur carrefour.fr dès ce week-end), des réapprovisionnements dans vos magasins sont prévus les 27, 28 et 29 septembre. Nous vous proposons de nous écrire en message privé pour nous indiquer les produits que vous souhaitez et nous vous renseignerons sur les disponibilités. Nous avons également pris en compte vos remarques sur les réponses qui ont pu vous être apportées en magasin, le nombre de produits autorisés par personne et les abus que vous avez pu constater. Nous vous assurons qu'elles seront prises en compte par toutes les équipes Carrefour. Nous espérons vivement être en mesure de satisfaire le plus grand nombre rapidement, en espérant que ceux qui ont pu profiter des promotions le sont déjà un peu. Nous réfléchissons dès aujourd'hui pour vous proposer plus à l'avenir. Très bonne soirée à tous
mercredi, à 13:19 · Modifié · 3

Monoprix événementialise ses « 5 petites robes noires » sur Pinterest

PRODUITS, ÉVÉNEMENT LIVE

En novembre 2013, Monoprix lance une collection de cinq robes noires créées par cinq grands noms de la mode : Anne-Valérie Hash, Yiqing Yin, Giles Deacon, Alexis Mabille et Hussein Chalayan. L'initiative est relayée sur tous les supports de l'enseigne et bénéficie d'un fort relais dans les médias. Mais, pour la première fois en France, il est surtout possible d'épingler son coup de cœur sur Pinterest. Un dispositif très interactif en magasin : grâce à un simple flash-code de la robe dans un Monoprix, le client peut accéder à la photo du produit et épingler son modèle préféré sur Pinterest.

Pourquoi c'est une bonne idée...

En créant la première opération de ce type sur Pinterest, Monoprix montre sa capacité à bien travailler sur les réseaux sociaux et alimente parfaitement la modernité de sa marque. De plus, cela permet de faire participer les internautes qui contribuent ainsi à l'événement.

Target valorise la mise en situation de ses produits sur Pinterest

PRODUITS

Difficile d'acheter un produit de décoration (par exemple un grand tapis) et de voir ou d'imaginer son effet en situation ! Target relaye les produits en question avec des stops rayons invitant à les visualiser sur Pinterest.

Pourquoi c'est une bonne idée...

Target valorise tous les produits encombrants et évite les manipulations par les clients. En outre, cela répond à une forme d'évidence : difficile d'acheter un produit en magasin, sans le visualiser complètement.

Personnaliser ses vœux grâce à Monoprix

ACTUALITÉS

En décembre 2013, Monoprix propose une application Facebook (lesmessagesenboite.com) qui donne la possibilité aux internautes de personnaliser eux-mêmes leurs produits avec un message, par exemple pour souhaiter une "bonne année" à un proche.

Pourquoi c'est une bonne idée...

L'enseigne fait ainsi de chaque utilisateur de l'application l'ambassadeur d'un quotidien moins quotidien via ce trait d'humour. Ce sont ainsi les internautes qui « défendent » et « incarnent » le positionnement de Monoprix.

Coupe du Monde : Sport 2000 offre la finale à ses fans

WEB TO STORE / ACTUALITÉS

Quel fan de football ne rêvait pas d'assister à la finale de la Coupe du Monde 2014 au Brésil, dans le mythique stade du Maracana ? En partenariat avec Adidas, Sport 2000 a saisi la balle au bond et utilisé sa page Facebook pour relayer un jeu en magasin, précisément pour gagner deux places pour la finale, voyage compris.

Pourquoi c'est une bonne idée...

L'enseigne a trouvé une opération forte, parfaitement en adéquation avec l'actualité sportive. Le relais de l'opération sur Facebook de bout en bout est exemplaire. Jusqu'à poster la photo de Christelle et de son mari au Maracana lors de la finale ! Une opération cohérente, légitime, bien orchestrée et surtout simple.

J Crew dédie un compte Twitter pour aider le consommateur

RELATION CLIENT/SAV

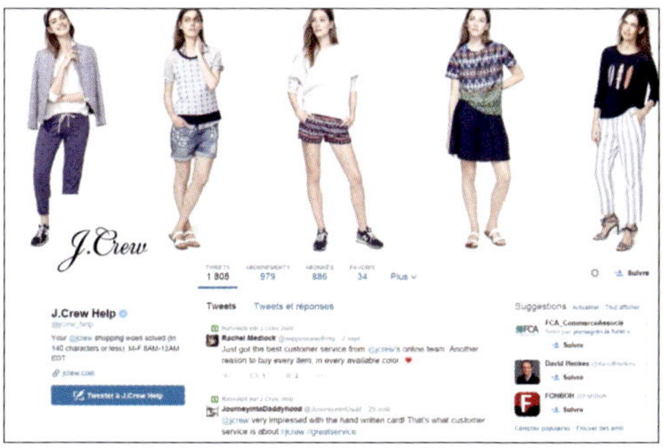

Avec "J Crew Help", l'enseigne américaine de textile propose sur Twitter de répondre à toute question ou réclamation client. Un compte y est spécifiquement dédié. "J Crew Help" répond rapidement à toutes sortes de questions. Dans la communication de l'enseigne, le "J Crew Help" est omniprésent pour bien aiguiller toutes les demandes de relation client sur ce compte Twitter spécifique.

Pourquoi c'est une bonne idée...

Avec ce compte réservé à l'aide à ses clients, J Crew « dépollue » son compte Twitter principal de toutes les remarques négatives, ce qui est important pour une enseigne de mode !

Banana Republic met un concours Instagram à la une de ses vitrines

ANIMATIONS

Banana Republic est l'enseigne premium du groupe textile Gap. Sur la période creuse de l'été 2014, elle a organisé un concours de "photos de vacances" que les clients étaient invités à poster sur Instagram. Pour susciter des remontées, le concours était doté d'un voyage au Brésil. Mais, au-delà, certaines photos étaient surtout reprises en grand format en vitrines des magasins. De quoi impliquer les internautes choisis qui ont ainsi participé à la communication de l'opération !

Pourquoi c'est une bonne idée…

Plus que les réseaux sociaux, c'est ici le magasin qui devient le relais principal de l'opération.

Sephora fédère les ongles-addicts via Pinterest

CONTENU ÉDITORIAL

Le réseau social Pinterest est utilisé par plus de 70 millions de personnes dont 80 % sont des femmes (chiffres 2014). C'est un des réseaux sociaux qui connaît la plus forte croissante. Sephora, avec sa page Nailspotting, propose d'épingler sur un tableau des images sur le thème de la décoration des ongles.

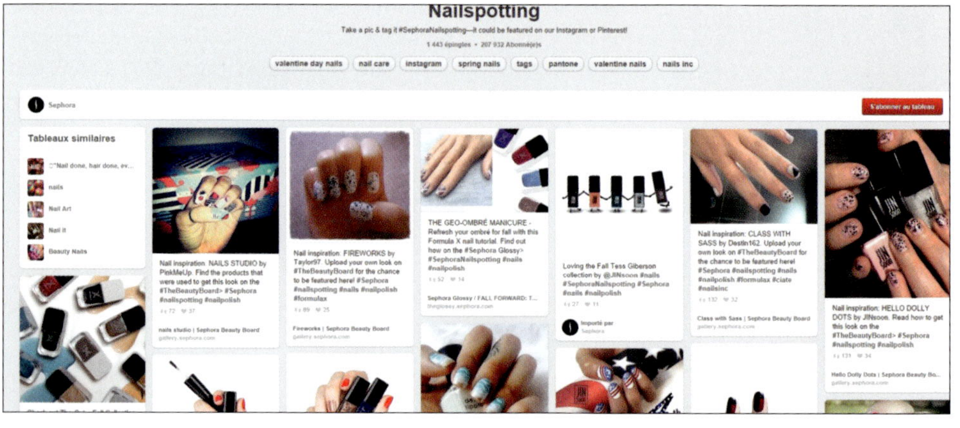

Pour certaines clientes, c'est, en effet, un véritable centre d'intérêt que la marque valorise alors parfaitement ! A la fois pour permettre à des clientes d'exposer leur création ou à d'autres de rechercher des idées déjà postées.

Pourquoi c'est une bonne idée...
Sephora valorise parfaitement son expertise du vernis à ongle. De plus, pour chaque image, l'enseigne intègre un lien vers la page Sephora où les internautes peuvent commander le vernis nécessaire.

LE CAS D'ÉCOLE
BURGER KING JOUE LA CONVERSATION POUR SES OUVERTURES DE RESTAURANTS

Burger King, qui avait quitté le marché français en 1997, a voulu faire de son retour un événement. Les réseaux sociaux ont été utilisés de manière originale : les travaux avant une ouverture ne sont, en effet, que rarement utilisés comme prétexte de communication. Ici, la bonne idée de Burger King est d'utiliser les bâches de chantier pour montrer que les ouvertures correspondent à la demande des fans. Le principe est simple : reprendre en très grand format de vrais tweets des internautes. Et y répondre de manière décalée, en phase avec le ton Twitter.

Pourquoi c'est un cas d'école...
L'enseigne donne un côté événementiel à ses ouvertures et joue la différenciation avec ses deux concurrents, Mc Donald's et Quick. Au passage Burger King cultive une forme de proximité affective avec ses clients.

LES INCONTOURNABLES AVEC LESQUELS « RÉSEAUX SOCIAUX/MÉDIAS SOCIAUX » EST PARTICULIÈREMENT CORRÉLÉ :

COMMERCE PARTICIPATIF , CROSS-CANAL, ÉVÉNEMENTIALISATION,
PRÉPARATION DES ACHATS/ROPO, RELATION-CLIENT.

Ambition n° 3

CRÉER LA DIFFÉRENCE

S'ENGAGER / MILITER

COMMENT DÉFINIR CET INCONTOURNABLE ?

Un engagement est une décision à laquelle s'astreint celui qui la prend. À la différence d'une simple position de principe (vendre à bon prix, garantir la qualité, etc.), l'engagement doit être tangible pour avoir une valeur. Et il doit s'inscrire dans un terme suffisamment long pour ne pas être uniquement la réponse opportuniste à une situation ponctuelle. C'est en ce sens que l'engagement peut, le cas échéant, alimenter une posture militante dans laquelle le client va se retrouver.

Pour ce faire, **il est hautement indispensable d'avoir une vision, des convictions, etc. Bref, de définir l'utilité sociale de son enseigne, de donner un sens à son action, au-delà de sa fonction économique.** Seules les enseignes dont les visions/convictions sont plus exacerbées que la moyenne peuvent s'engager de manière réelle et durable. Pour les autres, il ne s'agira alors que d'actions tactiques.

Le cas échéant, il faut savoir s'opposer au conformisme de son marché.

POURQUOI EST-CE IMPORTANT POUR DEMAIN ?

La consommation traverse actuellement une époque charnière. Il y a certes l'émergence (lente) d'une alter-consommation. Mais il y a, surtout, un changement d'époque. Pendant environ trois décennies, l'épanouissement consumériste s'est nourri d'une croissance forte et régulière de la consommation. Désormais, sous le double effet d'une saturation des besoins courants des ménages et d'un niveau de ressources disponibles qui stagne, la consommation marque le pas. Paradoxalement, elle est toujours source d'épanouissement. Moins par la « quantité » que par la « qualité ». **À iso-euros dépensés, le client cherche une meilleure efficacité consumériste. Dit autrement : confier ses euros aux enseignes qui le méritent plus que les autres. Les engagements et postures prises par les commerçants sont autant d'arguments à faire valoir.**

Les engagements d'une enseigne participent, de fait, à son positionnement et à sa différenciation. Ils contribuent à dessiner le territoire particulier de la marque-enseigne, l'enrichissent et, dans certaines situations, contribuent à créer une proximité affective avec le client. Cette proximité affective est un prérequis à la préférence, le Graal du commerce !

Dans tous les cas, **dans un paysage commercial qui est très normatif, l'engagement et le militantisme sont d'incontestables sources de différenciation**. Avec, parfois, la perspective que l'engagement – visionnaire – de l'un, devienne plus tard la norme des autres.

Autre intérêt à la notion même d'engagement : **la défiance qui gagne la société dans son ensemble (défiance vis-à-vis des institutions et des acteurs économiques notamment). Plus la défiance avance, plus l'engagement gagne en valeur car il agit comme une réassurance.**

En interne, les engagements de l'enseigne (qu'ils concernent la politique marchandises, le projet social, sa posture sociétale, etc.) agissent comme autant de directions définies qu'il faut suivre. Ils sont un moyen d'identifier le projet commun et, au final, développent le sentiment d'appartenance.

À QUELS OBJECTIFS CLÉS RÉPOND CET INCONTOURNABLE ?

Développer le capital confiance

Afficher ses différences

Construire un lien durable avec les clients

Se faire préférer

QUELS DÉFIS PRIORITAIRES POUR LES ENSEIGNES ?

Premier des défis pour les enseignes : **accepter la notion même d'engagement.** Pas toujours facile tant un engagement peut rapidement devenir contraignant. Et être grande la tentation de s'en émanciper. Un engagement est, par définition, stratégique et s'impose à la conduite courante des affaires. Seules des circonstances absolument extraordinaires peuvent justifier le renoncement.

Prendre des engagements est un acte… engageant. D'abord, parce qu'il s'agit de « s'engager », un verbe fort à la symbolique chargée. **Ce qui donne la force à un engagement, c'est précisément que ne pas le tenir devient une forme de renoncement coupable. Inacceptable donc. Au moins dans le principe…**

La définition du territoire d'engagements (en clair : la direction vers laquelle orienter son enseigne) doit répondre à 4 critères : rencontrer les visions/convictions du ou des managers ; faire sens par rapport à la mission de l'enseigne ; être en phase avec les attentes réelles ou objectivement supposées (c'est l'intérêt des signaux faibles) ; et être durables dans le temps, compte tenu des moyens et de l'organisation de l'enseigne.

Comment définir son territoire d'engagement ?

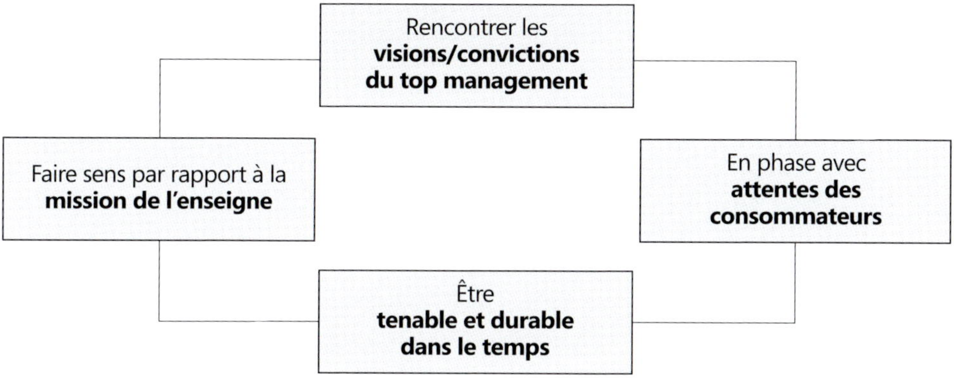

D'une certaine façon, s'engager c'est assumer ses choix en les revendiquant. C'est particulièrement vrai en termes de politique marchandises. Après tout, le commerçant est libre de référencer (ou non) les produits qu'il propose. Et il tient, là, le principal sujet sur lequel les clients attendent des engagements.

Même s'ils sont partie prenante de la stratégie de communication, **les engagements d'une enseigne doivent s'appuyer sur une part (palpable et vérifiable) de sincérité.** De même, un engagement peut certes être « survendu » mais pas sans fondement. Enfin, à court terme, les engagements peuvent être source de coûts additionnels, voire de perturbations opérationnelles. Le « retour » d'un engagement ne doit en effet pas se mesurer comme le retour d'un investissement.

Enfin, en interne, **les collaborateurs de l'enseigne / du point de vente doivent être transformés en ambassadeurs. Ce sont eux, sur le terrain, qui feront vivre (ou non) les engagements ou les postures militantes qui auront été prises en amont.**

LA CITATION À RETENIR

" Le commerce est, par essence, le reflet de la société. Nous avons quitté les Trente Glorieuses, avec la recherche obsessionnelle de la productivité, du leadership sur le prix, des grands temples de la consommation qui proposaient le "consommer plus". Notre société évolue vers "le consommer mieux". Le "je consomme, donc je suis" est derrière nous, les gens ne se projettent plus dans une quête effrénée de consommation. Le commerce s'adapte donc à cette évolution. La consommation dite "engagée" vise à retrouver une harmonie entre ce qui, hier, était opposé : la pro-

duction, la transformation, la mise en marché et la consommation. Il faut, aujourd'hui, les rassembler dans l'intérêt de tous et, en particulier, du client-consommateur-citoyen. N'oublions pas que ce dernier peut voter avec son Caddie, changer aussi les choses en exigeant davantage de respect de l'environnement, de protection de la santé, de respect des producteurs, de défense de l'emploi, sans, bien sûr, oublier de défendre son pouvoir d'achat. Cette consommation engagée doit en faire la synthèse et ne peut se passer du grand commerce et ce dernier doit l'accueillir !"

Serge Papin, président de Système U (in *La Revue des Marques*, janvier 2012)

LES CHIFFRES CLÉS À RETENIR

50 % > La part de Français qui considèrent comme "important" le rôle des marques de produits et de services dans le bien-être des individus.
(Source : Ipsos mai 2014 in *LSA*, 19/6/2014).

90 % > Les consommateurs français qui estiment que l'entreprise doit servir au moins autant les intérêts de la société civile que les siens. 68 % pensent que les marques peuvent à la fois soutenir de bonnes causes et gagner de l'argent. Une affirmation qui a connu une progression de 51 % en seulement quatre ans.
(Source : Étude Good Purpose 2012 de l'agence Edelman in *Marketing Magazine* 26/9/2012)

QUELS EXEMPLES RÉFÉRENTS ?

Carrefour, pionnier du sans-OGM

Historiquement, Carrefour a été la première enseigne, au milieu des années 1990, à refuser les OGM. D'abord dans sa posture de communication (notamment dans les prises de parole publiques de son président de l'époque, Daniel Bernard). Ensuite par le travail des cahiers des charges avec la garantie d'absence d'OGM, souligné par un logo présent sur les produits concernés.

Pourquoi c'est une bonne idée...

En prenant le premier une position qui était alors « de principe », Carrefour a pris date. Puis l'enseigne a globalement entraîné ses concurrents à se positionner à l'identique. Dans un second temps, Carrefour a matérialisé l'engagement et lui a donné corps. Après l'incantation, la démonstration.

Système U supprime l'aspartame de ses boissons

A l'image de Carrefour avec les OGM, Système U a été le premier distributeur à bannir l'aspartame de ses boissons MDD dès janvier 2012. Sur les packagings, les U se glorifient même d'un « on l'a fait ». Peu à peu, d'autres enseignes suivent. Et Système U poursuit sa croisade contre les ingrédients jugés (ou supposés) nocifs, visant par exemple les sels d'aluminium dans les produits d'hygiène.

Pourquoi c'est une bonne idée...

À tort ou à raison, l'aspartame était depuis quelques années dans le collimateur de certains scientifiques, de la presse consumériste et, in fine, de l'opinion. En prenant ouvertement position contre cet ingrédient (cf. les nombreuses déclarations de Serge Papin) puis en agissant sur les cahiers des charges des produits, Système U a démontré que son engagement était tangible.

Moins cher ailleurs ? Auchan offre le produit

La garantie prix d'Auchan est une mécanique simple à comprendre pour le client. Si le point de vente est pris en faute de prix plus élevé qu'ailleurs, il rembourse l'intégralité du prix du produit sur la carte de fidélité.

Pourquoi c'est une bonne idée...

L'engagement de prix bas est tellement martelé par les enseignes qu'il en devient banal. Presque sans valeur. Dès lors, pour donner corps à la posture consumériste de discount, l'enseigne doit évidemment en donner plus que le remboursement de la différence. C'est ce que fait ici Auchan en remboursant le produit (certes en bons d'achat puisque c'est un crédit sur la carte de fidélité).

Botanic taille dans l'offre au nom de ses valeurs

Luc Blanchet, le patron de Botanic, a des valeurs qu'il défend solidement. Notamment sur une autre forme de jardinage (sans produits phytosanitaires) ou sur les dommages collatéraux de certains produits. En conséquence, il a taillé dans son offre pour que ses assortiments soient en accord avec les valeurs de l'enseigne, quitte à perdre des clients et du chiffre d'affaires. Deux exemples : les produits phytosanitaires (« chimiques » donc) ont disparu des rayons, au profit de solutions alternatives naturelles ; de même, chez Botanic impossible de dénicher un salon de jardin en PVC à vil prix. Et l'enseigne de le justifier : « *Le PVC est considéré comme le plastique le plus nocif pour l'environnement et la santé. De plus, il est très peu recyclé. Nous lui préférons des matériaux plus écologiques, naturels, recyclés ou recyclables.* »

Pourquoi c'est une bonne idée...

Les choix marchandises de Botanic sont en totale harmonie avec les prises de position de l'enseigne. La cohérence est frappante ! Comme l'a été le risque commercial à l'origine. Mais Botanic a accepté de voir le bénéfice long terme de ses décisions plutôt que la perte à court terme.

Leclerc déréférence Lactalis

Début 2012, Lactalis et Leclerc sont en conflit commercial. Le premier revendique des hausses de prix que lui refuse le second. Classique. Sauf que aucun des deux n'entend céder. Lactalis pour "protéger" ses prix dans les autres enseignes ; Leclerc pour assurer sa "réputation" *vs* les autres fournisseurs. Conséquence : l'enseigne accepte de se passer des produits du groupe laitier (Président, Société, etc.) et en fait un acte militant, affichage à l'appui. Ce qui, en conséquence, lui impose une posture de moyen terme et non juste tactique à court terme. Le conflit durera un an. Une éternité dans le temps commercial !

Pourquoi c'est une bonne idée...

La bonne idée n'est pas l'acte de déréférencer ! Mais d'avoir su transformer une décision commerciale finalement assez ordinaire en acte de bravoure. Ce qui a nourri le discours militant (et historique) de l'enseigne. Quitte à perdre des ventes.

Treasure Bond, le magasin philanthrope

C'est un magasin probablement unique au monde : Treasure Bond, à New York. Un magasin qui propose équipement de la maison et textile et qui a, surtout, la particularité de reverser l'intégralité de ses profits à des œuvres de charité de la ville. L'idée, assumée dans la communication : donner du sens au shopping de ses clients.

Pourquoi c'est une bonne idée...

Évidemment non (ou peu) reproductible, la démarche de Treasure Bond a la vertu du jusque-boutisme ! Et, accessoirement, de faire réfléchir les retailers sur le sens qu'ils pourraient donner à leurs profits. Une démarche classique aux Etats-Unis où nombre d'enseignes reversent une part, même modeste, de leur bénéfice. Mais une démarche encore rare en Europe.

Biocoop et les fruits et légumes de saison

Premier réseau de magasins bio en France, Biocoop a pris le parti d'éduquer ses clients sur la saisonnalité des fruits et légumes. L'enseigne l'explique d'ailleurs en magasins : « *Produire et transporter des fruits et légumes peut nuire à l'environnement : serres chauffées au fioul et transport de marchandises rejettent du CO_2. Des solutions existent pour limiter ces impacts : privilégier les fruits et légumes de saison.* » Conséquence : l'enseigne assume des choix marchandises radicaux. Exemple : pas de fraises chez Biocoop avant le mois de mai ! Au risque, évident, de renoncer à des ventes.

Pourquoi c'est une bonne idée...

Ce « militantisme de la saisonnalité » est 100 % en phase avec le positionnement de l'enseigne. Ne pas l'assumer serait même en contradiction avec les valeurs de l'enseigne, telles que perçues par les clients.

Supprimer les sacs de caisse jetables : Leclerc a donné le tempo

L'initiative est ancienne : 1996. Mais elle a marqué les esprits. Tant les clients que les adhérents Leclerc. Aux clients qui avaient, des décennies durant, pris l'habitude de la gratuité des sacs, les hôtesses de caisse ont dû les « vendre » avec la promesse de les échanger à vie. Un coup finalement gagnant après quelques grincements de dents ! Dix ans plus tard, en 2006, 83 % des Français approuvaient la suppression des sacs de caisse, selon un sondage CSA. Sur la période, Leclerc avait divisé par 20 les tonnages de plastique utilisés.

Pourquoi c'est une bonne idée...

En préemptant très en amont la thématique des sacs de caisse – et en prenant les risques commerciaux qui vont avec... –, Leclerc a pris des années d'avance en termes d'image sur ses concurrents. En anticipant sur ce qui allait être une évidence, l'enseigne a forcé les autres à suivre. Et a prouvé que les clients pouvaient accepter une démarche en apparence contraignante.

Payless : l'engagement tangible

Enseigne spécialisée sur le marché de la chaussure (4 000 points de vente aux États-Unis), Payless s'engage à rendre ses clients "happy", littéralement heureux. Et, pour ce faire, prend trois engagements : 1) Plus de style pour toute la famille ; 2) Des affaires incroyables tous les jours ; 3) Retours de produit sans discussion ("any reason"). Les deux premiers ne sont, de fait, que des engagements de principe, sans grande valeur. Le troisième, en revanche, matérialise un bénéfice tangible. Et, au final, une posture consumériste.

Pourquoi c'est une bonne idée...

Les enseignes multiplient souvent les engagements, sans nécessairement les évaluer en termes de bénéfices clients réels (Payless n'y échappe pas sur les deux premiers !). La reprise de produits sans discussion a d'autant plus de valeur qu'elle est annoncée avant l'achat. Et clairement mise en exergue comme un engagement de l'enseigne. Ce qui induit, pour le consommateur, qu'il pourra, le cas échéant, s'y référer. Le mettant d'autant plus à l'aise pour retourner un produit non ou peu satisfaisant.

CVS (États-Unis) stoppe la vente des cigarettes

Difficile pour l'enseigne n°2 de la pharmacie des États-Unis de faire de la santé un combat et, dans le même temps, de continuer à vendre des cigarettes (comme la plupart des supermarchés). C'est sans doute bon pour le business et le trafic, mais mauvais pour la santé, c'est sûr... Donc peu en cohérence avec le positionnement principal. D'où la décision de stopper la vente de cigarettes ("CVS quits for good"), portée publiquement par le président de l'enseigne sur les réseaux sociaux sous le titre "This is the right thing to do."

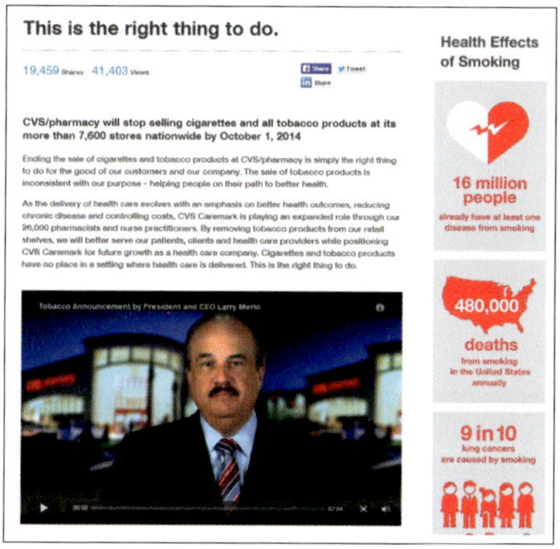
This is the right thing to do.

19,459 Shares 41,403 Views

Share Tweet Share

CVS/pharmacy will stop selling cigarettes and all tobacco products at its more than 7,600 stores nationwide by October 1, 2014

Ending the sale of cigarettes and tobacco products at CVS/pharmacy is simply the right thing to do for the good of our customers and our company. The sale of tobacco products is inconsistent with our purpose - helping people on their path to better health.

As the delivery of health care evolves with an emphasis on better health outcomes, reducing chronic disease and controlling costs, CVS Caremark is playing an expanded role through our 26,000 pharmacists and nurse practitioners. By removing tobacco products from our retail shelves, we will better serve our patients, clients and health care providers while positioning CVS Caremark for future growth as a health care company. Cigarettes and tobacco products have no place in a setting where health care is delivered. This is the right thing to do.

Tobacco Announcement by President and CEO Larry Merlo

Health Effects of Smoking

16 million people already have at least one disease from smoking

480,000 deaths from smoking in the United States annually

9 in 10 lung cancers are caused by smoking

Pourquoi c'est une bonne idée...

Avec cette décision, CVS réalise un acte courageux, bien communiqué (un logo spécifique pour relayer la décision sur tous les supports de communication) et fortement relayé. C'est le président qui s'engage et le retrait se fait en même temps sur les 7 600 points de vente américains, ce qui rend la décision spectaculaire.

LE CAS D'ÉCOLE
WHOLE FOODS, LE MILITANT DE TOUS LES INSTANTS

Enseigne américaine spécialisée sur les produits bio et naturels (12 milliards de dollars de chiffre d'affaires), Whole Foods a fait du militantisme sa marque de fabrique. Premier sujet d'engagement : la qualité de l'alimentation. Les grandes marques, à l'image trop industrielle, sont quasi inexistantes dans les rayons. Ce qui constitue un acte militant certain ! **Les conservateurs et autres ingrédients à l'image contestée sont bannis.** Et Whole Foods le revendique haut et fort dans les rayons, au besoin en se comparant avec ses concurrents. Ce qui lui a valu le titre de "America's healthiest grocer" par le *Health Magazine*.

Dans les partis pris de Whole Foods figure aussi le bien-être animal. Exemple à la boucherie où

l'enseigne présente l'échelle du bien-être selon les modes d'élevage. Chaque produit est ensuite identifié sur cette grille de notation (ci-dessus).

Encore plus significatif du militantisme de Whole Foods : sa fondation en faveur du développement via le micro-crédit. Les fournisseurs sont évidemment sollicités. Et, à ceux qui suivent, l'enseigne offre un joli coup de pub en rayon. Mais les clients sont également sollicités. Exemple (à droite) avec l'annonce de ce cours de cuisine, gratuit, mais à la condition de donner 20 $ à la fondation. En caisse, pour arrondir leur note, les clients sont aussi invités à donner.

En parallèle (et comme nombre d'enseignes américaines), Whole Foods assume "*plusieurs fois par an*" de donner 5 % de la recette journalière.

Même le patron paye de sa personne pour relayer la bonne parole ! John Mackey, l'un des fondateurs de l'enseigne, est en effet l'auteur de l'ouvrage *Conscious Capitalism* qui prône un aménagement plus sociétal du modèle capitaliste. Un ouvrage forcément bien en évidence dans les magasins ! (page précédente). Enfin, toujours bien en évidence à l'entrée des magasins, les valeurs de l'enseigne (*"our core values"*).

Pourquoi c'est un cas d'école...

Le militantisme de Whole Foods est dans les gènes de l'enseigne depuis ses origines. Ses fondateurs l'ont en effet imaginé pour proposer une "autre" forme de commerce, alternative aux supermarchés américains classiques. Tout, depuis, est teinté de ce militantisme. Ce qui donne, finalement, une véritable cohérence aux actions et au positionnement de l'enseigne. Le tout avec une réelle réussite économique : ses ventes progressent d'environ 10 % tous les ans.

LES INCONTOURNABLES AVEC LESQUELS « S'ENGAGER / MILITER » EST PARTICULIÈREMENT CORRÉLÉ :

RÉ-HUMANISER, VALUE FOR MONEY, CONFIANCE,
DÉVELOPPEMENT ET CONSOMMATION DURABLE, LOCAL COMMERCE.

PERKONOMICS

COMMENT DÉFINIR CET INCONTOURNABLE ?

En anglais, "perk" signifie avantage. **Perkonomics, ce sont tous les avantages, souvent très simples, qui sont offerts aux clients sans contrepartie. Ils servent avant tout à travailler sur la préférence.** Un perkonomic doit être le plus désintéressé possible. Et, ce, tout en apportant un maximum de valeur pour le client. C'est en effet bien la valeur du service perçue qui donne sa valeur au perkonomic. Exemple avec la retouche des ourlets dans une boutique textile. Le proposer gratuitement n'est aujourd'hui plus un perkonomic discriminant (toutes les enseignes ou presque le font). En revanche, offrir la retouche même en période de soldes peut être une source de différenciation. En clair, **le perkonomic doit aller plus loin que la promesse normative du marché.**

POURQUOI C'EST IMPORTANT POUR DEMAIN ?

La relation-client prenant de plus en plus d'importance dans le commerce et le niveau d'exigence des clients ne cessant d'augmenter, les perkonomics auront donc un rôle à jouer de plus en plus important.
Les objectifs sont multiples : pour se différencier, pour construire la relation mais aussi tout simplement pour montrer son orientation client. Les perkonomics, indépendamment de la fidélisation et de la stratégie de relation-client, constituent une nouvelle arme de compétitivité, parce qu'ils agissent directement sur la préférence.

LES TROIS TEMPS D'UNE RELATION-CLIENT ABOUTIE (ET LES OBJECTIFS)

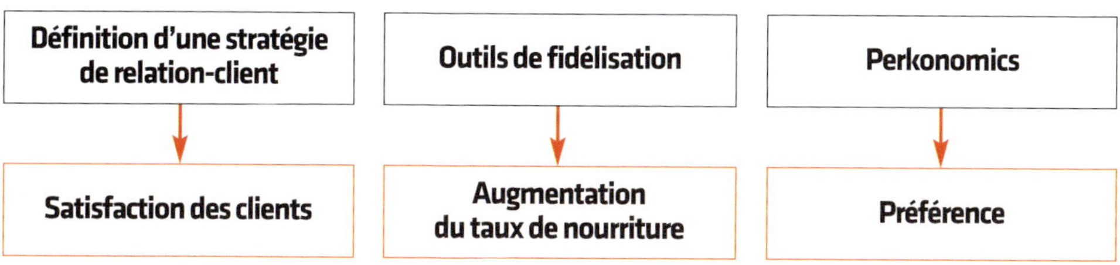

Les perkonomics doivent être peu nombreux mais avoir un véritable impact. C'est, en quelque sorte, le "geste du petit commerçant", remis au goût du jour et marketé pour montrer aux clients qu'ils comptent et que l'on a des attentions pour eux.
Paradoxalement, il est fréquent de voir des enseignes qui se disent orientées clients et qui ne réfléchissent pas en priorité à ces petits avantages qui font la différence (et la préférence) dans un monde de surabondance de l'offre.

À QUELS OBJECTIFS CLÉS CELA RÉPOND ?

Viser l'excellence dans la relation-client, se faire préférer

Construire un lien durable avec les clients

Afficher ses différences

Surprendre agréablement les clients

Faciliter le bouche à oreille positif

Améliorer l'expérience client au global

QUELS DÉFIS POUR LES ENSEIGNES ?

La pertinence

Il s'agit, là, de trouver les bons perkonomics, ceux qui vont être appréciés par les clients sans dégrader la rentabilité parce que, finalement, peu coûteux.

La visibilité

Décider d'une attention, c'est bien mais la cacher est une aberration. Pour que les perkonomics soient efficaces, ils doivent être communiqués au juste instant dans le parcours client et avec une visibilité suffisante. Si vous mettez en place des perkonomics, c'est avant tout pour changer la perception des clients. Il est donc crucial d'être vu.

La cohérence

Les perkonomics sont une nouvelle partie de la relation-client et n'empêchent pas, bien au contraire, la présence d'un programme de fidélité. Toutefois, les perkonomics doivent être cohérents avec ce programme et la stratégie globale de relation-client. Rien n'empêche de proposer des perkonomics à tous ses clients, aux seuls clients porteurs de cartes et/ou aux meilleurs clients, à condition de savoir les identifier. Et, naturellement, que la valeur perçue soit graduelle.

L'organisation

Qui, dans l'enseigne, s'occupe des perkonomics ? Qui doit les initier, les mettre en place, les contrôler et les optimiser ? S'il s'agit d'un enjeu d'entreprise (ce qui devrait être le cas), la direction générale doit nécessairement être impliquée pour les mettre en place et les contrôler.

La mesure

En fonction des objectifs assignés aux perkonomics, il faut soit prévoir une étude spécifique pour mesurer leur efficacité, soit les intégrer dans les baromètres de satisfaction. Les mesures doivent porter sur :

> leur impact : sont-ils compris, lus, vus, restitués ?
> leur perception : en quoi modifient-ils la relation, la perception de l'enseigne ?
> leur utilisation : sont-ils utilisés, par qui et à quelle fréquence ?
> leur efficacité par rapport à l'objectif : pour les utilisateurs, facilitent-ils la préférence ?

LES CITATIONS À RETENIR

“ *Témoigner de la reconnaissance à ses clients permet aux entreprises de se différencier.* ”

Fabienne Goarzin, directrice associée chez Vertone (in *Action Commerciale*, octobre 2013)

“ *Il est évident que ce qui se cache derrière "une petite attention" est "une grande relation". [...] La vraie relation-client, à mes yeux, est celle dans laquelle on a plaisir à faire plaisir à son client, celle où l'on a conscience que le moindre geste, le moindre détail peut faire la différence. Parfois imperceptibles car faites naturellement, les petites attentions enchantent notre quotidien et sont le fait de personnes animées par une empathie naturelle et soutenues par une entreprise orientée client.* ”

Thierry Spencer, sur son blog sensduclient.com, 12/2/2011

QUELS EXEMPLES RÉFÉRENTS ?

Les cours de cuisine (gratuits) Match à table

Ce n'est qu'une expérimentation ! Match propose dans son nouveau magasin de Fournes-en-Weppes un atelier de cuisine dans lequel sont organisés des cours collectifs et gratuits les mercredi et samedi. Des cours qui sont partiellement financés par les fournisseurs (intervention de leur personnel ou financement direct pour la mise en avant de leurs produits).

Pourquoi c'est une bonne idée...

Match a fait le choix d'ancrer plus fortement encore que par le passé ses supermarchés dans l'alimentaire et notamment sur les produits frais traditionnels (retour des stands coupe par exemple). Proposer des cours de cuisine participe à ce positionnement de spécialiste de l'alimentaire. Et, au passage, permet (peut-être ?) de justifier des prix qui sont quelques points plus élevés que la moyenne du marché.

Les prêts (utiles) de Sherpa

L'enseigne d'épicerie de montagne a choisi de se poser en “facilitateur de vacances” pour ses clients. Pas question donc que de petits désagréments viennent gâcher ce moment de plaisir. Les perkonomics prennent, de fait, une importance particulière. Sherpa propose par exemple le prêt d'appareils à raclette ou fondue. Pas forcément original en apparence, sauf que l'enseigne communique clairement que le prêt n'est pas conditionné à un achat en magasin. Même démarche avec la pelle à neige. Sherpa propose également de prêter une console Wii. En revanche, dans ce cas, le prêt est conditionné à un achat en magasin d'un minimum de 30 euros.

Pourquoi c'est une bonne idée...

L'enseigne nourrit fortement son positionnement. Et en apparaît d'autant plus « honnête » avec ses clients que le geste est désintéressé. Même si, évidemment, Sherpa escompte bien transformer les heureux bénéficiaires de ses largesses en clients !

Le rechargeur universel : Duane Reade (New-York)

Face aux caisses, ce magasin Duane Reade de New York a installé, avec la collaboration active de Duracell, une borne de recharge multiportables (iPhone, Blackberry, etc.) en libre accès.

Pourquoi c'est une bonne idée...

Recharger la batterie de son portable est, pour certains, une nécessité quasi vitale ! Permettre de le faire in-store peut devenir un élément de préférence du point de vente. Pour le magasin, cela prolonge la visite du client.

De plus, pour l'enseigne, c'est un service à forte valeur et à (presque) zéro coût.

Les parkings couverts de la Scarmor (Leclerc)

La pluie et la Bretagne, une légende pour certains... Mais une réalité-client pour les adhérents Leclerc de la Scarmor, la centrale régionale de l'enseigne ! Depuis de nombreuses années (parfois depuis l'origine des points de vente), la quasi-totalité des magasins ont en effet couvert leur parking. Histoire d'apporter une garantie "courses au sec" aux clients.

Pourquoi c'est une bonne idée...

Charger son coffre sous la pluie n'est, par principe, pas une expérience-client heureuse. Garantir l'abri à ses consommateurs n'est certes pas l'élément central de la préférence d'enseigne mais, pour certains, peut y participer.

Ikea rembourse les péages pour venir au magasin

Ikea Caen propose aux porteurs de la carte de fidélité (Ikea family) le remboursement de leurs frais de péage (autoroute, pont de Normandie) pour se rendre jusqu'au magasin. Le remboursement s'effectue sous forme de bons d'achat à valoir sur de prochaines emplettes.

Pourquoi c'est une bonne idée...

Ikea assume sa spécificité d'enseigne qui "impose" parfois à sa clientèle un long trajet, lequel peut être parsemé de péages. Et, ce faisant, même si la remise est valable sur l'achat suivant (ce qui constitue la seule faiblesse de la démarche), elle est perçue par le client comme une marque d'attention. Ce qui est aussi l'un des objectifs des perkonomics.

Les gants anti-odeur de Total

Dans ses stations, Total a systématisé la mise à disposition de gants anti-odeur en plastique. Au point, parfois, de voir des clients faire d'abord le plein de... gants !

Pourquoi c'est une bonne idée...

Les carburants Total sont – objectivement – plus chers qu'ailleurs. En conséquence, l'enseigne doit prioritairement travailler sa value for money. Identifier les perkonomics qui nourrissent la valeur perçue de la station Total (comparée aux autres) y participe donc grandement.

Brooks Brothers offre le (salon de) repos à ses clients

En mezzanine dans ce magasin textile branché de Manhattan : un salon cosy dans lequel les clients (ou non d'ailleurs) peuvent faire une pause, discuter, suivre l'un des innombrables programmes sportifs de la télévision américaine, etc. Le tout sans qu'aucun vendeur ne vienne interrompre la quiétude du chaland ! Bref, un coin repos en libre accès.

Pourquoi c'est une bonne idée...

Hormis un écran télé et quelques fauteuils (en cuir quand même), ce salon ne coûte guère à Brooks Brothers tout en participant à la théâtralisation de la boutique.

Starbucks offre de recharger son mobile dans tous ses salons de café américains

Starbucks a noué un partenariat avec Duracell Powermat pour équiper ses salons de café de chargeurs de batteries pour les mobiles. Le chargeur est placé sous les tables et le client peut l'utiliser même sans apporter ses cables. Au cours des trois prochaines années, plus de 100 000 tableaux chargeurs seront installés dans 7 500 points de vente Starbucks aux États-Unis, soit environ 12 par magasin.

Pourquoi c'est une bonne idée...

Après le wifi gratuit et illimité (qui est un des marqueurs de Starbucks), il y a une cohérence à proposer la recharge des smartphones ! En parallèle, c'est astucieux pour convaincre le client de rester plus longtemps (le temps d'une charge satisfaisante) et, éventuellement, de reconsommer. Sans compter que Starbucks cultive ainsi sa posture servicielle.

Zodio offre le papier cadeau (avec une arrière-pensée positive)

Zodio (groupe Leroy Merlin) est une enseigne spécialisée sur la décoration et l'équipement de la maison. Bon nombre des produits vendus ont pour vocation d'être offerts. Offrir le papier cadeau est une obligation que remplit bien l'enseigne. Mais, ici, en allant bien plus loin : en invitant le client qui le souhaite à une contribution qui sera "entièrement reversée à la Croix-Rouge de Seine-et-Marne".

Pourquoi c'est une bonne idée...

Rien ne manque ! D'abord, l'enseigne assume de donner le papier-cadeau : "Ce papier est gratuit." Ensuite, Zodio invite le client à faire plus que de profiter égoïstement d'un papier cadeau offert. Le tout avec les mots qu'il faut et la destination (locale) des sommes recueillies.

Williams Sonoma affûte gratuitement les couteaux

Temple américain de la maison (avec une forte aspérité sur la cuisine), Williams Sonoma multiplie les événements. Ici, à San Francisco, tous les mardis, un professionnel affûte les coûteaux des clients. Certes, l'événement n'est pas complètement désintéressé puisque seul l'affûtage du premier couteau est offert. Mais rien n'empêche un client de ne venir qu'avec un seul couteau...

Pourquoi c'est une bonne idée...

L'affûtage des couteaux est un service "riche en valeur" pour qui cuisine avec quelques ambitions ! Face à ce besoin, il est souvent difficile d'obtenir une prestation professionnelle lorsqu'on est un simple amateur. Williams Sonoma répond à cette attente.

Nature et Découvertes : une tisane en guise de remerciement

"Laissez-vous tenter par notre tisane bio !". Ici, chez Nature et Découvertes, l'interpellation est vraiment désintéressée puisqu'il ne s'agit pas d'abord de vendre le produit mais bien de l'offrir.

Pourquoi c'est une bonne idée...

Offrir le café (ou une tisane) n'est pas si rare. Ce qui en fait ici une "bonne idée" ? La manière dont Nature et Découvertes le présente : "Pour vous remercier de votre visite." *Après tout, le commerçant doit savoir remercier un client non pas uniquement quand il achète (en caisse donc) mais aussi parce qu'il est tout simplement venu dans son point de vente.*

Depuis 1987, Double Tree Hotels a offert plus de 10 millions de biscuits à ses clients

La chaîne Double Tree Hotels offre à chaque client lors de son arrivée, un biscuit aux brisures de chocolat fraîchement sorti du four. Lancée en 1987, cette initiative a pris de l'envergure et est devenue l'une des « marques de commerce » de la chaîne. Chaque jour, ce sont ainsi plus de 60 000 cookies qui sont offerts aux clients de Double Tree dès leur arrivée.

Pourquoi c'est une bonne idée...

Cette attention matérialise la considération de l'hôtel pour ses clients. Un point crucial dans un métier de service !

LE CAS D'ÉCOLE
L'ASSISTANCE TÉLÉPHONIQUE DE LEROY MERLIN

L'enseigne propose un service téléphonique 7/7 (de 8 h à 19 h) pour répondre aux questions des consommateurs-utilisateurs. Le service est gratuit et le numéro (Azur) non taxé. Les conseillers sont spécialisés par métier (peinture, outillage, etc.) et répondent sans aucune forme de commerce, sauf si le consommateur les y incite.

Pourquoi c'est un cas d'école...

Leroy Merlin prend les devants sur un marché qui est, par principe, anxiogène pour nombre de consommateurs. Ce qui donne, de fait, une vraie valeur au service. En outre, l'enseigne cultive sa compétence perçue. Un perkonomic sans aucun doute coûteux pour l'enseigne mais 100 % en phase avec son positionnement et avec l'attente

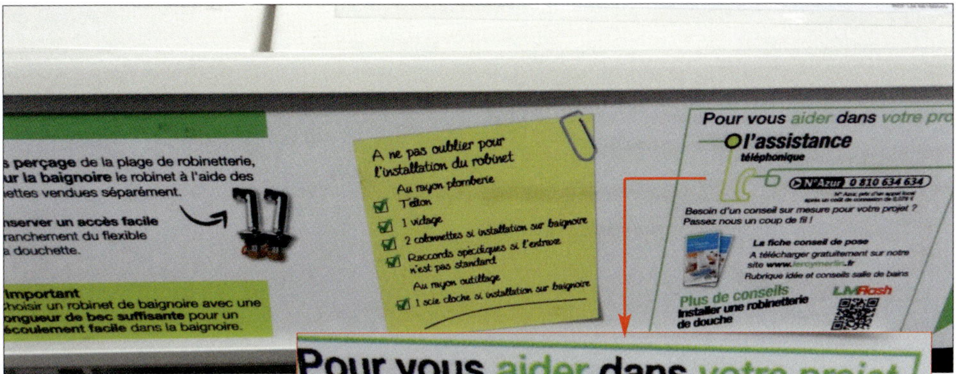

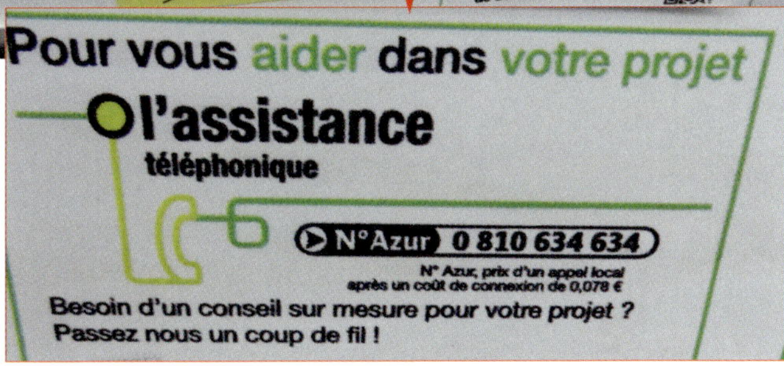

des clients. Au passage, Leroy Merlin humanise encore un peu plus sa relation et se démarque de ses concurrents qui, bien souvent, se contentent de forums où l'expertise est toute relative et les réponses peu immédiates...

LES INCONTOURNABLES AVEC LESQUELS « PERKONOMICS » EST PARTICULIÈREMENT CORRÉLÉ :

EXPÉRIENCE CLIENT, LOYALTY/BIG DATA, RELATION-CLIENT, SURPRENDRE/ÉTONNER, VALUE FOR MONEY.

PERSONNALISATION

COMMENT DÉFINIR CET INCONTOURNABLE ?

La personnalisation consiste à rendre unique – ou à tout le moins différent d'un standard commun – un produit ou un service. L'idée sous-jacente est de s'adapter aux besoins différents de chaque client. Ou simplement de lui permettre de se différencier. La personnalisation couvre donc un spectre allant de la conception sur mesure (afin de coller par exemple aux mensurations précises du client) à la simple customisation d'une paire de baskets, via l'impression d'un motif spécifique.

POURQUOI EST-CE IMPORTANT POUR DEMAIN ?

La quête de la personnalisation est, aujourd'hui, une réalité tangible de la consommation. Elle s'accentuera encore davantage demain car elle se base sur une tendance sociologique structurante : la "réalisation" de l'individu par la différence vs ses congénères. C'est, par exemple (et au moins pour partie), la base du succès d'une marque/enseigne telle que Desigual.

Cette attente de personnalisation est aussi consubstantielle à l'émergence d'une offre quasi universelle, identique de Pékin à New York. Et finalement assez logique à comprendre comme étant une réaction à la mondialisation de l'offre.

Les progrès technologiques passés (et encore à venir) rendent plus aisée et moins coûteuse la personnalisation. C'est notamment le cas des techniques d'impression qui autorisent les très petites séries, voire les produits unitaires dans le cas de l'impression 3D.

La capacité à personnaliser une partie de son offre (et donc de répondre à une attente client forte) constitue, dès aujourd'hui, un levier de différenciation entre enseignes. Un levier qui ne peut que gagner en importance demain. Car, **face à la surabondance de choix, la personnalisation permet de donner une forme de singularité à l'offre.**

La personnalisation est une source de valorisation de l'offre. Vu du client, un produit unique aura une valeur perçue nécessairement plus élevée qu'un produit standard.

À QUELS OBJECTIFS CLÉS CELA RÉPOND ?

Viser l'excellence dans la relation-client

Être fort sur l'offre dans un monde de surabondance de l'offre

Construire un lien durable avec les clients

Afficher ses différences

Développer de nouvelles formules commerciales et dégager de la valeur

QUELS DÉFIS POUR LES ENSEIGNES ?

La personnalisation est, par définition, source de valeur pour l'objet/le service vendu mais, également, de coûts additionnels potentiels. Pour l'enseigne, **le défi consiste à identifier le point de personnalisation où le coût additionnel est plus faible que la valeur supplémentaire apportée au produit**. Exemple sur les chaussures : permettre au client de personnaliser sa paire de Converse est finalement assez simple en partant de chaussures blanches, non imprimées. Le surcoût est modeste. Et la valeur perçue élevée.

Dans la même idée, la perception de la personnalisation (par le client) commence dès qu'un élément du produit final est différent. La conception/production totalement unique n'est donc pas nécessaire ! Charge à l'enseigne/à la marque d'identifier les véritables points de personnalisation attendus.

Autre défi : la mise en situation de la personnalisation dans les points de vente. Et la nécessité de faire comprendre au consommateur sa réelle capacité d'action. Ce qui impose, notamment, d'être simple et pédagogue dans l'explication en magasin.

LES CITATIONS À RETENIR

“ *Votre client est unique, disiez-vous ? Prouvez-le-lui !* ”

Mike Hadjadj, VP Marketing EMEA, Aurea (in *LSA* Tribune d'Expert, 11/7/2014)

“ *La personnalisation existe depuis longtemps. Ce qui est nouveau c'est, d'une part, l'apparition de modèles économiques qui la rende plus accessible, et d'autre part le développement, ces dernières années, d'une offre qui concerne un nombre croissant de secteurs, depuis l'ameublement jusqu'aux cosmétiques, en passant par les chaussures et même l'alimentaire. Le commerce électronique joue évidemment un rôle important dans le développement de cette tendance. Parce qu'il individualise la relation entre le marchand et son client, mais aussi parce qu'il dissocie l'achat de la disponibilité du bien. Le délai de fabrication et d'acheminement devient la variable d'ajustement.* "

Philippe Le Magueresse, directeur du département marketing, communication & média, OpinionWay (in *LSA*, 25/11/2010)

" *La publicité ne passe plus par une affiche mais par une personne. C'est beaucoup plus efficace !* "
[A propos de l'opération personnalisation des prénoms de Coca-Cola]

Benoit Heilbrunn, professeur de marketing à l'ESCP (in *Le Journal du Net*, 17/6/2013)

LES CHIFFRES CLÉS À RETENIR

78 % > Les Français qui trouveraient "normal" qu'une enseigne leur propose des produits et promotions personnalisés (*ECommerce Magazine*, 4 février 2013, Étude FullSix).

72 % > Les consommateurs qui se déclarent intéressés par l'ameublement personnalisé (OpinionWay pour l'Usine à Design.)

QUELS EXEMPLES RÉFÉRENTS ?

La chemise sur mesure de Devianne

C'est déjà un "vieux" service pour Devianne (bien avant la mode de la personnalisation...). En magasin, le client choisit sa taille, bien sûr, mais également quelques éléments très identifiants de la chemise : le col, les poignets, le tissu ou encore les éventuelles broderies.

Pourquoi c'est une bonne idée...

Parce que c'est dans le textile que le besoin rationnel de personnalisation est le plus important (lié à la différence de morphologie). La proposition de Devianne n'en apparaît que plus légitime et servicielle aux yeux du client.

Nutella : quand la marque disparaît derrière le consommateur

À l'inverse de Devianne et de sa chemise sur mesure, c'est ici une initiative récente (été 2013, reprise en 2015), ponctuelle et provenant d'une marque : Nutella. Via sa page facebook, Nutella proposait en effet la personnalisation du pot. L'internaute (qui avait au préalable "liké" la marque) pouvait recevoir une étiquette à coller sur son pot de Nutella. Et ce, sans bourse délier !

Pourquoi c'est une bonne idée...

Le succès de Nutella repose à la fois sur la qualité objective de son produit mais, également, sur le capital affectif dont elle dispose. Cette iniative, même ponctuelle et limitée (10 000 étiquettes par jour), a forcément alimenté ce capital !

Coca-Cola surfe astucieusement sur le phénomène de personnalisation

En 2013, Coca-Cola lance la personnalisation de ses bouteilles à partir d'une base de prénoms sur son site. Le succès est tellement important que l'opération est non seulement reconduite mais très largement étendue en 2014. Cette année-là, Coca-Cola passe de 150 à 1 000 prénoms, soit 80 % des prénoms

des 15-49 ans ! Et l'opération devient une référence de la personnalisation tant en France qu'à l'international.

Pourquoi c'est une bonne idée...

La diffusion de Coca-Cola est telle qu'il est facile pour tout consommateur de s'approprier l'idée. Une idée qui nourrit la "proximité affective" de la marque avec ses clients.

La DS3 existe en... un million de combinaisons

À l'occasion de la sortie de la DS3, Citroën a poussé encore plus loin que par le passé la possibilité de personnaliser son véhicule. La DS3 peut ainsi être configurée de la coque des rétroviseurs aux bandeaux de planche de bord, en passant par 32 alliances de couleurs de carrosserie, avec la clé de contact assortie. Soit, au total, plus d'un million de combinaisons possibles. Et le sentiment, pour l'acheteur, de disposer d'une voiture réellement unique.

Pourquoi c'est une bonne idée...

La personnalisation (ou pseudo)-personnalisation permet une forte valorisation de l'objet. Et une plus grande appropriation sur un principe fondateur du marché de l'automobile : "ma voiture = mon image." C'est sur ce même fondement que repose aussi (au moins partiellement) le succès de Renault Captur.

Subway : la création personnelle à la base du concept

Le concept Subway implique directement la création de son propre sandwich par le client. Ce qui lui permet de choisir précisément le sandwich qu'il souhaite (et non simplement le plus approchant de ses goûts). La personnalisation est certes encadrée (le client choisit d'abord un type de pain puis une ou plusieurs garnitures et, enfin, un assaisonnement) mais la probabilité que deux clients se succédant aient commandé le même sandwich est très faible.

Pourquoi c'est une bonne idée...

La logique Subway répond de manière quasi industrielle à l'attente de personnalisation. Ce qui, en apparence, est parfaitement antinomique ! En outre, Subway offre l'illusion de pouvoir manger tous les jours différemment. Ce qui, dans la réalité, est finalement assez rare.

Machines à teinter : le must-have des GSB

A l'origine, les machines à teinter ne constituaient qu'un service additionnel des rayons peinture des grandes surfaces de bricolage (GSB). Le client, qui ne trouvait pas la nuance qu'il souhaitait parmi les produits manufacturés, avait la possibilité de la faire fabriquer. Le principe ? Assez simple : une base de peinture blanche dans laquelle sont incorporés (au gramme près quand même !) des pigments de couleurs. Au fil des années, les machines à teinter ont gagné en importance dans les ventes des rayons. Au point de représenter aujourd'hui jusqu'à 20 % du CA. Et, donc, d'en être devenues incontournables.

Pourquoi c'est une bonne idée...

Les machines à teinter élargissent à l'infini la palette de couleurs possibles. Et permettent au client non pas de choisir sa couleur parmi les couleurs proposées en rayon mais de réellement décider de sa couleur.

Nike, le pionnier de la personnalisation de masse

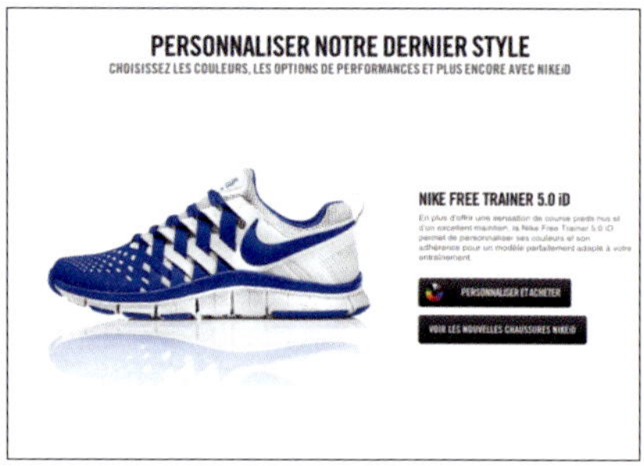

Parmi les grandes marques, Nike est probablement la première à avoir compris tout le potentiel de la personnalisation. Le service Nike ID a ainsi vu le jour en... 1999. Depuis, le service s'est élargi. Tant sur le nombre de modèles qui sont personnalisables que sur les paramètres sur lesquels le client peut jouer pour créer sa propre paire, unique donc : la semelle, les lacets, les flancs, le swoosh (le logo de Nike) ou encore l'impression d'un nom ou d'un logo sur la languette.

Pourquoi c'est une bonne idée...

Nike démontre que la personnalisation permet d'accroître la valeur générée pour une même unité de besoin (en moyenne 50 % supplémentaires) et, accessoirement, qu'une marque aussi mondiale peut proposer des produits réellement uniques.

Converse, la personnalisation légère in-store

Autre exemple avec une autre marque du groupe Nike : Converse. Ici, à New York, Converse a fait le choix d'une personnalisation légère mais réalisée instantanément (*vs* 4 semaines pour Nike) et en magasin. Le client choisit sur des iPad en libre-service parmi les dizaines de motifs possibles et rajoute quelques mots (son nom par exemple) s'il le souhaite. La personnalisation s'effectue sur la base de chaussures blanches et sur des imprimantes bien visibles dans l'atelier.

Seconde possibilité de customisation, encore plus légère : via les lacets, dont Converse présente en magasin pas moins de 30 modèles différents.

Pourquoi c'est une bonne idée...

Converse démontre ici que la personnalisation peut être une étape très légère pour un point de vente, tout en répondant à une attente consommateurs bien réelle.

La personnalisation au service du relationnel-client de la marque : l'exemple m&m's

M&m's (groupe Mars) est une marque de confiserie qui a fait du relationnel-client la clé de voute de sa politique marketing. En 2007, la déclinaison de m&m's personnalisés était finalement assez logique. En quelques clics, les clients choisissent la couleur et l'inscription de leurs bonbons, au besoin en incrustant une photo. Ce qui est parfaitement en phase avec la copie publicitaire "fun" de la marque.

Pourquoi c'est une bonne idée...

En "laissant la main" à ses clients, la marque perd le contrôle de son produit. Mais elle gagne l'affection de ses consommateurs. Parfois en les accompagnant dans d'importants moments de vie : anniversaire, mariage, naissance, etc. Ce qui n'a pas de prix à long terme !

Badichi, la boutique qui ne propose que des produits personnalisés

Au cœur de Soho à New York, Badichi n'est pas un magasin de ceintures comme les autres. Ici, aucun produit fini n'est disponible à la vente. Il y a d'un côté les cuirs, de l'autre les "boucles". Charge au client d'imaginer sa propre ceinture en associant les deux. Ce qui multiplie les combinaisons possibles.

Pourquoi c'est une bonne idée...

La personnalisation est dans le concept même de la boutique. Badichi n'est pas un magasin de ceintures. Mais un magasin de ceintures que le client a élaboré. Une nuance qui fait toute la valeur marchande des produits !

Acustom Apparel (États-Unis) révolutionne le costume sur mesure

Technologies aidant (et notamment la 3D), Acustom Apparel réinvente le « patron », toujours à Soho (New York). Le corps du client est « scanné » avec plus de 200 000 points. La précision est telle que le surmesure est parfait ! Facilité supplémentaire, les mesures étant enregistrées, le client peut compléter ses achats en magasin ou en ligne sur la base de sa morphologie réelle.

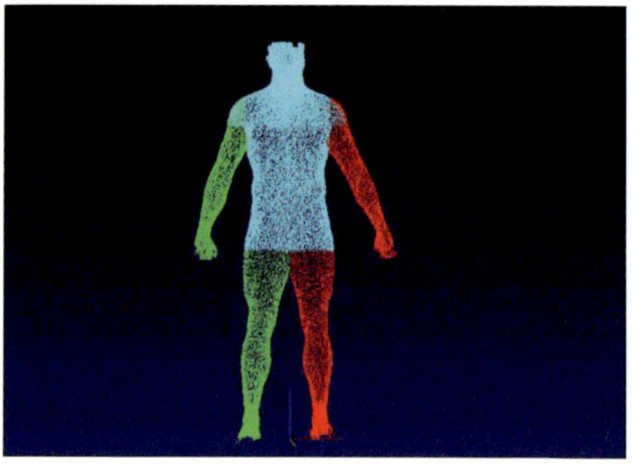

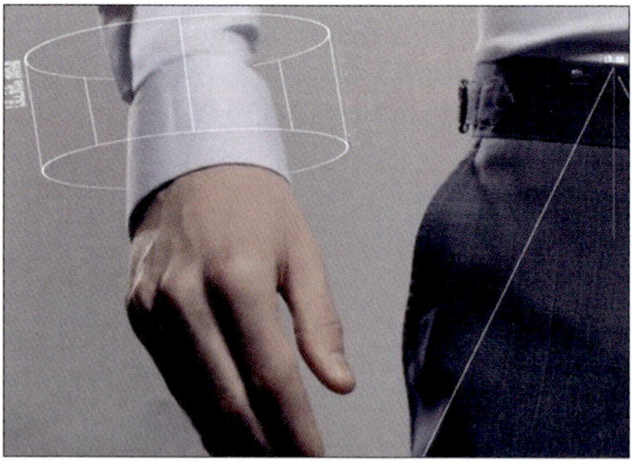

Pourquoi c'est une bonne idée...

La technologie déployée cultive le sentiment du sur mesure parfait. Bref, l'ultime personnalisation !

Application L'Oréal Make Up Genius : le simulateur de maquillage sur smartphone

La marque a lancé en 2014 une application avec l'idée simple que la personnalisation dans le choix des produits de maquillage est tellement importante qu'elle doit pouvoir se faire partout et tout le temps. L'application « Make Up Genius » permet donc en scannant son visage sur son smartphone de choisir n'importe quel produit de maquillage et de découvrir instantanément l'effet sur soi !

Pourquoi c'est une bonne idée...

Là, il s'agit de personnaliser au maximum l'expérience d'achat. Au passage, L'Oréal démontre qu'il n'est pas nécessaire d'aller en magasin et/ou de trouver une borne avec une application.

MyMuesli.com : la personnalisation sur un marché de masse, les céréales

Tout part d'une conviction : il est possible de vendre en ligne des mueslis pour le petit déjeuner en proposant de les personnaliser. Lancé en Allemagne en e-commerce, le site va connaître un succès foudroyant qui va le conduire à être référencé chez les principaux distributeurs (Rewe par exemple) et à ouvrir des magasins dédiés tout en continuant son activité en ligne. Concrètement, le client peut personnaliser la base, les ingrédients, les fruits et les éventuels extras. Il est même possible de nommer ses propres céréales.

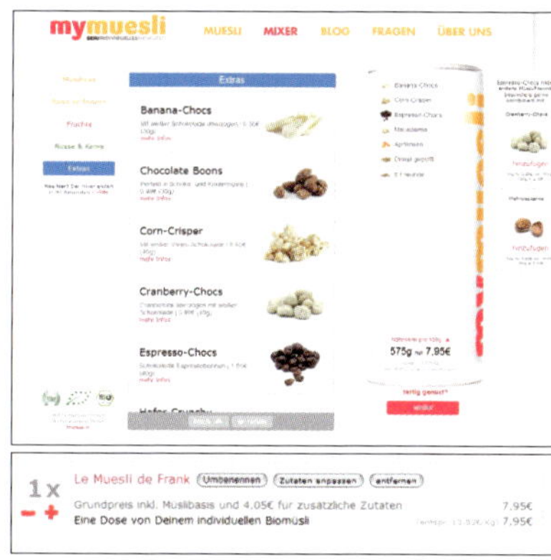

Pourquoi c'est une bonne idée...

Apporter de la personnalisation sur un marché banalisé est une source de différenciation. Donc de valorisation.

LE CAS D'ÉCOLE
AMERICAN GIRL : JUSQU'AU BOUT DE LA PERSONNALISATION

American Girl est une enseigne américaine entièrement dédiée aux fillettes et à la personnalisation de leur objet fétiche : les poupées. Exemple dans le magasin de Rockfeller Center à New York. Le choix est gigantesque, infini même en intégrant toutes les options possibles, pour imaginer "sa" poupée. La jeune cliente peut ainsi choisir la couleur des cheveux, sa coupe, la couleur de la peau, la forme et la couleur des yeux, etc. Plus spectaculaire encore, la poupée peut s'inspirer de la véritable vie de la fillette. American

Girl propose ainsi des poupées avec appareil dentaire, prothèse auditive, fauteuil roulant, etc. Les lunettes ou les chapeaux en apparaîtraient presque comme des accessoires tristement banals... Mais le clou de la logique American Girl est encore ailleurs : les vêtements vendus pour les poupées le sont aussi pour les fillettes !

Pourquoi c'est un cas d'école...

La personnalisation est dans l'ADN d'American Girl. Mieux, chaque cliente "écrit" sa propre histoire et les nombreuses options de personnalisation permettent d'y répondre le plus précisément possible.

LES INCONTOURNABLES AVEC LESQUELS « PERSONNALISATION » EST PARTICULIÈREMENT CORRÉLÉ :

COMMERCE PARTICIPATIF, EXPÉRIENCE CLIENT, LOYALTY & BIG DATA, VALUE FOR MONEY, ÉVÉNEMENTIALISATION

RELATION-CLIENT

COMMENT DÉFINIR CET INCONTOURNABLE ?

La relation-client est l'ensemble des stratégies et des initiatives qui visent à : **1) accroître la préférence du client à l'enseigne ou à la marque ; 2) augmenter le niveau de dépense et la fréquence ; 3) maintenir la fidélité du client dans le temps.**
Ces trois objectifs de la relation-client créent à la fois la préférence et l'attachement. Ce qui déplace – modestement peut-être, mais le mouvement est incontestable – la relation entre l'enseigne et son client d'un strict plan économique à un lien plus affectif. Ce qui, en conséquence, ne peut que le renforcer.

POURQUOI C'EST IMPORTANT POUR DEMAIN ?

Dans un paysage commercial marqué par l'abondance des circuits / des enseignes, c'est **la qualité du lien commerçant-client qui est le meilleur support de la préférence d'enseigne**. Cette qualité de relation est probablement l'actif – immatériel – le plus précieux aujourd'hui pour un commerçant. Et le sera encore davantage demain.

De fait, et toujours en lien avec la saturation relative de l'offre commerciale, l'exigence du client va croissante. Autant dire qu'**une enseigne qui ne ré-invente pas sa relation-client régulièrement perd en "qualité de lien" avec ses consommateurs.**

Complication supplémentaire : la relation entre une enseigne et ses clients est de plus en plus multicanale, par principe. La relation-client doit alors être envisagée pour chacun des canaux possibles. Quel message enverrait ainsi une enseigne multipliant les vendeurs sur la surface de vente mais proposant pour son canal téléphonique un service vocal 100 % automatisé ?

De même, la qualité de la relation-client permet de limiter la prégnance du prix (bas) dans le contrat enseigne-client. En clair, elle permet de déplacer la compétition sur un autre terrain que le seul prix.

La communication directe entre clients est aujourd'hui une réalité tangible : réseaux sociaux, forums, sites d'avis, etc. Le client a donc plus qu'avant, et moins encore que demain probablement, la capacité de partager sa déception dans la relation à son enseigne. Ce qui impose à l'enseigne d'être encore plus ambitieuse dans sa politique de relation-client.

Sur les marchés très web-perméables (électronique, image, téléphonie, etc.), la relation-client peut constituer le pilier d'une "stratégie de résistance" *vs* les sites marchands. Et ainsi justifier, aux yeux de certains consommateurs, de maintenir des habitudes d'achats *off-line*. Ce qui peut donc faire de la relation-client une barrière à l'évasion commerciale *on-line*. L'excellence devient ainsi quasi obligatoire !

À QUELS OBJECTIFS CLÉS CELA RÉPOND ?

Viser l'excellence et construire un lien durable avec les clients

Développer le capital confiance

Afficher ses différences

Être cohérent avec son positionnement/sa vision d'enseigne

Se faire préférer parce que le client se sent mieux considéré qu'ailleurs

QUELS DÉFIS POUR LES ENSEIGNES ?

La relation entre une enseigne et ses clients dépasse largement le seul acte d'achat. Il y a l'avant-achat et, souvent, l'après-achat (installation, retour, renouvellement, maintenance, etc.). Par exemple, sur une année, 48 % des Français auront contacté un service client, qu'il s'agisse d'une marque ou d'une enseigne (Source : BVA/Les Echos in *Les Echos* 19/10/2011). **A ce titre, la politique de relation-client doit intégrer la totalité des phases relationnelles (avant, pendant et après) et pas uniquement le seul stade transactionnel sur la surface de vente.** De même, la relation-client dépasse le simple canal magasin.

La relation entre une enseigne et ses clients est le fait des outils mis en place mais d'abord des hommes et femmes qui l'incarnent et qui sont en relation avec les clients. Ils deviennent de facto les ambassadeurs de l'enseigne. Avec la responsabilité qui en découle : servir ou desservir la politique de relation-client.

Précisément parce que la relation-client s'incarne au moins partiellement par les hommes, **l'un des défis des enseignes est d'harmoniser, via des process préalablement établis, le niveau de relation-client visé et atteint.**

Tous les moments relationnels entre une enseigne et ses clients ne se valent pas. Certains sont propices à l'enrichissement de la relation, d'autres non. De fait, les efforts à fournir ne sont pas monolithiques. **Le défi de l'enseigne est donc de concentrer ses efforts sur les moments de vérité de la relation-client.**

L'un de ces moments clés est la gestion des retours ou des mécontentements. Ne pouvant avec certitude démêler le vrai du faux (l'imagination des clients étant, en la matière, sans limites), l'enseigne se doit d'adopter une posture de confiance. C'est certes l'attitude la plus coûteuse (pas uniquement dans un sens pécunier) mais c'est la seule qui peut véritablement s'inscrire dans une politique de relation-client.

En cas de réclamation, évitez la « double peine » ! Si le client n'a pas reçu le bénéfice escompté, l'enseigne doit réparer et compenser. Et ce, pour deux raisons : 1) tenir compte du temps et de l'énergie déployée par le client (c'est ainsi qu'il le vit) ; 2) regagner sa confiance.

Dans ces moments particuliers de relation, tous les clients doivent ressentir la sensation d'être considérés. Un "petit" client n'a évidemment pas le même poids économique pour l'enseigne qu'un "gros" client. Pour autant, il ne doit pas le ressentir. À l'inverse, le "gros" doit, lui, bénéficier d'un traitement qu'il considérera comme différenciant.

L'ambition ultime d'un programme de relation-client est de modifier le lien entre un point de vente et son consommateur pour en faire non pas un simple magasin mais "son" magasin. Ce qui générera un effet bien plus bénéfique sur la fidélité qu'un programme dit « de fidélité » qui, trop souvent, n'est en fait qu'un programme promotionnel.

La relation-client se mesure. Le commerçant doit se doter d'outils à cette fin. Faute de quoi, si la volonté de relation-client sera bien affirmée, elle ne sera jamais confirmée de manière tangible et démontrable.

LES CITATIONS À RETENIR

"*Le client est la personne la plus importante de cette maison. Il ne dépend pas de nous, nous dépendons de lui.*"

Aristide Boucicaut, fondateur du Bon Marché à ses employés en 1855

"*There is only one boss, the customer.*"

Sam Walton, fondateur de Walmart

"*Ne vous attendez pas à ce que vos employés aillent au-delà des attentes de vos clients si, vous-même, dirigeants, n'allez pas au-delà des attentes de vos employés.*"

Howard Schultz, fondateur de Starbucks (in sensduclient.com, 30/8/2008)

LES CHIFFRES CLÉS À RETENIR

Sources : Baromètre American Express 2012 *in* Sens du client 12 mai 2012 et Baromètre Open to Dialog de Teletech 2014

22 % > Part des Français qui considèrent que “les entreprises ont fait un effort concernant la qualité de leur service clients”. Une baisse de deux points vs 2011 et de neuf points par rapport à 2010.

10 % > Les Français qui ont le sentiment que les entreprises apprécient le fait qu'ils soient clients et qu'elles sont prêtes à faire un effort pour eux.

44 % > Ceux qui estiment que les entreprises sont serviables mais ne font rien de plus pour les garder.

21 % > Part des Français qui pensent que les entreprises les considèrent comme acquis. Une même proportion considère que les entreprises ne leur prêtent pas attention.

22 % > Seuls 22 % des sites marchands qui ont un numéro de téléphone visible sont joignables selon Open to Dialog de Teletech, qui a analysé la relation-client de 494 sites ! Les tentatives d'appel étaient au nombre de trois, étalées sur une semaine, matin, midi et soir !

Les clients expriment clairement ce besoin d'une relation-client satisfaisante. 75 % d'entre eux sont prêts à abandonner une marque/une enseigne si la qualité de sa relation-client est prise en défaut (Source : étude Viséo Conseil/BVA in *Les Echos* 19/10/2011.)

La relation-client est-elle sur la voie de l'omnicanal ?
Oui, pour près de la moitié des directeurs de la relation client (46 %), selon le baromètre 2014 *Perspectives de la relation client*, commandité par l'Agora des directeurs de la relation-client et réalisé par ADM Value. En 2014, l'engagement dans une stratégie omnicanale, consistant à faire converger les canaux *off-line* et *on-line* et à exploiter le point de vente au travers du digital (usage du smartphone en magasin, système de click and collect, géolocalisation, etc.), reste stable par rapport à l'année précédente. Ainsi, 32 % des responsables envisagent de mettre en place des projets dans ce sens d'ici un an et 14 % travaillent actuellement sur le sujet.

QUELS EXEMPLES RÉFÉRENTS ?

La borne de satisfaction client en magasin (smiley)

Aucune enseigne n'a le “monopole” de cette borne de mesure de satisfaction. Mais, en France, Carrefour Market est, indiscutablement, celle qui l'utilise le plus. Le principe est simple : une question directe (qui n'ouvre pas à interprétation) et des smileys en guise de réponse.

Pourquoi c'est une bonne idée...

Le client a, dans l'instant, la possibilité d'exprimer son avis sur l'expérience qu'il vient de vivre. Et l'écoute du client demeure par principe un préalable à la relation !

Nespresso toujours aux côtés des clients

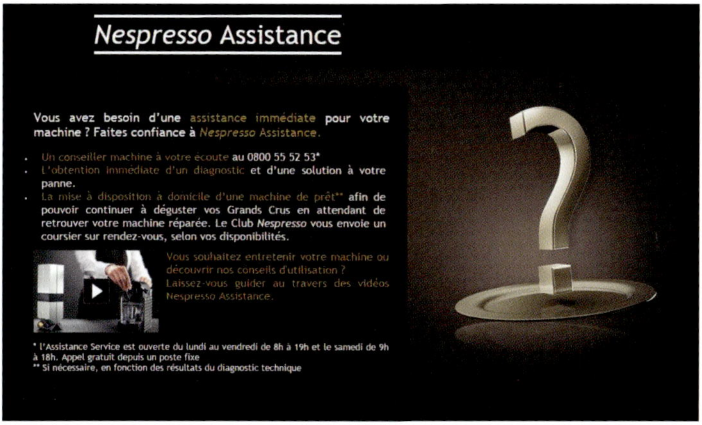

Pas de dégustation de café sans un fonctionnement parfait de la machine ! Nespresso a intégré cette donnée dès le départ. Les conseillers « machine » sont donc joignables pour établir un diagnostic, guider le client et tenter de résoudre à distance toute panne. En cas d'impossibilité, Nespresso peut même envoyer une machine de remplacement par coursier le temps de la réparation. C'est à la fois rassurant pour le client mais cela montre aussi tout ce que la marque est prête à faire pour que la consommation de son café ne soit pas interrompue. Forcément spectaculaire !

Pourquoi c'est une bonne idée...

Cette prévenance maintient le lien entre la marque et le client au niveau ou le marketing l'a positionné : le luxe. Le produit est haut de gamme. Le service aussi.

Clinique (États-Unis) laisse le choix du mode de relation

La marque américaine a réalisé de nombreuses études sur le comportement des consommateurs en grands magasins. La standardisation d'une "prise en charge" devenue obligatoire sur les stands est une source d'agacement pour les clients. Ceux-ci veulent avant tout que l'on s'adapte à eux. En proposant aux clients de choisir le bracelet de couleur qui correspond au mode de relation désiré, la marque écoute et s'adapte. Un conseil express, besoin de temps pour avoir des conseils d'expert, la possibilité de parcourir le stand Clinique en paix, sans l'intervention du moindre conseiller, peu importe le choix... tant que c'est bien celui du client. Reste, ensuite, aux conseillers Clinique à s'adapter.

Pourquoi c'est une bonne idée...

La marque révolutionne l'accueil et la prise en charge dans les grands magasins simplement en s'adaptant. Elle montre aussi qu'elle comprend parfaitement qu'un client souhaite parfois n'avoir aucun contact. L'accepter est incontestablement une vraie posture de relation-client et fait la différence avec des parcours clients en grands magasins parfois trop standardisés.

Les engagements Fair-play : Go Sport valorise ses services en les rassemblant

Dans l'univers du sport, les disciplines sont nombreuses. Les services sont alors soit généralistes (par exemple la réservation d'un article en magasin), soit spécifiques à un sport donné (l'atelier flocage pour les maillots de football). La bannière « engagements Fair-play » montre tout ce que l'enseigne fait pour ses clients en ligne ou en magasin. Qu'il s'agisse donc de flocage ou de e-réservation.

Pourquoi c'est une bonne idée...

En rassemblant ces différents engagements "Fair-play", l'enseigne montre tout ce qu'elle fait. C'est beaucoup plus visible et donc perceptible par les clients.

Ikea propose 90 jours pour essayer sa literie

90 jours laissent le temps de juger et surtout le temps de rapporter sa literie si le client n'est pas satisfait. En prolongeant sensiblement la durée habituelle de 15 jours, l'enseigne montre que la satisfaction du client est plus importante que tout.

Pourquoi c'est une bonne idée...

La probabilité qu'un client retourne son matelas après trois mois d'utilisation est objectivement faible. En revanche, l'engagement de l'enseigne alimente la confiance. Plutôt utile quand on ne propose pas (comme le grand concurrent Conforama) toutes les grandes marques de literie. D'ailleurs, longtemps, l'enseigne suédoise a contre-carré les traditionnelles promotions de septembre sur la literie en communiquant sur cet engagement. Un moyen peu coûteux de se différencier.

West Elm (États-Unis) : faciliter la tâche de ses clients

L'enseigne de décoration et d'équipement de la maison West Elm propose à tous ses clients d'apporter sa valeur et son expertise via les services (gratuits) d'un décorateur d'intérieur, la réalisation de plan, la décoration pour des fêtes et événements, etc.

Pourquoi c'est une bonne idée...

L'enseigne trouve ici un bon moyen de montrer qu'elle ne vend pas que des produits mais qu'elle intègre le besoin final de ses clients. L'enseigne apporte toute sa valeur et son expertise, au-delà d'une relation-client classique. Elle donne ainsi avec ces services utiles et différenciants les moyens de se faire préférer.

À New York, Duane Reade comprend les ordonnances en... 170 langues

Dans le flagship new-yorkais de son enseigne Duane Reade, à Wall Street, Walgreens propose un service d'interprète pour les ordonnances en 170 langues. Du mandarin au français, le client sait ainsi qu'il lui sera toujours possible de trouver ses médicaments (ou équivalents).

Pourquoi c'est une bonne idée...

Pour le client concerné, c'est un immense service. Pour tous les autres, cela montre la préoccupation pour trouver des solutions pour tout client. C'est une parfaite justification du positionnement axé sur la santé et démontre le savoir-faire comme le sérieux de l'enseigne.

S'engager sur le résultat : l'exemple Cultura

Toujours ce même dilemme au moment d'acheter un livre : sera-t-il intéressant, plaisant, etc ? Bref, mérite-t-il l'achat ? Cultura a choisi de lever ce frein avec une double assurance. D'un côté, ses libraires ont sélectionné 30 romans, parmi quelques milliers de livres proposés en magasin. De l'autre, l'enseigne s'engage à rembourser ses clients s'ils n'étaient pas 100 % passionnés. Bien sûr, la passion est une mesure impossible, personnelle, donc irrationnelle. Mais la promesse est néanmoins facile à comprendre.

Pourquoi c'est une bonne idée...

Cultura se met complètement aux côtés de son client. Il ne s'agit pas uniquement de lui vendre un livre (une posture strictement transactionnelle reposant sur le produit et le seul produit) mais bien de lui garantir un moment plaisant. Ce qui, de fait, est bien l'objectif initial de l'achat vu du client.

Gifi fait de ses clients des VIP

Avec son application mobile VIP, Gifi a trouvé un excellent levier de téléchargement et surtout (c'est en général le problème des applications) d'utilisation régulière : offrir 50 % sur une sélection de produits. Le nom VIP est révélateur du traitement et des attentions (même si elles sont ici strictement commerciales) que Gifi réserve à ses clients. Au-delà de ces offres, l'application mobile établit un lien direct avec le client en lui envoyant des messages réguliers : nouvelles opérations, nouvelles sélections VIP. L'application permet également de gérer son compte de fidélité et le cumul de ses points.

Pourquoi c'est une bonne idée...

L'application établit un lien régulier avec les clients. Au-delà des sélections VIP régulières, c'est aussi une vraie application de relation-client. En focalisant sur le prétexte des produits VIP, l'enseigne donne une forte visibilité au programme VIP en magasins. L'application est, dans ce cas, indissociable du magasin et c'est bien ce qui fait sa force.

LE CAS D'ÉCOLE
LA TWELPFORCE DE BEST BUY

Twelpforce est une vaste plateforme de conversation ouverte en 2009 sur Twitter (et mise en sommeil en 2013 / ce qui n'en fait pas moins une idée à connaître !) à laquelle prenaient part 2 600 conseillers de Best Buy et chaque consommateur qui le souhaitait. Ils pouvaient librement échanger avis, questions et conseils. L'idée était simple : il ne s'agissait pas de "vendre" les produits de l'enseigne mais de fournir une aide technique globale sous forme de tweets répondant aux

questions des internautes. Twitter permettait ainsi à l'enseigne américaine de développer une nouvelle approche du service consommateurs, directe et instantanée. Cette relation-client, centrée sur les usages, est utile car les questions entre une enseigne d'électrodomestique et ses clients portent en priorité sur l'usage des produits.

Pourquoi c'est un cas d'école...

Avec la Twelpforce, Best Buy permettait une relation-client ininterrompue qui impliquait et dépassait les magasins. Cela permettait aussi à Best Buy de communiquer en magasins sur sa disponibilité et celle de ses vendeurs : "Si vous avez besoin de nous, envoyez-nous un tweet." En outre, les clients pouvaient mesurer la qualité de conseil des vendeurs sans même franchir la porte des magasins. Enfin, Best Buy mettait tout simplement en avant ses conseillers (la "blue shirt nation" en interne) et humanisait la relation avec ses clients comme ses non-clients.

LES INCONTOURNABLES AVEC LESQUELS « RELATION-CLIENT » EST PARTICULIÈREMENT CORRÉLÉ :

COMMERCE PARTICIPATIF, CONFIANCE, CROSS-CANAL, PERKONOMICS, RÉSEAUX ET MÉDIAS SOCIAUX, VALUE FOR MONEY

ÉVÉNEMENTIALISATION

COMMENT DÉFINIR CET INCONTOURNABLE ?

L'événementialisation rassemble toutes les initiatives qui conduisent à rendre le commerce plus exceptionnel avec, en finalité, la création de trafic. Concrètement, il s'agit de rendre la proposition commerciale habituelle extraordinaire. Cela peut donc concerner le produit lui-même (l'originalité, la rareté, l'utilité, la nouveauté, etc.), le prix (un niveau de remise hors norme), le cadre de la vente (théâtralisation exceptionnelle, présence de « guests ») ou encore le lieu (pop-up store, magasins événementiels) ou, enfin, un événement d'actualité (réel ou créé par la marque ou l'enseigne).

Les 6 différents prétextes d'événementialisation

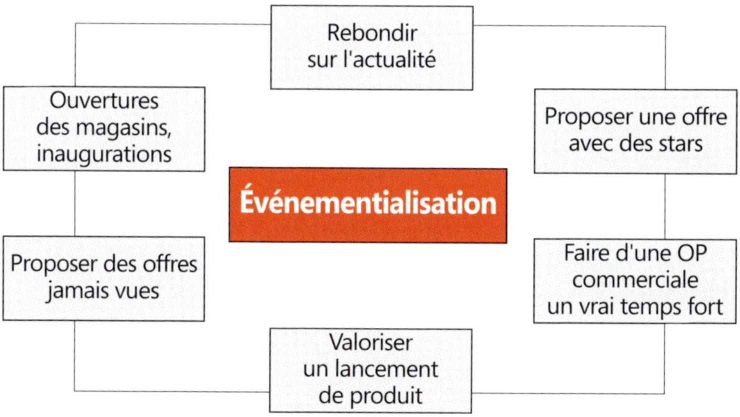

La réalité d'un événement doit toujours se mesurer vu du client (sa perception) et non de son instigateur. Ainsi, une initiative onéreuse ou difficile à mettre en œuvre n'en devient pas automatiquement un événement. A la différence du retailtainment, l'événementialisation du commerce a, par principe, une dimension éphémère et, forcément, immédiatement marchande.

POURQUOI EST-CE IMPORTANT POUR DEMAIN ?

Le premier objectif de toute stratégie d'événementialisation est la création de trafic. Bref, de donner davantage encore de raisons de venue en magasin. Ce levier sera d'autant plus important que l'offre commerciale (par exemple mesurée en mètres carrés commerciaux) ne cesse de croître année après année. En France, à titre d'exemple en 2013, ce fut pas moins de trois millions de mètres carrés supplémentaires. Ce qui signifie qu'un même client dispose d'un nombre croissant de lieux commerciaux à fréquenter. En clair, le trafic de chacun de ces lieux sera moins « naturel » et n'existera que grâce à la stimulation.

Dans ce contexte, événementialiser sa proposition commerciale est un excellent vecteur de communication (publicité ou relations publiques), donc de visibilité et, finalement, de notoriété. Et, ce, à un niveau de coût pas nécessairement élevé. **La force d'un événement réside d'abord dans sa capacité à surprendre le client (et non dans le niveau de son budget).**

Événementialiser sa proposition commerciale permet de rythmer son calendrier commercial. Il peut s'agir de renforcer les périodes déjà fortes et ainsi se démarquer de sa concurrence ou, à l'inverse, de soutenir l'activité en périodes creuses.
À l'heure de la concurrence croissante du web, l'événementialisation est, également, un excellent levier pour nourrir l'attractivité des points de vente.

Le client est aujourd'hui très réceptif à l'exceptionnel, à l'événement. En témoigne le succès des grandes émissions télévisuelles, des mégaconcerts, etc. **L'exceptionnel est un bon moyen de générer une préférence. Une préférence certes ponctuelle mais bien réelle.**

À QUELS OBJECTIFS CLÉS CELA RÉPOND ?

Être fort sur l'assortiment dans un monde de surabondance de l'offre

Afficher ses différences

Générer du trafic

QUELS SONT LES DÉFIS PRIORITAIRES POUR LES ENSEIGNES ?

L'événement retenu se doit d'être en cohérence avec le positionnement de l'enseigne. C'est une évidence mais un concert aura plus de sens dans une enseigne dédiée à la culture que dans un magasin de bricolage !

Les enseignes se raccrochent souvent à des événements qui leur sont externes : la sortie d'un film, un événement sportif, etc. En la circonstance, savoir faire preuve d'opportunisme pour « rebondir » est une qualité. Pour autant, **rien de mieux que de créer son propre événement pour qu'il devienne « propriétaire »** (par exemple les 3J des Galeries Lafayette, le Trocathlon de Decathlon). L'enseigne en a alors la pleine maîtrise et préempte un territoire *vs* ses concurrents.

En matière de commerce, l'événement le plus abouti a deux volets : d'abord un véritable travail sur la marchandise ; ensuite une mise en situation qui participe à la perception de l'événement. Trop souvent, le travail sur l'offre (le fond) est négligé au profit de la théâtralisation (la forme) alors que le commerçant est avant tout un vendeur de produits dont l'originalité, le prix, la disponibilité peuvent être le plus impactant des événements.

Communiquer ses événements. **Un événement non communiqué est un non-événement !** Ce qui fait d'une opération commerciale un événement est la perception que les clients en ont. À ce titre, la communication externe de l'événement est indispensable. De même, la mobilisation totale de l'ensemble des collaborateurs commerciaux est un passage obligé. Là encore, communication (interne) impérative ! Ce qui est un événement pour le client doit l'être pour les salariés.

LA CITATION À RETENIR

“ *Nous aimons beaucoup inventer cette atmosphère de chasse aux trésors où tout est constamment changé au gré des cycles, ce qui crée un sentiment d'urgence au sein de Costco.* ”

Steve Pappas, responsable régional au Royaume-Uni de Costco (in *LSA*, 17/4/2014)

LE CHIFFRE CLÉ À RETENIR

77 % > La part de Français qui on "fait" les soldes d'été en 2014, soit 39 millions de consommateurs (et 23 millions uniquement le premier jour). Un niveau de fréquentation similaire à l'année précédente. Et la preuve que, indépendamment de leur niveau d'achat, les consommateurs ont toujours de l'intérêt pour ce qui reste une opération commerciale exceptionnelle. (Source : Toluna / *LSA*)

QUELS EXEMPLES ?

Les 3J des Galeries Lafayette

En 1958, les Galeries Lafayette lancent les 3J : sur une période courte de 3 jours, l'enseigne propose des prix exceptionnellement bas sur des produits de marques. Devant le succès de l'opération, la durée est prolongée à une dizaine de jours même s'il s'agit toujours des « 3J » et l'opération a lieu deux fois par an.

Pourquoi c'est une bonne idée...

A l'origine des 3J, il y a un véritable travail marchandises : à la fois sur l'offre (les grandes marques présentes) et le prix. Et rien ne vaudra le duo prix-produits pour « faire » un événement commercial.

Les ouvertures de Desigual : (presque) nus devant le magasin

À l'occasion de ses ouvertures de magasin ou du démarrage d'opérations de soldes, Desigual propose très souvent la même opération spectaculaire (et redoutablement efficace) : les 100 premiers clients qui se présentent nus (ou presque) repartent habillés gratuitement, à hauteur de 100 €. Résultat : des centaines de clients, parfois des milliers, qui se pressent devant les portes d'entrée du magasin et surtout – parce que tel est le but – une couverture média gratuite.

Pourquoi c'est une bonne idée...

Desigual réussit le pari de mettre en ligne tous les leviers d'un bon événement. Une idée « propriétaire » (qui appartient symboliquement à l'enseigne), une thématique en phase avec son métier (s'habiller) et un décalage de comportement (se présenter à demi nu) qui est dans les gènes même de l'enseigne. Desigual réussit alors la prouesse d'attirer la lumière et de créer le buzz avant, pendant et après l'événement !

Le Trocathlon de Decathlon

En apparence, l'opération Trocathlon est un suicide commercial pour Decathlon puisqu'il s'agit d'organiser l'achat ou la vente de matériel d'occasion entre particuliers alors que la vocation – et l'intérêt – de l'enseigne est clairement de vendre du matériel neuf ! Et c'est sans doute l'intérêt immédiat que le client en retire (avant même l'enseigne) qui a fait de cette opération un événement, attendu et réputé. Et d'autant plus associé à Decathlon depuis... 25 ans.

Pourquoi c'est une bonne idée...

Trocathlon est un événement pour deux raisons. D'abord par le service rendu aux consommateurs. Grâce à Decathlon, certains clients se débarrassent intelligemment de leur matériel ; et d'autres ont accès à des produits moins onéreux que le neuf. Ensuite, seconde raison, Decathlon donne une visibilité événementielle à son opération avec un chapiteau sur le parking. Enfin, Trocathlon est un événement « propriétaire » dont l'enseigne a la maîtrise absolue.

Les 25 jours Auchan

Tous les ans, en octobre, c'est le même défilé ! Les enseignes d'hypers enchaînent les semaines promotionnelles sur une longue durée, en général un mois. À l'origine, il y a Auchan et ses 25 jours, conçus comme l'événement promo de l'année. Au fil des ans, toutes les enseignes ont suivi, inhibant l'originalité même d'un mois complet de tension promotionnelle en magasins. Faute de se différencier par le fond, Auchan a choisi de se démarquer par la forme avec, par exemple en 2011, les « promos chantées ».

Pourquoi c'est une bonne idée...

Auchan a compris la banalisation du phénomène promotionnel sur octobre. Et que pour espérer se démarquer, le meilleur moyen pouvait être la « cosmétique » de l'opération.

Le Mois Carrefour, « jamais vu en France »

En 1998, Carrefour fête ses 35 ans et, du 14 octobre au 14 novembre, promet « 1 mois jamais vu en France ». Pendant 28 jours, l'enseigne tient la France en haleine et dévoile quotidiennement « le produit du jour » : un article non-alimentaire (pour l'essentiel) à un prix défiant toute concurrence. Tous les ressorts de la dramatisation sont utilisés : la révélation quotidienne et des quantités limitées. Le support médiatique était également hors-norme (et jamais vu) : 13 000 panneaux et 4 600 spots radio sur 30 jours, à quoi s'ajoutait tous les jours une page de publicité dans 70 quotidiens. Bref, un rouleau compresseur à 240 millions de francs, uniquement pour l'achat d'espace (37 millions d'euros).

Pourquoi c'est une bonne idée...

Tout simplement parce que le succès a été au rendez-vous. Sur le mois, les ventes dans les 133 hypers français de l'époque ont augmenté de 20 %. Un niveau de croissance record sur une aussi longue période.

Quand les clients Casino imaginent l'offre : le Référendum Géant

À la fin des années 1990, Casino imagine le « Référendum Géant ». À l'origine, il n'y a rien d'autre que la volonté d'interroger des clients (ils seront 1 000 à être sondés par TNS Sofrès) sur l'hypermarché de leurs rêves. Parmi les différents volets du sondage : la promotion. Les clients sont invités à proposer les produits qu'ils souhaiteraient voir en promo dans leur hypermarché, charge ensuite aux acheteurs Casino de faire le nécessaire ! Ce sont les résultats de l'enquête qui ont rendu le référendum très événementiel, les clients souhaitant maison, voiture, piscine, etc. Résultat : quelques mois plus tard, les hypers Géant proposaient ces produits-là, notamment une maison Phénix à 396 000 francs, ce qui faisait de cette promotion un événement, largement repris dans la presse notamment.

Pourquoi c'est une bonne idée...

Géant a démontré que la manière la plus sûre pour un commerçant de créer l'événement est encore le travail marchandise via une offre exceptionnelle (soit par le produit, soit par le prix, soit les deux !).

RER, aéroport, aire d'autoroute, etc. : Ikea, l'enseigne là où on ne l'on l'attend pas

En à peine plus d'une année, Ikea s'est installé dans trois lieux inattendus pour une enseigne. D'abord, en février 2012, Ikea a implanté un appartement – où vivaient 5 personnes ! – dans la salle d'échanges du RER Auber pendant une semaine. Dans le courant de l'été, nouvelle initiative : Ikea débarque sur l'autoroute des vacances... L'enseigne a complètement imaginé, décoré et meublé une aire d'autoroute avant de s'attaquer à l'aéroport Charles-de-Gaulle et d'imaginer « Ikea Lounge, le premier salon démocratique en aéroport ». Tous les voyageurs pouvaient en profiter et avaient la possibilité de se détendre en lisant la presse, en regardant la TV ou s'endormir quelques minutes dans l'une des 9 chambres imaginées pour l'occasion. Le tout, évidemment, meublé 100 % Ikea. Février 2013, nouvelle initiative : Ikea s'installe devant la gare Saint-Lazare à Paris avec sa « textilerie ». Pour présenter ses collections et,

surtout, montrer la créativité que l'on peut avoir avec les différents tissus, Ikea a planté pendant plusieurs jours un chapiteau transparent sur le parvis de la gare Saint-Lazare. Les passants ont été associés à l'événement en participant à des ateliers ou même en laissant leurs tissus pour toutes les réalisations gratuites faites par Ikea sur place.

Pourquoi c'est une bonne idée...

Tous les lieux choisis par Ikea sont suffisamment étonnants en eux-mêmes pour que la démarche en devienne automatiquement un événement, lequel permet au passage à l'enseigne de présenter son offre. Dans le cas du lounge à Charles de Gaulle, Ikea soigne aussi son positionnement et son capital sympathie avec un salon accessible à tous et non uniquement aux passagers affaires ou première classe.

Noël boulevard Haussmann...

Chaque année, boulevard Haussmann à Paris, le Printemps et les Galeries Lafayette rivalisent d'imagination pour attirer les clients, touristes ou simples badauds. Comment ? En événementialisant leurs magasins. Vitrines hors-normes (parfois avec des créations artistiques ad hoc), illuminations, animations, ou encore le traditionnel sapin géant : tout est bon pour faire de ces grands magasins des lieux exceptionnels qui justifient le déplacement. Et, peut-être, l'achat.

Pourquoi c'est une bonne idée...

Avec ces animations, les grands magasins deviennent un lieu de curiosité avant d'être un point de vente marchand. Et c'est bien, là, le talent des Galeries Lafayette et du Printemps : être devenus, sur cette période, une destination.

H&M et les créateurs-stars

La marque suédoise a toujours tenu une promesse de vêtements tendance à des prix abordables. Pour que la promesse soit concrète, chaque année, H&M s'associe à un créateur reconnu. C'est un événement car ce sont des collections exclusives à des prix qui s'inscrivent très nettement en dessous de ce que les créateurs pratiquent habituellement. Exclusivité, image, prix bas et accès à un réseau large de distribution : ce sont les ingrédients du succès. Année après année, se sont ainsi succédé Karl Lagerfeld,

Sonia Rykiel, Lanvin, Versace, Stella McCartney, Roberto Cavalli, Jimmy Choo, Viktor & Rolff, Martin Margiela, etc.

Pourquoi c'est une bonne idée...

H&M parvient déjà à créer l'événement par la notoriété des créateurs qui s'associent à l'enseigne. Le résultat de la collaboration est aussi un événement car l'offre proposée est tout sauf ordinaire. Ce qui participe à la différenciation de l'enseigne, notamment dans son combat commercial avec Zara.

Les foires aux vins

Les foires aux vins (qui ont fêté leurs 40 ans en 2013) constituent l'une des opérations les plus importantes du calendrier commercial des hypermarchés. Au point de représenter jusqu'à 15 % des ventes annuelles du rayon sur 15 jours seulement ! Parmi les ingrédients de la réussite figure la volonté d'événementialiser l'opération. C'est clairement parce que les foires aux vins sont un événement qu'elles parviennent à attirer dans les rayons des non-clients habituels du magasin. Les ressorts de cette événementialisation ? Une théâtralisation hors-norme, certes, mais, avant tout, une offre exceptionnelle (par sa largeur comme par ses flacons stars) qui, à elle seule, est un événement.

Pourquoi c'est une bonne idée...

Les foires aux vins rappellent que les produits demeureront toujours le meilleur levier événementiel pour un magasin. C'est certes plus exigeant qu'une événementialisation par la mise en scène uniquement mais c'est, à coup sûr, plus différenciant.

Leclerc fait du D Day un événement...en magasin !

Le 6 juin 2014, commémoration du 70e anniversaire du Débarquement, était un jour particulier en Normandie. Jusque dans les hypers Leclerc de la Scanormande (la centrale régionale de l'enseigne) qui ont multiplié les initiatives mélant célébration et promotions spécifiques !

Pourquoi c'est une bonne idée...

« La Normandie, star depuis 70 ans » est une opération très locale qui a du sens tant pour les habitants que pour les nombreux touristes venus assister aux célébrations.La théâtralisation est cohérente et spectaculaire. De plus elle permet de mettre en avant les produits locaux tout en donnant un prétexte supplémentaire d'achat.

Un hyper, une foire au pâté : c'est déjà un événement !

En apparence, c'est très anecdotique : un pâté de plus de 200 kg, dans son chaudron, vendu à la découpe dans les allées d'un hyper (en l'occurrence Leclerc Redon, 35). Mais ce jour-là, dans l'hyper, c'est bien l'événement. Simplement car le produit est hors norme. Et fait l'événement.

Pourquoi c'est une bonne idée...

Parce qu'un événement commercial est parfois une initiative toute simple, imaginée en local, sans autre moyen nécessaire qu'une compétence produit.

LE CAS D'ÉCOLE
BOUCICAUT ET LE MOIS DU BLANC

Le mois du blanc est sans aucun doute l'événement le plus ancien du commerce moderne, imaginé par Aristide Boucicaut, le créateur du Bon Marché en 1852. Quelques années plus tard, au cœur de l'hiver, Paris est sous la neige. Paralysé ! Les clients se font rares dans les allées du Bon Marché à tel point que Boucicaut s'inquiète pour son affaire. En quelques jours, il organise la riposte, comme un pied de nez... Paris sous la neige est blanc. Son magasin le sera aussi, grâce à une mise en scène exceptionnelle de produits blancs : linges de nuit, de table, de bain, etc. Tout est bon pour faire l'événement. Et inciter les clients à revenir, ne serait-ce que pour découvrir ce que Boucicaut avait fait de son Bon Marché ! Exactement ce qui s'est passé, sauvant au passage l'hiver commercial de Boucicaut. Et, surtout, l'incitant à recommencer l'année suivante.

Pourquoi c'est un cas d'école...

En hypers, en grands magasins ou en boutiques spécialisées, bien peu savent qu'ils doivent le mois du blanc au hasard météorologique du milieu du XIXe siècle et, surtout, au génie visionnaire de Boucicaut qui avait alors compris que créer l'événement était encore la meilleure manière de faire (re)venir les clients. Ce qui est toujours valable 150 ans plus tard.

LES INCONTOURNABLES
AVEC LESQUELS « ÉVÉNEMENTIALISATION » EST PARTICULIÈREMENT CORRÉLÉ :

EXPÉRIENCE CLIENT, PROMOTION/THÉÂTRALISATION, RETAILTAINMENT, RÉSEAUX ET MÉDIAS SOCIAUX, SURPRENDRE/ÉTONNER LES CLIENTS

RETAILTAINMENT

COMMENT DÉFINIR CET INCONTOURNABLE ?

Le *retailtainment* est un mot anglais, contraction de deux mots existants : retail (en français, le commerce) et entertainment (le divertissement). Parfois aussi désigné sous l'autre anglicisme "*fun shopping*" (parce qu'il a vraiment pris naissance dans les malls américains), le *retailtainment* vise à apporter une dimension ludique aux lieux commerciaux. L'objectif étant de faire vivre au client une expérience plus large qu'un simple achat. Ce qui peut, in fine, donner une valeur émotionnelle importante au lieu, à laquelle ne pourrait pas prétendre le seul concept de vente. Dans certains cas, le divertissement peut même devenir la motivation principale de visite.

Le spectre du *retailtainment* est large : du Père Noël dans les allées pour les fêtes de fin d'année d'un hyper, à la piste de ski intégrée au Mall of Emirates à Dubaï. Pour autant, si le mot est récent, le principe même ne l'est pas nécessairement. En France, par exemple, dans les années 1970, les ouvertures de centres commerciaux donnaient souvent lieu à des événements hors normes, notamment des concerts *live* des vedettes de l'époque : Johnny Halliday a ainsi chanté dans le centre Géric à Thionville en 1971 !

POURQUOI C'EST IMPORTANT POUR DEMAIN ?

Dans les pays commercialement matures (c'est naturellement le cas du marché français), le niveau d'équipement en lieux de vente est tel que leur simple présence n'est plus suffisante pour justifier du déplacement du client. Donner accès aux produits (sauf pour quelques enseignes exceptionnelles) est finalement très banal. La dimension ludique du centre commercial ou du point de vente peut, en revanche, constituer un facteur décisif. Et qui peut même devenir un axe de différenciation très positif (notamment dans la compétition avec les formes de vente *on-line*).

En conséquence, le *retailtainment* peut participer à nourrir durablement la préférence d'enseigne et être l'un des éléments d'attachement à la marque / au centre commercial.

En parallèle, s'opère actuellement une mue sociétale où la possession (qui est par principe la conséquence de l'achat physique d'un produit) est une valeur déclinante au profit de l'émotion vécue. Pour une part, le *retailtainment* s'inscrit dans cette tendance, offrant aux lieux de vente une perspective autre que de simples transactions vente-achat.

Dans certaines situations extrêmes, le *retailtainment* conduit à faire des activités non commerciales du lieu sa meilleure publicité, voire sa vitrine principale. C'est, par exemple, le cas du Mall of Emirates à Dubaï avec sa piste de ski. Ou encore, toujours dans l'Émirat, le Dubaï Mall avec sa patinoire olympique et son aquarium géant, le second au monde par la taille (voir *Le cas d'école*).

Dans tous les cas, le *retailtainment* participe à l'accroissement du flux vers le lieu commercial en multipliant les raisons de venue. Ce qui représente une alternative à la promo qui, jusqu'à présent, a toujours été le moyen n°1 de génération de flux vers les lieux de vente.

Le développement d'activités de divertissement peut aussi représenter un habile moyen de recyclage des mètres carrés commerciaux qui sont, aujourd'hui, ou seront demain sur la sellette.

À QUELS OBJECTIFS CLÉS CELA RÉPOND ?

Afficher ses différences

Construire un lien durable avec les clients

Créer de nouveaux motifs de visites

QUELS DÉFIS POUR LES ENSEIGNES ?

Ne pas se tromper d'objectif. **Le *retailtainment* est un moyen et non une fin.** L'objectif ne doit pas être de transformer un point de vente en parc d'attractions marchand !

Assurer la cohérence entre les activités de divertissement et le lieu de vente. Cohérence d'image, de mission, de cible, etc.

Assurer la notoriété de la dimension ludique, de l'animation mise en place par le magasin/le centre commercial. “Louer” les services d'un Père Noël pour sa galerie marchande et ne pas le communiquer est, pour une part, un gaspillage de moyens.

Viser un réel niveau d'excellence sur l'activité ou les activités proposées en complément du concept marchand. Le client n'en sera pas moins exigeant simplement parce que le divertissement n'est pas la mission d'origine du lieu.

Accepter l'idée que la dimension ludique d'un lieu marchand ne suffira jamais à compenser des faiblesses sur les prérequis non négociables : prix, accueil, services, conseils, etc.

LES CITATIONS À RETENIR

« De plus en plus, nous pensons nos équipements commerciaux comme des lieux de vie. [...] La clé commerciale n'est qu'une clé d'entrée parmi d'autres. Cela fait longtemps que l'on a identifié que le loisir et la restauration concouraient à l'attractivité et à la fréquentation d'un site. Mais on mesure maintenant que la dimension culturelle ou événementielle, l'associatif, l'ancrage local sont des éléments qui font la différence et transforment ces endroits en lieux de vie. Pas seulement en lieux marchands... Le besoin commercial, de loisirs, d'expériences par rapport aux évolutions de la société, à la numérisation, va devenir très important. »

Vianney Mulliez, président Groupe Auchan (in *Libération*, 26/8/2013)

« On refait du commerce. Beaucoup de centres commerciaux avaient de bons emplacements et des clients captifs. Internet a rebattu les cartes. Aujourd'hui, il faut reconquérir les clients qui ont le choix. »

Jean-Pierre Lefèvre, président d'AKDV (in *Le Figaro*, 17/6/2014)

LES CHIFFRES CLÉS À RETENIR

819 > Le nombre de nouveaux centres commerciaux ouverts en 2013 aux États-Unis (*Le Figaro*, 17/6/2014)

Les chiffres spectaculaires d'Europa City, le projet pharaonique d'Auchan à Gonesse pour 2020

80 hectares, 230 000 m² de commerces, 2 700 chambres d'hôtels, 20 000 m² de restaurants, 50 000 m² de parc d'attractions, 20 000 m² de parc aquatique, 30 000 m² de parc des neiges (avec une piste de ski), 50 000 m² de lieux culturels (dont deux salles de spectacle, une salle d'exposition, une piste de cirque modulable, un auditorium) et 100 000 m² d'espace public. Plus une ferme pédagogique et un parc d'aventures... (Source : *Libération*, 26/8/2013)

QUELS EXEMPLES RÉFÉRENTS ?

Globetrotter à Cologne (Allemagne) : un magasin de sport avec bassin pour canoës !

À Cologne, Globetrotter est un magasin de sport unique en son genre. Situé en centre-ville sur 7 000 m², ce mégastore propose, outre 600 marques et 25 000 références, des bassins de plongée et de canotage (4,30 m de profondeur quand même !) pour tester les canoës ou le matériel de plongée par exemple. Plus loin, une « grotte » où une pluie fine permet de tester l'étanchéité d'un imperméable. Ailleurs encore, un igloo (une chambre froide) où le client, assis sur de la glace, visualise sa déperdition de chaleur.

Pourquoi c'est une bonne idée...

Globetrotter est devenu une attraction et non plus seulement un concept marchand. Et ce, avec une grande cohérence par rapport à l'univers produits de l'enseigne. D'ailleurs, ces initiatives spectaculaires ont un véritable rôle commercial pour permettre au client d'essayer les produits, de se les approprier.

L'extravagance de Jungle Jim's à Cincinnati (États-Unis)

Magasin hors normes, Jungle Jim's propose à ses clients une expérience d'achat rendue unique par l'hyper choix (150 000 références alimentaires sur 30 000 m²) mais, surtout, par une théâtralisation inconcevable en Europe, ce qui en fait un magasin « divertissant ».

En fait, Jungle Jim's ne recule devant aucune extravagance, dès lors qu'elle sert la mise en scène des

produits. L'entrée du rayon fromages est ainsi matérialisée par une meule géante (plus de 350 kg) en cours d'affinage (photo 1), la poissonnerie est délimitée par un véritable bateau (photo 2), tandis que les gondoles de produits anglais sont surmontées d'une réplique de l'arbre de la forêt de Sherwood (photo 3), chère à Robin des bois. Quant au maître des lieux, James Bonaminio, il a pris l'habitude de parcourir le magasin déguisé (ce jour-là, en mage indien !, photo 4).

Pourquoi c'est une bonne idée...

La banalisation guette les courses alimentaires. D'abord parce que l'offre est finalement très proche d'une enseigne à l'autre ; ensuite parce que, sur ces marchés, le client est rentré dans une approche plus utilitariste qu'émotionnelle. Jungle Jim's en prend le contre-pied absolu. Et en rendant son shopping divertissant, cultive sa différenciation.

D'ailleurs, son slogan est explicite : "At Jungle Jim's International Market, we're not just a store; we're a destination !"

Le Big Piano de FAO Schwarz (New York, États-Unis)

FAO Schwarz se revendique le plus grand magasin de jouets au monde avec le… "*Big Piano*" qui va avec. Un piano sur lequel il est nécessaire de jouer debout, les pieds faisant office de doigts sur les touches ! Régulièrement dans la journée, des employés de FAO Schwarz exécutent avec maestria quelques airs connus. Le reste du temps, les clients sont invités à jouer eux-mêmes et ne s'en privent pas. C'est l'attraction du magasin !

Pourquoi c'est une bonne idée…

Difficile d'isoler le rôle du Big Piano dans l'attractivité de FAO Schwarz ! Mais il est représentatif de la volonté de l'enseigne pour son flagship new-yorkais de proposer un magasin "à vivre". Une vie forcément ludique pour un magasin de jouets. Référencé dans les guides touristiques (au même titre, par exemple, que la grande roue de Toys'R'Us à Times Square), le Big Piano en devient pour certains « LE » motif de la visite.

Les patinoires des centres commerciaux Galleria à Dallas et Houston (États-Unis)

Les deux plus grands centres commerciaux du Texas, à Houston et à Dallas, ont choisi de proposer une activité que l'on ne peut pratiquer au Texas que dans ces centres commerciaux ou presque : le patin sur glace. Les deux centres commerciaux ont installé chacun deux gigantesques patinoires. Et l'enceinte de Galleria à Dallas va même jusqu'à organiser des cours et proposer de nombreuses exhibitions et compétitions.

Pourquoi c'est une bonne idée…

Là encore, le centre commercial devient une destination, au-delà de l'activité retail.

Digital Dream aux 4 Temps (La Défense) : un divertissement digital permanent

Inauguré en septembre 2013, cette installation artistique digitale, composée du plus grand écran *indoor* d'Europe à l'époque (250 m² de LED), renforce l'expérience shopping offerte aux clients par une une promenade digitale. "Digital Dream" est un dispositif artistique numérique, qui, selon ses concepteurs, "*met le spectacle et l'émotion au cœur de l'expérience du client*".

Pourquoi c'est une bonne idée...

Ces contenus artistiques et poétiques, associés à la dimension exceptionnelle des écrans, proposent une promenade digitale spectaculaire. C'est une véritable pause dans le parcours shopping. À voir le nombre de badauds photographier et contempler ces écrans, cela contribue indéniablement à l'attractivité du centre commercial.

Mall of Emirates (Dubai) : le ski en plein désert

Mall of Emirates est un centre commercial de 220 000 m² implanté à Dubai. Parmi les locomotives commerciales du centre figurent un hypermarché Carrefour (exploité par le franchisé émirati de l'enseigne française, Majid al Futtaim) et plusieurs grands magasins, dont Debenhams et Harvey Nichols. Mais le centre est avant tout connu pour... sa station de ski : Ski Dubai. Une attraction évidemment improbable au cœur du désert. L'ensemble comprend une piste de 400 mètres de longueur et 80 mètres de largeur, un snowpark et une piste de bobsleigh. La petite histoire raconte qu'un mois a été nécessaire

pour abaisser la température de cet ensemble de 40° C à – 2° C ! Et, toutes les nuits, Ski Dubai produit 3 000 tonnes de neige fraîche.

Pourquoi c'est une bonne idée...

Ski Dubai n'est évidemment guère duplicable ! Ne serait-ce que par les coûts engendrés : 250 millions de dollars. Mais voilà l'une des démarches de retailtainment les plus abouties au monde. Au point que Ski Dubai en devient pour nombre de visiteurs LA raison de venue dans le centre commercial. Pour preuve : la piste de ski figure en bonne place dans tous les guides touristiques de Dubai.

LE CAS D'ÉCOLE
LA DOUBLE VOCATION DU CENTRE COMMERCIAL DUBAI MALL

Dubai est incontestablement la capitale mondiale du *retailtainment*. Outre le Mall of Emirates, Dubai abrite aussi le plus grand "mall" au monde : plus de 1,1 million de mètre carrés, dont 836 000 m² de surface de vente. C'est d'ailleurs le centre commercial de tous les superlatifs avec, en point d'orgue, la tour Burj Khalifa qui le domine du haut de ses 828 mètrès de haut, soit 2,5 fois la hauteur de la Tour Eiffel ! A l'intérieur, le divertissement en devient une seconde vocation revendiquée avec quatre lieux particulièrement prisés. D'abord, une patinoire de taille olympique où 2 000 patineurs peuvent évoluer simultanément ! Ensuite, un aquarium qui cumule les records : la plus grande vitrine au monde

(33 mètres de large, huit mètres de haut) et 33 000 animaux recensés. Des chutes d'eau de plus de 10 mètres de haut. Ou encore un parc d'attraction signé Sega sur 7 000 m² et deux étages.
L'attractivité du centre est une réalité. En 2009, lors de sa première année d'activité, le centre a attiré 37 millions de visiteurs. C'est-à-dire un niveau proche de l'historique Mall of America au cœur du Minnesota, jusqu'alors plus important centre commercial au monde. Depuis, Dubaï l'a devancé et a même enregistré un record de cinq millions de visiteurs pour le seul mois de mars 2010.

Pourquoi c'est un cas d'école...
Ces activités de divertissement renforcent l'attractivité du centre commercial n° 1 au monde et qui en devient une destination touristique en lui-même.

LES INCONTOURNABLES AVEC LESQUELS « RETAILTAINMENT » EST PARTICULIÈREMENT CORRÉLÉ :

COÛT-OUTIL, CROSS-CANAL, EXPÉRIENCE CLIENT, PROMOTION/THÉÂTRALISATION, RELATION-CLIENT

SURPRENDRE / ÉTONNER

COMMENT DÉFINIR CET INCONTOURNABLE ?

Surprendre ou étonner un client – comme n'importe quel individu – consiste à frapper son esprit par quelque chose d'inattendu, d'extraordinaire au sens premier du terme. Il peut s'agir de l'offre (un produit rare, inédit), de la mise en scène de l'offre (une théâtralisation originale, frappante), du prix (un niveau de remise jamais observé précédemment ou, en tous les cas, inimaginable par le client) ou de services qui précèdent ou accompagnent la vente.

POURQUOI C'EST IMPORTANT POUR DEMAIN ?

L'abondance de l'offre, qu'il s'agisse des produits présentés ou des commerces qui les proposent, est une réalité tangible aujourd'hui. Les clients eux-mêmes, par leur niveau d'exigence croissante, l'ont intégré. Les surprendre, les étonner, voila qui revient à placer l'enseigne sur une échelle de valeur qui la rend réellement différente des autres.

La surprise, par principe, crée une émotion. Et, en matière commerciale comme ailleurs, rien n'est finalement plus précieux que l'émotion. Là aussi, elle éloigne l'enseigne d'une comparaison rationnelle (éventuellement défavorable) avec ses concurrents. Et conforte l'idée que surprendre/étonner revient à nourrir sa différenciation.

À QUELS OBJECTIFS CLÉS RÉPOND CET INCONTOURNABLE ?

Être fort sur l'offre dans un monde de surabondance de l'offre

Afficher ses différences

Enrichir l'expérience client

QUELS SONT LES DÉFIS PRIORITAIRES POUR LES ENSEIGNES ?

Premier défi : savoir doser l'effet de surprise ! Le sentiment d'étonnement ne peut venir d'une démarche trop minimaliste. À l'inverse, attention à la débauche (démesurée) de moyens. La plus efficace des surprises n'est jamais la plus coûteuse mais juste la plus... inattendue.

Surprendre et/ou étonner est avant tout une démarche de communication qu'il faut assumer. Impensable de ne pas intégrer la communication très en amont dans la démarche. Objectif : démultiplier l'effet positif de l'inattendu.

Chercher à surprendre/étonner son client, bref vouloir créer l'extraordinaire, doit être une démarche finalement... ordinaire. Ce qui impose remise en cause permanente, imagination et audace. Autrement dit, la mise en œuvre d'une véritable démarche de créativité. Là, l'ambition est d'intégrer des événements inédits dans les plans d'actions commerciaux qui sont, souvent, trop similaires d'une année sur l'autre. Donc sans grande capacité d'étonnement !

LES CITATIONS À RETENIR

" *On ne devrait s'étonner que de pouvoir encore s'étonner.* "

La Rochefoucauld (Réflexions ou sentences et maximes morales)

" *Les entreprises aimeraient bien que la vie de leurs clients soit un long fleuve tranquille où tout se reproduit à l'identique d'une transaction à l'autre, sans incident ni remise en cause. Hélas, la réalité est tout autre. Les clients aiment – adorent – être étonnés, recevoir quelque chose qu'ils n'attendaient pas et qui leur démontrent que la marque a non seulement pensé à eux mais aussi a deviné leurs souhaits secrets.*
Le principe de la (bonne) surprise obéit au fameux principe "Under promissing, over delivering" [promettre moins, réaliser davantage].
Sous formes multiples (cadeaux, petites attentions, réductions, promotions, etc.), la surprise joue sur les émotions profondes du client qui en bénéficie ; quand il s'agit d'une bonne surprise, elle a des capacités fidélisantes bien supérieures à celles d'un « programme de fidélisation » classique car elle « enchante » le client et son pouvoir mémorisant est très élevé. "

Henri Kaufman, président de l'agence Hip ip ip, coprésident du Cercle du Marketing Direct

QUELS EXEMPLES RÉFÉRENTS ?

Cora Pacé imagine une foire aux vins 100 % féminine

Parmi les enseignes dites "intégrées" (par opposition aux mouvements d'indépendants : Leclerc, Système U, Optic 2000, Intersport, etc.), Cora est, sans aucun doute, celle qui accorde le plus de pouvoir aux

directeurs de site. Un pouvoir qui leur permet d'engager localement l'enseigne. Exemple avec la foire aux vins "100 % viticultrices" du Cora Pacé dans la périphérie de Rennes. À l'origine, en 2012, la volonté de conjuguer foire aux vins de printemps et journée de la femme (8 mars). À contre-courant de toutes les foires aux vins organisées jusque-là, les 84 références de la sélection étaient toutes le fait de viticultrices, dont une quinzaine étaient d'ailleurs présentes pour le lancement de l'opération, baptisée Miss Millésimes. Forcément une opération... surprenante ! Laquelle a, depuis, été reconduite et unanimement saluée par la presse.

Pourquoi c'est une bonne idée...
L'initiative locale est une réalité objective chez Cora. En l'encourageant, le management du siège stimule la créativité des équipes de terrain et la capacité à étonner les clients.

Les Food et beauty box : s'abonner à des coffrets surprises

Le développement du marché des box (les coffrets) a facilité l'essor de coffrets surprises. Au départ réservées à la beauté (par exemple : Glossy Box), les box proposent à présent des produits d'épicerie fine et des gourmandises. *Eat your box* a ainsi été lancé en mai 2012. Ce site web propose de s'abonner (pour 20 € par mois) à un service de réception d'une pochette surprise gourmande. Les produits proposés sont des poivres exceptionnels, du miel, des épices, des chocolats, etc.

Pourquoi c'est une bonne idée...
Offrir des coffrets surprises (avec ou sans abonnements), découvrir des produits sur un thème, recevoir des kits prêts à l'emploi qu'il faut cuisiner, etc. : tout cela contribue à créer la surprise et le contenu surprise ne fait qu'entretenir l'envie de découvrir les produits.

Birchbox (États-Unis), le leader historique des box beauté, lance son réseau de magasins

En 2014, soit quatre ans après sa création, l'Américain BirchBox compte 800 000 abonnés dans le monde. Comme leurs concurrentes, les BirchBox contiennent cinq ou six produits de soin et maquillage (des échantillons ou des produits au format voyage) offerts par les grandes marques. Une vingtaine de journalistes travaille pour préparer le contenu rédactionnel qui explique les nouveaux produits reçus. Le succès est tel que la marque a cessé de se cantonner au e-commerce et, en juillet 2014, a ouvert son premier magasin à New York. Plus de 2 000 produits cosmétiques de 250 marques sont proposés. Originalité : la création d'un espace "*Build your own box*" (concevez votre propre boîte) destiné aux consommateurs souhaitant composer personnellement leur coffret.

Pourquoi c'est une bonne idée...

En magasin, cela donne la possibilité d'avoir une autre entrée, un conseil personnalisé et de constituer des coffrets cadeaux surmesure.

Les Lucky Bags des 4 Temps (la Défense) : l'adaptation des « Fukuruburos » japonais pour Noël

En 2010, les 4 Temps ont lancé le temps des fêtes de Noël un concept inconnu en France mais qui, depuis plusieurs années, "cartonne" au Japon : les Lucky Bags. Preuve de l'engouement : cette même année, au grand magasin de Tokyo Talashimaya, 12 000 personnes ont été candidates pour un Lucky Bag. Autre exemple japonais : Apple Store qui a rencontré aussi un grand succès avec son Lucky Bag pourtant vendu l'équivalent de 275 €. Aux 4 Temps, le principe était simple : sur une semaine, le client pouvait acheter soit des petits sacs à 30 €, soit des grands sacs à 50 €. Les sacs étaient proposés dans une boutique éphémère située au cœur du centre commercial et se déclinaient en six thèmes différents : mode, beauté, culture, high tech, maison, fun. Des sacs surprises, valorisés par le contenant qui atteint une valeur double si on la compare au prix des produits vendus à l'unité.

Pourquoi c'est une bonne idée...

Dans l'offre cadeaux de Noël pléthorique, le Lucky Bag est une démarche originale, qui valorise à la fois l'agrégateur des produits (le centre commercial) et les marques/enseignes qui "remplissent" les sacs !

LE CAS D'ÉCOLE
LE SHOPPING INATTENDU D'UNIBAIL

Les 24 centres commerciaux d'Unibail ont pour signature commune "Unexpected Shopping", illustration de la volonté du groupe d'en faire des destinations exceptionnelles, car surprenantes, étonnantes, inattendues, etc. "*Nous offrons ainsi à nos visiteurs une expérience qui va bien au-delà du shopping avec toujours plus de surprises : services exclusifs, enseignes inédites, événements spectaculaires. Avec cette nouvelle campagne de communication Unexpected Shopping, nous révélons le caractère absolument unique de nos centres : nous souhaitons devenir la référence et la préférence de nos clients*", résumait Jean-Marie Tritant, directeur général des opérations d'Unibail-Rodamco dans *LSA* (8/4/2014). Une multitude de surprises sont proposées pour chaque grand temps fort calendaire, en parallèle à des événements/animations récurrents. Bref, il doit toujours "se passer quelque chose" dans un centre Unibail !

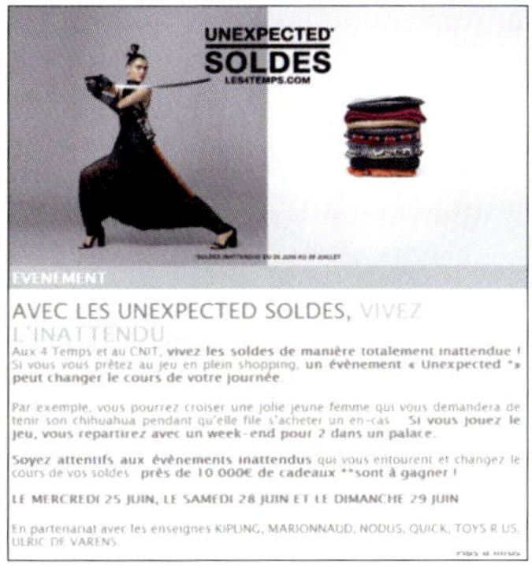

Pourquoi c'est un cas d'école...

En premier lieu, la démarche commune aux 24 centres permet de les fédérer. Une véritable logique de marque ! Mais, au-delà, ce shopping inattendu renouvelle les motifs de visite et, à ce titre, est générateur de trafic et de préférence par rapport à d'autres centres commerciaux.

LES INCONTOURNABLES AVEC LESQUELS « SURPRENDRE / ÉTONNER » EST PARTICULIÈREMENT CORRÉLÉ :

EXPÉRIENCE CLIENT, ÉVÉNEMENTIALISATION, RELATION CLIENT, RÉSEAUX ET MÉDIAS SOCIAUX

Ambition n° 4

ANTICIPER SUR LES FUTURS FILONS

ABONNEMENT

COMMENT DÉFINIR CET INCONTOURNABLE ?

Un abonnement est une convention entre un fournisseur (une enseigne, une marque) et ses clients pour la livraison régulière d'un produit ou l'usage habituel d'un service en échange d'un paiement forfaitaire. C'est donc la matérialisation d'un engagement de part et d'autre pour une durée donnée et la simplification de la transaction commerciale qui est unique, alors que la consommation/l'usage du produit/du service peut être répétée. C'est précisément lorsque la consommation est très fréquente qu'il en devient pertinent de déconnecter l'achat de l'usage.

POURQUOI C'EST IMPORTANT POUR DEMAIN ?

Le principe même de l'abonnement pour la consommation courante est désormais bien ancrée. Longtemps réservée quasi exclusivement à la presse, l'abonnement s'est largement développé, notamment sur le marché des loisirs (chaînes de télévision, téléphonie, internet, clubs de forme, etc.). Le consommateur est, plus que jamais, familier avec ce mode de commercialisation.

D'ailleurs, **l'abonnement répond parfaitement à la mutation sociologique en cours où l'essentiel, vu du client, n'est pas tant la propriété mais l'usage.** Avec l'abonnement (ou la location), le consommateur achète, en effet, la garantie d'une réalisation et s'affranchit de la contrainte d'une transaction répétée.

De même, **l'abonnement est une technique de vente qui améliore (théoriquement) la compétitivité d'une offre (ce qui la rend donc plus attractive)**. En effet, pour convaincre le client de s'engager dans la durée, rien de tel qu'une incitation financière. Un rabais qui a une vraie valeur économique pour le fournisseur du service/du produit par la visibilité accrue qu'il en retire et le moindre besoin de trésorerie. Au passage, le fournisseur dispose d'un élément de rétention /fidélisation de son client. Dit autrement, il évite plus facilement son départ ! L'expérience démontre, en effet, qu'il existe une prime au "bon service rendu" et que les taux de renouvellement des abonnements sont généralement élevés dès lors que "le servive minimum attendu" est rendu.

À QUELS OBJECTIFS CLÉS RÉPOND CET INCONTOURNABLE ?

Développer son business

Développer de nouvelles formules commerciales / de nouveaux services

Afficher ses différences

Construire un lien durable avec ses clients, fidéliser sa clientèle

QUELS SONT LES DÉFIS PRIORITAIRES POUR LES ENSEIGNES ?

Les enseignes doivent en premier lieu prendre toute la mesure de la fragilité théorique de leur modèle basé sur la revente de marchandises alors que les clients recherchent plus que jamais les "effets utiles" des produits qu'ils achètent, bien davantage que leur possession. C'est le syndrome Vélib ! Peu importe de posséder le vélo, l'essentiel est de pouvoir l'utiliser à discrétion. Et ce, sans aucune contrainte : l'achat, l'entretien ou, plus prosaïquement, le rangement ! Cette mue du consommateur, largement chroniquée par les sociologues depuis quelques années (à commencer par Philippe Moati de l'Obsoco), est aujourd'hui incontestée. La question donc pour les enseignes : comment, chacune dans son univers, intégrer cette nouvelle donne ? Optimiser les effets utiles (l'usage), limiter les contraintes (l'achat). L'abonnement est, assurémment, une voie.

Sur un terrain aussi vierge, les premières initiatives ne sont que rarement des succès foudroyants ! Ne serait-ce que parce qu'il s'agit de bouleverser des habitudes (quel client est, aujourd'hui, immédiatement disposé à s'abonner pour de l'eau, du lait ou des jus de fruits qui seraient, par exemple, mis à sa disposition toutes les semaines au point de retrait drive de son magasin ?). Pour autant, **s'essayer à cette nouvelle technique de vente aujourd'hui, c'est sans conteste alimenter sa courbe d'expérience.** Ce qui pourra être un élément décisif demain.

Certains produits sont naturellement plus perméables que d'autres à l'abonnement. Les identifier est un passage obligé. De manière simple, conjuguer la fréquence d'usage, la fidélité (éventuellement routinière) à la marque et la non-implication dans l'achat est une première approche qui détermine des catégories de produits "abonnement-perméables". Ce qui correspond aussi peu ou prou à la définition des "*commodities*" dans les pays anglo-saxons. Des chaussettes pour hommes aux lames de rasoir en passant par l'eau en bouteille ou le lait : ces catégories de produits sont nombreuses.

D'évidence, si l'abonnement devient une nouvelle forme d'approvisionnement demain pour le client, **ce sera également, pour les commerçants, un nouveau modèle économique à appréhender, à apprivoiser ! Les coûts de recrutement seront plus élevés mais s'amortiront dans le temps (long) de**

la relation commerciale. De même, inimaginable de convaincre un client de s'engager sans un avantage économique tangible. Sans compter qu'il sera alors encore plus impérieux de savoir communiquer sur les bénéfices induits par un engagement de long terme (le rabais, mais pas seulement).

Comme à chaque fois qu'une enseigne imagine une nouvelle offre / une nouvelle manière de vendre, l'enjeu de la démultiplication sur le front de vente via les collaborateurs est crucial. Et le risque toujours grand que le client intéressé dispose d'un niveau d'information supérieur à l'employé face auquel il vient chercher une réassurance. L'engagement dans la durée nourrira, en effet, un besoin de réassurance bien supérieur à l'ordinaire de la relation commerçant-client.

Enfin, à ne pas négliger également, l'abonnement induira une modification de la relation-client. Un client abonné n'est pas dans la même posture, il n'attend pas les mêmes attentions, bref il est différent d'un client standard, même porteur d'une carte de fidélité.

LES CITATIONS À RETENIR

À la question : "Depuis 2010, vous proposez l'abonnement sur quelque 10 000 produits d'achat récurrent (couches, DPH etc.). Ce service fonctionne-t-il bien en France ?", **Romain Voog, président d'Amazon France,** répond **(Journées Annuelles de l'IFM, 26/11/2013) :**
"Ça fait partie de ces sujets dont nous sommes fortement convaincus de la pertinence ! Et nous persévérons. Le modèle économique d'Amazon est l'everyday low price. Mise à part la « cyberweek », nous ne proposons pas de promotion. L'abonnement est une bonne façon de remercier le client pour sa fidélité avec des remises allant de 5 à 15 %. Les industriels voient, indéniablement, un intérêt dans ce concept."

" Allons vers une économie de la qualité et non pas vers du low-cost. Il faut enfin inventer une croissance économe en ressources, qui vend l'usage du bien plutôt que le bien lui-même. Vélib' en offre une illustration concrète"

Philippe Moati, coprésident de l'Obsoco (*Le Parisien*, 2/1/2012)

" Je ne m'attendais pas à ce que Vélib' devienne à ce point un phénomène de société et soit promu par ceux qui s'en servent. "

Bertrand Delanoë, maire de Paris (conférence de presse 21/6/2012)

LES CHIFFRES CLÉS À RETENIR

73 % > La part des Français qui pensent que le mode de consommation par abonnement va s'intensifier à l'avenir (source Ifop 2014 in *LSA*, 30/6/2014.)

50 % > Les Français qui indiquent souhaiter consommer de plus en plus par abonnement dans l'année à venir (source Ifop in *LSA* 30/6/2014.)

Les bénéfices des abonnements attendus par les consommateurs Etude Ifop/Zuora mai 2014

51 % Renouvellement régulier des produits	**43** % Absence de charges liées à la propriété	**40** % Flexibilité

QUELS EXEMPLES RÉFÉRENTS ?

Fnac Express + : simplifier les livraisons en illimité

Amazon inspire la concurrence ! Dans la foulée de l'Américain, la Fnac a lancé son propre service premium, baptisé Fnac Express +, ouvrant notamment droit à un nombre illimité de livraisons en un jour ouvré à domicile ou en relais colis avec un délai de 2 à 5 jours. La souscription annuelle est de 49 € (ou 39 € pour les adhérents).

Pourquoi c'est une bonne idée...

Ce faisant, la Fnac est certes "suiveuse" par rapport à Amazon. Mais savoir copier est une qualité ! Surtout pour éviter que les gros clients (ceux qui commandent le plus) aillent trouver le service ailleurs... Autre bonne idée : établir un lien entre abonnement et fidélisation avec deux avantages supplémentaires réservés aux adhérents.

Abonnements Courses Auchan : ne plus oublier les produits de placard récurrents

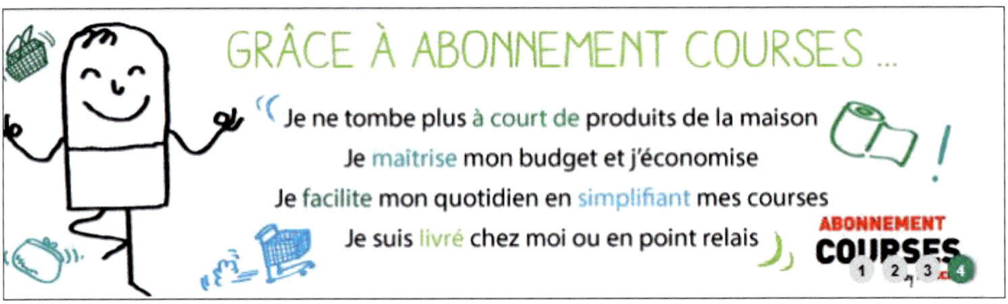

Lancé en mai 2014 (suspendu à l'automne avant une réouverture théorique en 2015), ce service reprend le principe de l'abonnement d'Amazon « Economisez en s'abonnant ». **Auchan entend proposer une solution pour les achats récurrents.** Dans la première mouture, Auchan proposait 78 références de *petfood*, 58 références de laits infantiles, 45 codes de pâtes sèches ou encore 53 thés et infusions différents, selon les comptages du magazine *Linéaires*. Concrètement, le client définit la fréquence de livraison par produit : tous les mois, tous les deux mois, tous les trimestres, etc. Sept jours avant l'expédition automatique de sa commande, il reçoit un e-mail récapitulatif qui lui permet de modifier facilement

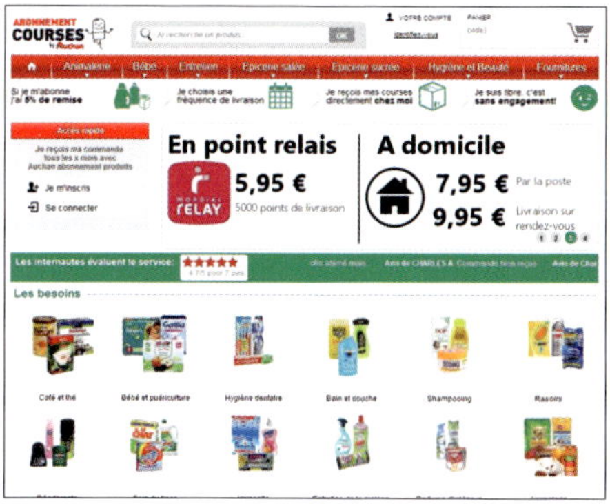

son panier s'il le souhaite. Les abonnements peuvent être suspendus à tout moment. Contrairement au drive où le client assume le retrait, chaque commande génère des frais de livraison : 5,95 € en points relais, 7,95 € en Colissimo ou 9,95 € pour une remise en main propre sur rendez-vous.

Pourquoi c'est une bonne idée...

En alimentaire, le principe de l'abonnement simplifie la vie des clients sur les produits achetés avec une forte récurrence. Pour l'enseigne, l'abonnement permet de viser un taux de nourriture élevé sur ces produits et ainsi d'éviter les achats opportunistes réalisés ailleurs, par exemple sous l'effet de la promotion.

L'enseigne innove aussi en proposant des packs selon la configuration du foyer (célibataire, couple avec ou sans enfants) pour composer rapidement un panier type et aller encore plus vite à l'essentiel.

Evian chez vous : "L'eau des Alpes directement chez vous"

Le groupe Danone a lancé ce service à Paris en 2012 avec cette promesse extrêmement simple : « L'eau des Alpes directement chez vous ». L'idée est de s'abonner à Evian et/ou aux eaux du groupe en choisissant sa plage de livraison à domicile. Pour faciliter l'essor de l'abonnement, la livraison est gratuite et le prix proche du marché parisien.

Pourquoi c'est une bonne idée...

L'inconvénient "évident" réside dans le coût logistique de la livraison sur un produit dont le rapport poids/prix est peu favorable. En revanche, le service répond à une véritable attente client sur un produit dont l'achat est routinier et peu intéressant. Pour l'industriel, c'est l'occasion de "reprendre la main" sur le client, en s'émancipant du commerçant.

Intermarché Nice : l'abonnement pour accéder aux fruits et légumes à prix coûtant

En 2010, cet Intermarché de Nice (devenu depuis Carrefour Market) a fait du rayon fruits et légumes le vecteur de son image-prix et le support d'une originale forme de vente. **Moyennant une cotisation de 7 € par mois (qui donne accès au Club Libo), le client a le « droit » de payer ses fruits et légumes moins chers, au niveau réglementaire du prix coûtant** : prix d'achat + TVA + transport. Tous les produits sont concernés sauf les promos et les articles préemballés (les articles gencodés ne peuvent en effet pas porter 2 prix différents), soit 200 références. Concrètement, la pesée s'effectue en caisse, la présentation de la carte Libo déclenchant le prix coûtant, lequel est affiché en rayon au côté du prix classique (voir photos page suivante).

En 2012, plus de 1 000 clients avaient adhéré au club. Même si la part du « CA Libo » est alors faible (7 %), les bénéfices d'image sont manifestement suffisants pour doper les ventes du rayon. Le quota fruits et légumes de cet Intermarché de 1 700 m² atteint 9,5 % pour une moyenne comparable de 7 %. Et, finalement, le « sacrifice » de marge moyenne budgété par l'adhérent (de 26 % à 22 % accepté) n'a jamais été consommé complètement. En outre, la baisse de marge pourrait quasiment être considérée comme un investissement publicitaire !

Pourquoi c'est une bonne idée...

La fréquence d'achat des fruits et légumes est forte, c'est donc un encouragement réel à fréquenter très régulièrement le magasin (au-delà de toute carte de fidélité). En parallèle, les fruits et légumes étant perçus comme chers, c'est un très bon moyen de travailler son image-prix.

L'abonnement iPad de la Fnac : une autre façon de vivre la technologie

Tous les clients ne peuvent pas – ou ne veulent pas – s'acheter une tablette. Un des principaux freins est l'évolution permanente de la technologie qui retarde les intentions d'achat : “Pourquoi prendre cette nouvelle version alors que dans six mois sortira une version encore bien meilleure... ?” La Fnac résoud à la fois le problème du prix et du souhait “d'up-grader” les produits en proposant un pass de location mensuel.

Pourquoi c'est une bonne idée...

Ce qui ressemble finalement à une logique d'abonnement (alors qu'il s'agit techniquement d'une location) permet de lever deux freins clients : 1) la peur de l'obsolescence ; 2) le prix de l'achat. Le meilleur de la technologie pour moins de 20 €, voilà une vraie solution pouvoir d'achat. L'enseigne, elle, conserve plus facilement ses clients, sans subir la comparaison de prix à chaque renouvellement de matériel.

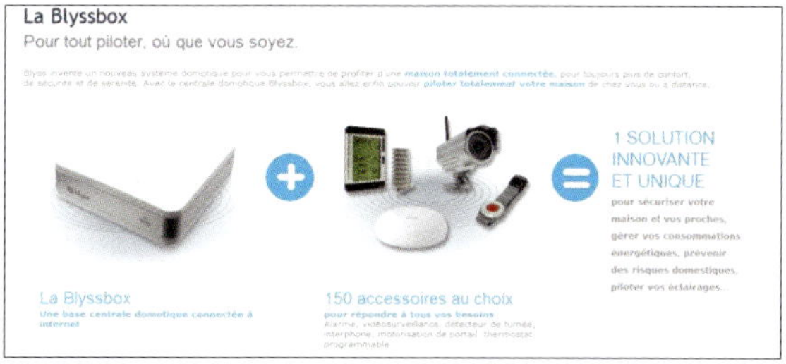

Castorama et la Blyssbox

La Blyssbox est une solution domotique (volets électriques, alarme, électricité, etc.) proposée par l'enseigne. La box est installée facilement au domicile, connectable à une box ADSL. Elle permet, dans le cadre de l'abonnement de base avec notamment la commande à distance via ordinateur, la visualisation en direct à distance des caméras via ordinateur, tablette ou smartphone et les alertes par e-mail. L'enseigne propose d'autres formules d'abonnement avec des services plus complets comme l'accès à des vidéos en cas d'intrusion.

Pourquoi c'est une bonne idée...

Dans ce type de produits, ce qui compte, ce sont avant tout les solutions. En l'espèce, le client achète le bénéfice. L'enseigne devient alors prioritairement un fournisseur de solution pour la maison, bien davantage qu'un vendeur de produits de bricolage ! Et comme la Blyssbox se rapproche d'une logique d'assurance (en prévention), la formule de l'abonnement est alors naturelle.

LE CAS D'ÉCOLE
AMAZON : ÉCONOMISER EN S'ABONNANT

L'abonnement repose, ici, sur une vraie logique consommateur : les économies. Le géant américain du e-commerce propose cette formule d'abonnement qui permet de bénéficier d'une livraison automatique et de tarifs réduits pour les achats récurrents. Le principe est simple. 1/ le client choisit une fréquence de livraison des produits : mensuelle, tous les deux, trois ou six mois ; 2/ il bénéficie d'un pourcentage de remise sur le prix courant des produits sélectionnés (en fonction du nombre d'abonnements) ; 3/ la livraison à destination de la France métropolitaine, Monaco, la Belgique, le Luxembourg et la Suisse est gratuite, sans minimum d'achat ; 4/ le client ne règle qu'à l'expédition des produits et non à la souscription de l'abonnement ; 5/ enfin, il peut modifier (ou résilier) très facilement son abonnement.

Pourquoi c'est un cas d'école...

L'association entre simplicité, gain de temps et économies budgétaires sur les produits récurrents est forcément dans les attentes du consommateur (sinon le drive n'aurait jamais connu un essor aussi rapide !). Amazon apporte son savoir-faire en relation client (avec notamment un suivi très précis des commandes) qui est un vrai gage de confiance sur un service nouveau.

LES INCONTOURNABLES
AVEC LESQUELS « ABONNEMENT » EST PARTICULIÈREMENT CORRÉLÉ :

DRIVE ET CLICK & COLLECT, EXPÉRIENCE CLIENT, LESS IS MORE AND GO FASTER, LOYALTY/BIG DATA, RELATION CLIENT.

COMMERCE DE FLUX

COMMENT DÉFINIR CET INCONTOURNABLE ?

Le commerce de flux consiste à implanter des lieux commerciaux selon les flux/la mobilité des clients plus que selon leur lieu d'habitat. L'objectif : être là où le client passe ! C'est donc le commerçant qui va à la rencontre de ses clients et non l'inverse.

POURQUOI EST-CE IMPORTANT POUR DEMAIN ?

La mobilité est une valeur montante dans la société depuis une vingtaine d'années. Selon les situations, cette mobilité est subie (inflation immobilière repoussant en périphérie les classes moyennes avec, pour conséquence, l'allongement des temps de transport domicile-travail) ou choisie (déplacements d'agréments). Dans tous les cas, la mobilité est inhérente à la vie contemporaine.

En conséquence, **c'est la notion de proximité qui a fondamentalement été bouleversée.** Précédemment, la proximité se définissait quasi exclusivement par rapport à l'habitat. Désormais, la proximité est davantage à relier aux flux. Un point de vente peut être éloigné géographiquement de l'habitat de ses clients tout en étant en grande proximité de chacun car placé sur un flux quotidien ou récurrent.

Paradoxal peut-être (mais en apparence seulement) : **alors que la mobilité n'a jamais été aussi importante, les consommateurs cultivent de plus en plus l'efficience de leurs flux**, histoire de ne pas les multiplier ("l'effet prix de l'essence" joue à l'évidence). Les arbitrages ont commencé. Ce qui, au final, donnera encore plus de valeur aux emplacements de flux. Confortant au passage ces trois conditions historiques de réussite commerciale : 1) l'emplacement ; 2) l'emplacement ; 3) l'emplacement !

L'habitude de la consommation en mobilité est, aujourd'hui, bien établie. Personne ne s'étonne vraiment que les grandes gares soient devenues de véritables centres commerciaux. En clair : les clients sont prêts !

Certains besoins ne sont exprimés que dans certaines situations, notamment de mobilité (voyages par exemple). Seul un commerce de flux peut donc y répondre. Le consommateur devient alors complètement captif.

À QUELS OBJECTIFS CLÉS RÉPOND CET INCONTOURNABLE ?

Développer le parc et le chiffre d'affaires

Construire un lien durable avec les clients

Trouver de nouveaux formats et de nouvelles opportunités d'activité

QUELS SONT LES DÉFIS PRIORITAIRES POUR LES ENSEIGNES ?

Le défi majeur du commerce de flux est finalement assez logique : la qualité de l'emplacement. La volonté de capter des flux suppose de bien les croiser ! Aujourd'hui mais également demain. Attention néanmoins : le flux est un concept mouvant. Selon, par exemple, les aménagements publics, les modifications de voiries, etc. Au final, il y a objectivement peu de véritables emplacements de flux durables.

Un commerce de flux est fondamentalement différent d'un commerce classique par les attentes clients particulières qu'il génère. La politique marchandises doit en être le reflet. La largeur d'assortiment importe ainsi davantage que sa profondeur. De même, la (bonne) gestion des formats de produits est un prérequis, faute de quoi l'intérêt de l'offre décroît.

À la différence d'un commerce d'attraction pour lequel le client a accepté d'investir un temps plus ou moins déterminé (mais réel), **le commerce de flux, lui, suppose une réponse rapide aux besoins des clients**. Parfois même ultra-rapide dans le cas de points de vente en gares, aéroports, etc. L'organisation du magasin et la fluidité du check-out en deviennent automatiquement des points cruciaux, notamment sur les pics de fréquentation (ce qui est une des caractéristiques des commerces de flux). De même, l'amplitude horaire doit être logiquement le reflet des flux et non des contraintes du commerçant.

Toujours pour répondre à ce client pressé, **la compréhension de l'offre doit être une évidence immédiate !** Dans une telle relation au point de vente, le client comprend immédiatement ou... passe son chemin.

Quatre critères combinés déterminent la performance du commerce de flux :

LES CITATIONS À RETENIR

“ *Les récentes ouvertures de Londres et de Madrid se font sur le même modèle que notre déploiement en France. Nos cibles sont urbaines avec un fort taux de visites fréquentes. Les opportunités dans les centres commerciaux, les gares ou les centres-villes sont donc un très vaste terrain de conquête.* ”

Anthony Giron, directeur général d'Hema France (in emarketing.fr, 23/6/2014)

“ *Une marque « hors les murs », c'est plus de réassurance, plus de confiance pour le client. Une fois dehors, il n'y a plus de limite. Mais il faut faire ça lentement, comme il faut [...]. Nous allons poursuivre notre politique d'expansion « hors les murs ». Depuis le gain de l'appel d'offre TGV, nous sommes en discussion avec la SNCF, notamment pour installer en gare des casiers de retrait des commandes en ligne...* ”

Stéphane Maquaire, Président de Monoprix (in *LSA*, 22/1/2014)

LES CHIFFRES CLÉS À RETENIR

15 à 20 minutes	>	Temps moyen passé en gare (1 h 30 à 2 h en aéroport)
3,06 milliards	>	Nombre de passages en 2011 dans les stations métro / RER (Paris)
2 milliards	>	Estimation du nombre de passages annuels dans les 3 000 gares SNCF
88,1 millions	>	Nombre de passagers en 2011 dans les aéroports de Paris
426 M€	>	Redevances des commerces dans les aéroports de Paris (2010)
130 M€	>	Redevances des commerces en gares (2011)
19,5 M€	>	Redevances des commerces du réseau RATP (2011)

Sources : Gares & Connexions, ADP, Promométro in *LSA*, 23/2/2012

Plus d'un Français sur deux favorable au supermarché en gare

Si un supermarché ouvrait dans une gare proche de chez elles, 51 % des personnes interrogées iraient y faire une partie de leurs courses (62 % pour les 15-25 ans, 64 % pour les Franciliens, 48 % pour les provinciaux). Source : Ipsos-Logica Business Consulting pour CA COM et *LSA* in *LSA*, 3//2012

Gares : ce que veulent les Français...

Quels commerces manque-t-il dans les gares ? Pour 58 % des Français une librairie, pour 47 % une supérette, pour 38 % un bon restaurant et pour 36 % des services beauté/bien-être. Source : sondage Opinion Way pour Klepierre 2014 in Sites Commerciaux Juin 2014.

QUELS EXEMPLES RÉFÉRENTS ?

Le Camion qui fume

À l'origine du Camion qui fume, une Américaine, Kristin Frederick, persuadée que la «street food» peut s'implanter à Paris. Le principe ? Un seul camion mais plusieurs points de stationnement et donc de vente. Dans son camion, une mini-cuisine où elle prépare des burgers haut de gamme qui s'arrachent comme des petits pains (plus de 150 par service).
Ces camions mobiles doivent donc communiquer en permanence sur les emplacements, les adresses et les heures d'ouverture (ce que Kristin Frederick fait via Twitter).

Pourquoi c'est une bonne idée...

Évidente, banale aux États-Unis ou en Asie, la «street-food» est peut-être la forme la plus aboutie du commerce de flux. Nul besoin pour les clients «d'aller» en point de vente, c'est le magasin qui «vient» à eux.

La ferme débarque en gare

L'idée n'est pas nouvelle ! Dès 2007, à l'initiative des Chambres d'agriculture d'Île-de-France, la SNCF a accepté de transformer ses gares en point de retrait de produits fermiers. Concrètement, les clients passent commande d'une fois sur l'autre ou s'engagent sur une longue durée via un système d'abonnement. L'offre est « packagée » sous forme de paniers multi-produits, généralement de deux tailles différentes (4,5 ou 6 kilos). Une fois par semaine (jours et horaires fixes), le producteur s'installe en

gare et livre ses paniers. Depuis, le système a essaimé en Alsace, Lorraine, Rhône-Alpes (photo), Provence, etc.

Pourquoi c'est une bonne idée...

Parmi les lieux de flux les plus fréquentés figurent les gares. D'où le développement d'espaces commerciaux «sédentaires» dans les grandes gares. Ici, il s'agit plutôt de lieux éphémères (et sur un thème porteur : les produits «naturels»), ce qui multiplie les possibilités d'implantations.

Les distributeurs Best Buy Express

Impossible de traverser un aéroport américain sans croiser l'un des 1 000 distributeurs Best Buy ! Pour répondre aux voyageurs pressés, l'enseigne propose des produits électroniques de dépannage : adaptateurs, clés USB, chargeurs, batteries, écouteurs, etc.). L'offre est certes réduite à l'extrême comparée aux magasins classiques. Mais elle répond à la majorité des besoins qui peuvent naître là où sont installés les automates, évidemment disponibles 24h/24, 7j/7.

Pourquoi c'est une bonne idée...

Best Buy s'adapte aux circonstances (la rapidité de réaction que le client attend), répond aux principaux besoins et alimente l'image d'une enseigne qui rend service.

Les murs de produits Tesco en Corée

L'initiative a fait le tour du monde ! D'autres enseignes en ont même repris l'idée (Delhaize à Bruxelles, Carrefour et Casino à Lyon et Rue du Commerce à Paris, entre autres...). Le principe ? Un lieu de flux – ici le métro de Séoul – sur les murs duquel sont affichés des photos de produits et les QR codes correspondants. Le client (qui attend son métro) flashe les produits et constitue ainsi son panier qui sera, ensuite, livré chez lui ou à retirer en magasin.

Pourquoi c'est une bonne idée...

De prime abord, l'idée est bien trop futuriste pour envisager un déploiement rapide et à grande échelle. Mais c'est, à date, la version la plus aboutie du commerce de flux dans son intégration de la technologie.

Le marché Grand Central Market dans le Grand Central terminal de New York

Principale gare au cœur de Manhattan et plus grande gare du monde en termes de capacité , le marché permanent au cœur même de la gare est ouvert 7 jours sur 7, 365 jours par an, de 7 h à 21 h.

Pourquoi c'est une bonne idée...

Un vrai marché avec une trentaine de commerces et des produits frais : inattendu dans une gare ! Pourtant, pour les millions de voyageurs qui empruntent chaque jour la plus grande gare du monde en termes de capacité, c'est un vrai service. Le marché a d'ailleurs adapté ses horaires et il est ouvert sur des plages horaires étendues, 7 jours sur 7.

Marks & Spencer Food à la Défense, le premier M&S 100 % alimentaire en France

Le 25 juin 2014, dans la salle d'échanges du RER de La Défense, la station de transports en commun la plus fréquentée de la région parisienne, a ouvert un magasin de flux 100 % alimentaire à l'enseigne Marks & Spencer : M&S Food. Un point de vente de 700 m², ouvert 7/7 de 7 h à 21 h et proposant 3 000 références.

Pourquoi c'est une bonne idée...

L'enseigne a su intégrer toutes les clés du succès du commerce de flux. M&S a ainsi placé les snacks (sandwiches, boissons, sodas) à l'entrée, un point boulangerie/viennoiserie avec caisses dédiées et 15 caisses panier à très fort débit en file unique. ***En 4 images, la force du concept M&S Food en commerce de flux...***

La qualité de l'emplacement : *la principale station d'Ile-de-France.*

La sélectivité de l'offre : *alimentaire et uniquement alimentaire, 100 % des produits à marque propre et une boulangerie/viennoiserie pour travailler toutes les heures creuses de la journée.*

La pertinence de l'offre : *sandwiches et boissons sont placés en entrée de magasin, des menus à 5 € sont proposés, l'enseigne rivalise alors avec toute l'offre de restauration rapide environnante.*

La rapidité des flux clients : *15 caisses panier en file unique.*

MatHems (Suède) propose un mur virtuel alimentaire à l'aéroport de Göteborg

Tous les consommateurs qui se déplacent et partent régulièrement en voyage pour leurs déplacements professionnels ont l'habitude de se retrouver avec un frigo et des placards vides au retour ! MatHems leur propose une solution à l'étage des arrivées de l'aéroport de Göteborg, deuxième ville suédoise : un mur virtuel qui permet de commander les produits manquants ou dont on a envie à son retour. De la même manière que Tesco à Séoul, il suffit d'utiliser son smartphone pour commander directement.

Pourquoi c'est une bonne idée...

C'est très en phase avec le contexte, des voyageurs qui rentrent de déplacements en avion et qui ont besoin des produits basiques. La solution smartphone, pour une population très équipée en Suède, est évidemment pertinente. L'offre est certes très courte et ne remplira pas les placards ! Mais MatHems assure une bonne visibilité à sa démarche appelée à se développer estime l'enseigne.

Rewe to Go réinvente la proximité en gare de Cologne (Allemagne)

Avec ce nouveau concept imaginé en 2014, l'enseigne allemande Rewe a su s'adapter aux besoins des voyageurs en gare, tant les plus pressés avec un café et quelques places assises au comptoir, qu'aux voyageurs habituels rentrant chez eux avec une offre complète et même un salad bar digne des meilleurs supermarchés américains. Le tout sur une surface à peine supérieure à... 100 m².

Pourquoi c'est une bonne idée...

L'optimisation de la surface est parfaite. Rewe sait s'adapter aux voyageurs les plus pressés et aussi aux plus exigeants avec une offre très qualitative.

LE CAS D'ÉCOLE
MONOPRIX ET SES MULTI-FORMATS DE FLUX

Filiale de Casino, **Monoprix a longtemps été une simple enseigne de centre-ville avant de devenir un groupe multi-enseignes de flux**. Outre Monoprix, le groupe exploite Monop (convenience-store de 300 à 500 m² implanté sur des artères passantes), Monop Daily (plus petite surface orientée sur la solution-repas) et Monop Station, la dernière-née : fin décembre 2011, à la gare de Strasbourg. En parallèle, à l'occasion de certains événements, Monoprix débarque via son camion Monop Street. L'offre y est extrêmement courte (une trentaine de références de snacking) mais elle nourrit le positionnement de l'enseigne.

Pourquoi c'est un cas d'école...

Monoprix a compris qu'à défaut d'être une enseigne d'attraction (faute de prix suffisamment discount !), il fallait tout simplement être là où sont les clients et là où les comparaisons sont difficiles, voire impossibles et n'ont pas le temps d'être menées. D'où la mue vers le commerce de flux. Et l'approche multi-enseignes / multi-concepts permet d'accroître le nombre d'implantations possibles.

LES INCONTOURNABLES AVEC LESQUELS « COMMERCE DE FLUX » EST PARTICULIÈREMENT CORRÉLÉ :

EXPÉRIENCE CLIENT, RELATION CLIENT, DISTRI-RATION, LESS IS MORE AND GO FASTER

DÉVELOPPEMENT & CONSOMMATION DURABLE

COMMENT DÉFINIR CET INCONTOURNABLE ?

Le développement durable est un concept élaboré dans les années 1980, dont l'objectif est de **répondre aux besoins du présent sans compromettre la capacité pour les générations futures de satisfaire les leurs**.

Le développement durable se décompose en trois terrains d'action :

> **l'environnement** (entre autres : maîtrise de l'énergie et économie des ressources non renouvelables)

> **l'économie** (promotion d'un commerce équitable, décroissance soutenable dans les pays développés)

> **le social** (accès à l'éducation, l'habitat, l'alimentation, les soins, etc.)

Appliqué au *retail*, le développement durable peut se matérialiser notamment par l'éco-conception et l'éco-exploitation des magasins mais, également, par des décisions de politiques marchandises (*voir : Quels exemples référents ?*)

D'un autre côté, la consommation durable c'est tout ce qui, tant au niveau de la conception des produits, que de leurs échanges ou de leur revente permet soit une vie plus longue desdits produits soit une deuxième vie (voire plus). On parle également de "re-commerce".

POURQUOI C'EST IMPORTANT POUR DEMAIN ?

Aux yeux de l'opinion, le commerce est aujourd'hui peu concerné par cette problématique. Explication : le *retail* est, en apparence pour le citoyen, une activité moins « polluante » (au sens très large du terme) que nombre d'industries dont les rejets ou les consommations énergétiques sont patents. Pourtant, **comme toute activité économique, le commerce sera tôt ou tard montré du doigt.** Et, à ce moment-là, la visibilité qu'offrent les magasins (lieux publics, ouverts, etc.) rendra vulnérables les enseignes qui n'auront pas anticipé.

Les obligations légales (dont certaines découlent directement du Grenelle de l'environnement) s'imposent de manière croissante aux enseignes. À court terme, le nier revient à s'épargner des investissements de mise aux normes. Mais ne fait que retarder une échéance que tous les acteurs savent inéluctable.

Le développement durable est un sujet qui, lorsqu'il est traité de manière volontaire et mieux-disante que la réglementation, permet aux enseignes de démontrer leurs velléités citoyennes. Certaines actions ont, en effet, un rapport coût / image très favorable.

Éco-conception et éco-exploitation des magasins peuvent aussi se conjuguer avec… économies. C'est le cas de l'éclairage, du chauffage, de la production de froid, etc. Après amortissement du surcoût d'origine, le bénéfice sur le coût-outil est réel.

Enfin, dans un secteur qui est aujourd'hui en retard comparé à d'autres industries, préempter le sujet est une évidente source de différenciation (voir le chapitre : Militer / S'engager).

La consommation durable est un prolongement logique au développement durable qui se matérialise par des signes tangibles pour les clients et contribue soit à renforcer leur sérénité (les garanties à vie ou très longue durée) soit à booster leur pouvoir d'achat (la reprise de cartables pour la rentrée scolaire ou d'anciens téléphones mobiles lors du renouvellement par exemple).

Les enseignes performantes conjuguent très souvent les deux dimensions à tel point que l'on peut se demander si une des équations du commerce de demain n'est pas : développement durable + consommation durable = clients durables = enseigne durable ?

À QUELS OBJECTIFS CLÉS CELA RÉPOND ?

Développer le capital confiance

Montrer sa préoccupation en faveur des hommes et de la société

Afficher ses différences

Construire un lien durable avec les clients

Donner du sens à son action

Valoriser son offre produits

Renforcer sa *value for money*

DÉVELOPPEMENT DURABLE : QUELS DÉFIS POUR LES ENSEIGNES ?

Le premier défi est double : l'éco-conception et l'éco-exploitation des magasins. Concrètement, il s'agit, dès la construction ou la rénovation, de mettre en œuvre des solutions plus économes, notamment en énergie et d'assumer des choix plus respectueux de l'environnement. Les points d'action sont nombreux : matériaux, valorisation des déblais/remblais, récupération des eaux de pluie, puits de lumière, meubles frais fermés, gestion des déchets, etc. Les sites les plus aboutis – lorsqu'ils présentent une avancée sur la totalité des points d'action possibles – peuvent même prétendre au label HQE (Haute Qualité Environnementale). Mais ils sont encore rares !

Éco-concevoir son point de vente est insuffisant sans une sensibilisation du personnel. Par leurs actions et leurs gestes, ils peuvent concrètement contribuer à l'éco-exploitation du magasin. Mais également être les ambassadeurs d'une posture d'enseigne sur le sujet.

Le développement durable est un sujet par principe large, qui dépasse le strict cadre environnemental, ce que négligent parfois les enseignes. **La cohérence d'une démarche de développement durable impose d'intégrer les volets économiques et sociétaux, par exemple via sa politique marchandises.** Que vaut, en effet, un hyper HQE sans – au moins partiellement – une politique d'approvisionnement local ? L'offre doit donc refléter l'engagement de l'enseigne.

Dernier maillon de la chaîne économique avant le consommateur, le commerce a une responsabilité particulière en termes pédagogiques. Notamment pour sensibiliser le client sur les conséquences de ses choix de consommation. Un écueil néanmoins à intégrer : dans l'imaginaire du client, tous les sujets ne se valent pas. Et ne méritent donc pas les mêmes efforts.

En matière de développement durable, faire sans faire savoir est, d'une certaine manière, un gaspillage d'énergie et de moyens (attention : faire savoir avant de vraiment faire est tout autant délicat…). Communiquer sur ses actions, tant sur les moyens que les objectifs, nourrit l'image de l'enseigne. Le développement durable peut alors devenir un argument *corporate* de premier plan. Et participer à la différenciation de l'enseigne, donc à sa préférence.

En apparence, écologie et économie sont deux sujets que tout oppose (l'éco-conception engendre généralement plus de surcoûts à court terme que d'économies). **Sur certains sujets néanmoins (choix de mobilier par exemple), écologie et économie peuvent se conjuguer au service de l'image-prix**. Et, dans ce cas, servir l'image plus globale de l'enseigne.

CONSOMMATION DURABLE : QUELS DÉFIS POUR LES ENSEIGNES ?

S'assurer auprès de ses fournisseurs de la qualité réelle des produits et de leur longévité. Cela suppose, par exemple, de réaliser ou faire pratiquer des "torture-tests" comme pour l'automobile pour tester la durabilité des produits. C'est donc au niveau de l'offre qu'il faut travailler en amont. Car si cette longévité est bien réelle, elle contribuera à améliorer considérablement la *value for money* supposée des articles proposés.

Être cohérent avec l'offre globale. D'abord avec la politique de RSE et de développement durable mais aussi avec l'offre produits dans son ensemble. Porter l'effort sur une seule catégorie de produits risque de susciter des doutes sur tout le reste de l'offre.

S'engager sur la qualité/longévité. L'enseigne doit donner des signes véritables et tangibles. Communiquer sur un produit en vantant qu'il est fait pour durer est une déclaration d'intention. Si c'est le cas, il faut le garantir dans le temps.

Montrer que chaque produit, chaque objet, a de la valeur et garde une valeur d'usage, indépendamment de son ancienneté. C'est le principe des chaussures récupérées, mais aussi des cartables, des téléphones mobiles, des jeux vidéos, etc. Bref, tout ce qui crée un gigantesque marché de l'occasion. Pour ce faire, les enseignes doivent organiser des périodes de reprise, ponctuelles ou permanentes, et assurer la logistique en magasin. Au passage, attention à ne pas sous-évaluer la valeur de reprise pour ne pas altérer la confiance.

LA CITATION À RETENIR

“ *De plus en plus sensibilisés au développement durable, les individus n'ont pas envie pour autant de renoncer à consommer.*”

Gilles Lipovetsky, philosophe et essayiste (in *Enjeux Les Echos*, 1/2/2011)

LES CHIFFRES CLÉS À RETENIR

47 % > Les consommateurs qui ne font pas confiance aux déclarations des fabricants à propos de la performance environnementale de leurs produits.
(Source : Attitude des citoyens européens envers l'environnement, TNS Sofres n°2 janvier 2014)

36 % > C'est le pourcentage d'internautes français qui sont prêts à payer davantage pour des produits et services fournis par des entreprises soucieuses de leur impact social et de l'environnement (55 % dans le monde) Source : Nielsen in *LSA*, 10/7/2014

80 % > 8 Français sur 10 pratiquent ou ont l'intention de pratiquer la consommation collaborative. Trois quarts estiment que leur changement de comportement sera durable (Source La Poste/TNS Sofres 2013)

QUELS EXEMPLES RÉFÉRENTS ?

Le magasin qui produit plus qu'il ne consomme : Bio planet (Louvain, Belgique)

Bio planet (groupe Colruyt) est une enseigne marginale en Belgique avec 7 points de vente spécialisés sur les produits bio et naturels. Mais ce Bio planet-là, sur 800 m² à Louvain, est un magasin particulier. C'est, en effet, le laboratoire de Colruyt pour l'éco-construction et l'éco-exploitation. Avec, en guise de symbole pour sa première année complète d'activité, une production d'énergie légèrement supérieure à sa consommation. Une production qui est assurée par 450 m² de panneaux solaires : sur le toit, des panneaux dits "amorphes" et, en façade plein sud (à gauche sur la photo), des panneaux photocristallins, les plus efficaces dans une telle configuration.

Mais avant d'être un producteur d'énergie, Colruyt a d'abord voulu faire de ce Bio planet un magasin extraordinairement économe : à mètre carré comparable, ce supermarché consomme en effet… 75 % de moins qu'un magasin classique.

Première action : l'étanchéité de l'ensemble de la surface grâce à un niveau d'isolation qui fait de ce Bio-planet un bâtiment "passif". Un label rare pour un bâtiment commercial. Concrètement, avec un coefficient d'isolation inférieur à 1, le magasin est 3 à 4 fois mieux isolé qu'un point de vente ordinaire. Profitant du dénivelé du terrain, Bio planet a, en effet, partiellement enterré la surface, notamment là où est implantée la zone frais. L'échange calorifique avec l'extérieur est ainsi minimisé. Autre explication à l'isolation quasi parfaite : la structure bois sur deux des trois côtés du magasin, avec un rembourrage en laine de roche. Enfin, sur le dernier côté, Bio planet a opté pour un mur en béton, un matériau qui, lorsqu'il est bien utilisé, régule naturellement la température. Conséquence, le magasin garde sa fraîcheur en été et, surtout, ne perd pas de chaleur en hiver. Le chauffage est simplement assuré par une modeste chaudière domestique à gaz de 55 kW et par la récupération des calories sur les installations de froid. Autre point sur lequel Colruyt s'est penché pour limiter la consommation énergétique : l'éclairage. Il y a d'abord l'adoption des derniers équipements disponibles : lampes LED pour les rayons coupe et pour la zone de caisses ou encore tubes TL5 de dernière génération pour le reste du magasin. Il y aussi des capteurs qui permettent de moduler le recours à l'éclairage artificiel : au-dessus de 300 lux en épicerie par exemple, tout ou partie des rampes de néon s'éteignent automatiquement. Mais la véritable innovation vient des puits de lumière naturelle "alimentés" par des miroirs placés sur le toit. Des miroirs motorisés et pilotés par GPS pour offrir en permanence la meilleure inclinaison par rapport à l'axe du soleil. Résultat, en magasin : les puits de lumière zénithale apportent une impressionnante luminosité et limitent le recours à l'éclairage électrique.

Pourquoi c'est une bonne idée...

En l'état, ce Bio planet n'est guère déclinable, car trop extrême. Néanmoins, le mérite de Colruyt est d'avoir montré jusqu'où aller en matière d'éco-conception et d'éco-exploitation.

L'empreinte écologique « choc » des produits vendus : Patagonia (New York)

Enseigne spécialiste de l'outdoor, Patagonia a fait le choix de communiquer sur l'empreinte écologique des produits vendus par l'enseigne. Avec, à chaque fois, un chiffre choc. Par exemple, ici, les 703 litres d'eau nécessaires pour fabriquer un tee-shirt. Le tout sous le slogan "*Everything has a water footprint*" (littéralement : tout a une empreinte-eau).

Pourquoi c'est une bonne idée...

Au premier abord, l'affichage de Patagonia est une incroyable contre-publicité pour ses tee-shirts, car elle effraiera nombre de clients. Pour autant, c'est une bonne idée car elle s'inscrit dans ce défi que doivent accepter les commerçants : sensibiliser les clients. Pour, le cas échéant, valoriser les efforts de l'enseigne et réorienter les achats des consommateurs.

Casino couvre ses parkings de panneaux photovoltaïques

En France, la première initiative d'envergure de couverture de parking par des panneaux photovoltaïques est le fait d'un adhérent Leclerc à Montpellier : 8 000 m² installés en 2008, produisant l'équivalent de la consommation de 400 familles sur un an. Depuis, Casino a industrialisé la couverture des parkings et y a dédié une filiale spécifique : Green Yellow. Après avoir équipé 7 sites à La Réunion, Green Yellow a franchi le cap des 20 installations en Métropole. Pour l'essentiel, il s'agit d'ombrières de parking qui ont donc une double vocation : abriter les véhicules des clients du soleil (ou de la pluie) et produire de l'électricité. À Marseille La Valentine par exemple, la puissance installée maximale atteint 2,7 mégawatts (consommation annuelle de 800 foyers). Plus généralement, Green Yellow s'est fixé pour objectif d'équiper tous les sites du groupe Casino au sud d'une ligne Bordeaux-Grenoble.

Pourquoi c'est une bonne idée...

Couvrir les parkings matérialise physiquement l'engagement de l'enseigne dans une logique de développement durable. Et, au passage, abrite les clients – et leur voiture – du soleil.

Leclerc Templeuve et Wattrelos affichent l'empreinte carbone des produits

Leclerc Templeuve et Leclerc Wattrelos sont les deux magasins pionniers de l'affichage environnemental en France (dès début 2008, arrêté depuis). Sur chaque étiquette produit, Leclerc indiquait à la fois le prix mais

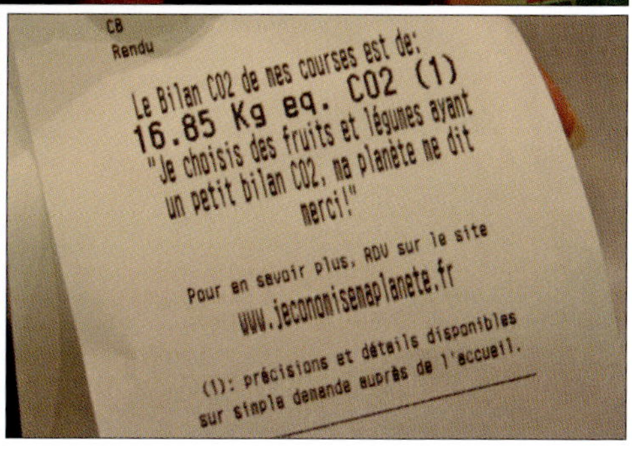

également le poids de carbone généré par la fabrication, le transport et la distribution du produit. En caisse, le ticket récapitulait le bilan carbone des courses.

Pourquoi c'est une bonne idée...

Les détracteurs de la démarche ont vite pointé une certaine approximation du bilan carbone des produits, établi sur des bases théoriques et non sur une ACV (analyse du cycle de vie). Pour autant, la sensibilisation du client est à l'évidence une bonne idée à l'heure où le CO_2 est, pour le citoyen, l'élément le plus connu des conséquences environnementales de la production et du transport des marchandises. Imparfait donc mais grandement utile. Surtout lorsque, sur une même unité de besoin (exemple ici le jus de pamplemousse), le client peut directement comparer l'effet du conditionnement (brique ou bouteille verre) sur le poids carbone de ses emplettes.

La valorisation des déchets organiques : Leclerc Gonfreville

Depuis 2012, les hypermarchés sont dans l'obligation d'assurer la valorisation de leurs biodéchets (déchets organiques). Parmi les solutions possibles, le compostage et la méthanisation imposent de transporter les déchets sur des installations extérieures au magasin (et parfois lointaines). À Gonfreville, dans la banlieue du Havre, Leclerc a fait le choix de la lyophilisation sur site. Le lyophilisateur est alimenté quotidiennement avec les biodéchets non triés de l'hyper (photos 1 et 2). Il fonctionne sur un cycle de chauffe de 9 à 10 h et produit des déchets très secs (photo 3) qui sont ensuite mélangés à de la sciure. Après compactage, ces déchets deviennent des granulés (photo 4) qui alimentent des

chaudières à bois autour du magasin. Et constituent donc une réelle valorisation.

Pourquoi c'est une bonne idée...

Les déchets organiques peuvent représenter jusqu'à 100 tonnes annuelles pour un hyper de 4 000 m². En l'état actuel du parc d'outils de méthanisation ou de compostage (peu développé), aucun industriel n'accepte de rémunérer les déchets des magasins pour alimenter leurs installations, en France du moins. L'hyper doit donc payer à la fois pour la prestation de valorisation et pour le transport. L'idée de cet hyper était de s'émanciper de cette situation.

Scamark allège les emballages

Scamark est la centrale d'achat de Leclerc pour ses marques propres. Depuis 4 ans, les chefs de produits ont reçu pour mission d'alléger les emballages. Au besoin en assurant une rupture dans les conditionnements. C'est le cas, ici, sur l'huile d'olive, un marché où la bouteille verre domine largement. Leclerc a fait le choix d'un emballage plastique avec, à la clé, un gain de poids de 87 %.

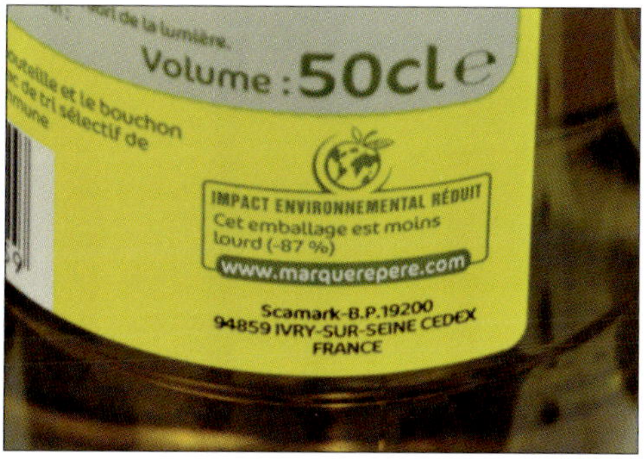

Pourquoi c'est une bonne idée...

Montrer l'exemple rend par principe les messages toujours plus pertinents et percutants. C'est le choix de Leclerc avec les emballages de ses MDD, au besoin en prenant des risques commerciaux. Car le changement de matériau d'emballage peut être très surprenant pour le client au premier abord (la préhension est très différente et moins "statufiante" pour le produit).

Le recyclage au pied des caisses : Pao de Açucar (Brésil)

Filiale brésilienne de Casino, Pao de Açucar a imaginé un "magasin vert". L'éco-conception a porté sur les méthodes de construction jusqu'au choix des gondoles, en bois certifié. Côté clients, pour les sensibiliser à la démarche, l'enseigne a doté ses caisses de box verts dans lesquels les clients qui le souhaitent peuvent déposer – au moment où ils empaquettent leurs achats – les suremballages des produits.

Pourquoi c'est une bonne idée...

Avec ces caisses vertes, Pao de Açucar a imaginé un recyclage quasi à la source. À l'évidence, réduire dès l'usine les suremballages éviterait une telle collecte. Mais rendrait peut-être les produits moins faciles à transporter et sûrement moins attirants pour les consommateurs en rayon. Les sensibiliser à la relative inutilité de certains suremballages permettra peut-être, le jour venu, de les supprimer plus facilement en amont.

Commercialiser de nouveaux produits issus du recyclage : Happy Chic

Dans le cadre d'un projet d'entreprise orienté sur sa responsabilité sociale et environnementale, le groupe textile Happy Chic (Brice, Jules et Bizzbee) a mis sur pied une filière de recyclage pour redonner une nouvelle vie aux vieux vêtements. Concrètement, les enseignes du groupe ont invité les clients à rapporter leurs textiles en fin d'usage. Ils ont été triés (couleur, matière et composition), transformés en fibres en les effilochant puis en fils pour être retricotés en pulls. En 2011, Happy Chic a ainsi collecté 4 tonnes de vieux vêtements. En 2012, le premier pull "New Life" est arrivé dans les boutiques.

Pourquoi c'est une bonne idée...

En organisant le recyclage et la production de nouveaux vêtements, Happy Chic démontre par l'exemple que, appliqué à son métier aussi, "rien ne se perd, tout se transforme". Au passage, l'enseigne reconnaît ouvertement chercher à "créer un avantage concurrentiel en répondant aux préoccupations de ses clients".

"Donnez, c'est gagné" : depuis 2008, à Auchan Roncq

A l'origine de ce qui est devenu une opération nationale pour Auchan ("Donnez, c'est gagné"), il y a l'hyper de Roncq qui, en 2008, organise une collecte de cartables usagés. Les clients sont invités à rapporter leurs vieux cartables en échange d'un bon d'achat de 5 €, valable sur la même catégorie de produits. En quelques jours, l'hypermarché récupère 950 cartables ! L'opération est ensuite dupliquée à l'échelle nationale sur un rythme mensuel et toujours sur la même logique : le client rapporte ses vieux produits en magasin et reçoit un bon d'achat de 5 euros. En 2011, Auchan a ainsi récupéré 82 000 cartables, 73 000 jeans, 35 000 livres, 34 000 chaussures et sacs, 26 000 pièces de textile enfant, 18 000 appareils de petit électroménager, 4 100 paires de lunettes, etc. Les objets collectés alimentent les projets de diverses associations : les livres ont ainsi été expédiés en Tunisie avec Bibliothèque sans frontières, les lunettes en Côte d'Ivoire et au Sénégal avec le Medico Lions Club, tandis qu'une partie du petit électroménager a été réparée et revendue par le réseau Envie.

Pourquoi c'est une bonne idée...

Auchan active un maximum de leviers sur une même opération. D'abord, l'enseigne valorise le geste du client et fait œuvre de pédagogie : de nombreux produits peuvent avoir une seconde vie et une valeur économique, même s'ils ne sont plus utilisés. Ensuite, elle cultive sa dimension citoyenne en allant plus loin qu'une simple opération de collecte. Enfin, Auchan transforme ce qui est un coût (le bon d'achat de 5 €) en opportunité commerciale puisque la remise est valable sur la même catégorie de produits.

La promo-reprise de Sport 2000

À la différence d'Auchan qui inscrit son opération "Donnez, c'est gagné" dans la récurrence et le long terme, Sport 2000 (comme d'autres enseignes) a choisi de l'événementialiser. L'enseigne couple en effet la reprise des vieilles baskets de ses clients à une opération promotionnelle spécifique sur la chaussure de sport (les 20 € de la reprise sont valables sur les articles de l'opération).

Pourquoi c'est une bonne idée...

Là encore, l'enseigne donne une valeur à un produit que le client pourrait considérer comme "mort". Ce qui participe à la pédagogie du recyclage, étape indispensable pour escompter qu'un jour le geste de recycler soit naturel et, qu'à l'inverse, jeter un derniers recours. Ce qui n'est pas encore le cas aujourd'hui.

Trocathlon, le troc selon Décathlon

Au fil des ans, Trocathlon est devenu est devenu une opération phare dans le calendrier Décathlon. Deux fois par an, l'enseigne propose à ses clients de vendre ou d'acheter du matériel d'occasion. Ce qui correspond à organiser – de manière assumée par l'enseigne – la seconde vie des produits.

Pourquoi c'est une bonne idée...

Trocathlon correspond à un double besoin des clients Décathlon : pour certains se "débarrasser" de produits qui ne leur correspondent plus, par exemple par manque de technicité ; pour d'autres accéder à des produits que le prix neuf rend inabordable. Pour les uns, Décathlon nourrit son statut d'enseigne facilitatrice de la pratique sportive ; pour les autres son image-prix.

Le "Recyclons ensemble" de Botanic

Les enseignes ont l'obligation de permettre au client de recycler les produits qu'elles vendent. Dans nombre de cas, il ne s'agit que d'un simple collecteur, peu visible et pas valorisé. Botanic a choisi

d'assumer ce rôle et, au passage, de sensibiliser le client au bénéfice de son geste : "*Avec une tonne d'emballage en plastique PET triée, on peut fabriquer 725 couettes ou 1 813 pulls polaires*", explique par exemple l'enseigne.

Pourquoi c'est une bonne idée...

Botanic donne un sens et une réalité palpable au geste du client. Ce qui ne peut que l'encourager !

Gagner de l'argent avec ses déchets : Leclerc Le Falgouët

C'est probablement le seul hypermarché qui réussit la prouesse de gagner de l'argent avec ses déchets ! En 2011, Leclerc Le Falgouët a ainsi généré un solde positif – net de toutes charges – de 2 500 euros sur son poste déchets lorsqu'un hyper comparable aurait pu débourser 100 000 euros.

À l'origine, il y a la volonté de valoriser un maximum de déchets possible. Sur les 890 tonnes produites annuellement, 89 % ont été valorisées, dont l'essentiel ont été vendues. Pour ce faire, le niveau de précision du tri est très fin. L'hyper a identifié 59 types de déchets différents. Le papier et le carton sont naturellement séparés. Plus surprenant, pour le papier, le tri sépare la couleur de l'impression. Explication : à chaque niveau de tri correspond une valorisation plus ou moins élevée. Exemple sur le papier et le carton. Mélangés, ils étaient payés 95 euros la tonne en février 2012. Séparés, le papier était payé 100 euros et le carton 118 euros.

Autre astuce pour optimiser les prix de reprise des déchets : constituer des lots de grande taille. L'hyper propose ses cintres du rayon textile en palettes complètes ou ses papiers et plastiques compressés en balles en camion complet !

Globalement, en 2011, l'hyper a ainsi vendu pour 68 000 euros de déchets (dont 400 tonnes de papier/carton) et déboursé 20 000 euros pour l'enlèvement et le traitement des déchets non valorisés. En intégrant les frais de personnel, l'amortissement du matériel (notamment les presses) et l'énergie nécessaire à son fonctionnement, le solde était donc encore positif : 2 500 euros. Preuve qu'il est vraiment possible de gagner de l'argent avec ses déchets...

Pourquoi c'est une bonne idée...

Limiter le coût de traitement de ses déchets est aussi une manière de préserver sa compétitivité sur les prix. Car l'hyper peut certes choisir de conserver en marge l'économie sur le poste déchets mais également de la réinjecter dans ses prix.

Fermer les portes des meubles frais, éclairer en LED : Simply Market

Simply Market a inauguré, au printemps 2012, son nouveau concept à Saclay (Essonne). Au-delà des évolutions commerciales, l'enseigne a opté pour deux partis pris environnementaux radicaux. D'abord, Simply Market a choisi de fermer la totalité de ses meubles frais grâce à des portes légères sans montant.

Avantage : réduire la consommation énergétique (mesurée à 30 % dans les premières expérimentations) sans pénaliser la visibilité des produits, ce qui est le défaut traditionnel des meubles fermés (surgelés notamment). Second parti pris : un éclairage 100 % LED, une première en France pour un supermarché. Les LED n'émettent aucune chaleur, nécessitent une maintenance trois fois moins importante que les classiques tubes et génèrent, au final, une économie de la consommation énergétique de l'ordre de 50 % par rapport à une installation classique.

Pourquoi c'est une bonne idée...

Pour le client, l'avancée la plus visible de ce Simply Market réside dans la fermeture des meubles frais. Ce qui, d'ici à la fin de la décennie, sera une norme dans le commerce. L'anticiper revient à se poser en pionnier.

Leclerc Fécamp ouvre des sheds dans la toiture

L'idée est vieille comme l'architecture : ouvrir les bâtiments pour laisser pénétrer la lumière naturelle. Longtemps négligée dans l'architecture commerciale, l'idée revient désormais en force à l'heure des économies d'énergie. Quelques hypers (ici à Fécamp) ont repris à leur compte la technique des sheds : des ouvertures verticales orientées nord autrefois utilisées dans les usines. L'idée ? Laisser passer la lumière certes, mais sans trop réchauffer le magasin.

Pourquoi c'est une bonne idée...

Le surcoût d'une telle architecture existe mais il est vite compensé par les économies sur le poste éclairage (environ 50 %). À la condition, quand même, d'avoir une gestion débrayable des rampes de lumière...

Leclerc théorise la Conso responsable

Fin 2011, Leclerc a imaginé un label "Conso responsable" pour les produits – des marques nationales comme des marques de distributeurs – qui répondent au cahier des charges de ce que l'enseigne pense être une consommation responsable. Et ce, sur la base de cinq grands critères : composition, fabrication, emballage, qualité de l'information et utilisation. Naturellement, l'approche développement durable de la démarche est patent, par exemple sur les critères de fabrication et d'emballage.

Pourquoi c'est une bonne idée...

À défaut d'être une réalité commerciale, le mieux-consommer est une volonté des consommateurs. Pour une part, c'est l'absence de repère tangible qui freine les clients. Leclerc l'a compris et, comme l'enseigne l'avait fait avec les sacs de caisse, espère préempter ce territoire en faisant d'abord œuvre de pédagogie.

Second life, l'atelier de réparation immédiat de Lick pour les smartphones

Les magasins Lick, lancés en 2014 et spécialisés dans les objets connectés et smartphones, disposent d'un espace Second Life, dédié à la réparation des smartphones sous les yeux des clients. Objectif : apporter une réponse technique immédiate.

Pourquoi c'est une bonne idée...

Les consommateurs tiennent à leur smartphone et ne veulent pas d'interruption de service. Mais ils ne savent pas où aller pour le faire réparer quand l'écran est cassé par exemple. L'utilité du service est réelle, dépanner en temps réel (40 minutes) et humaniser le service lui donne d'autant plus de valeur et contribue à différer le changement de smartphone. Une forme de consommation durable et de préservation du pouvoir d'achat.

Ikea multiplie les "torture-tests" pour démontrer la longévité de ses produits...

L'enseigne suédoise se préoccupe de la consommation durable et la valorise (ce qui optimise sa *value for money*). Ainsi, au fur et à mesure du parcours client, l'enseigne met en exergue ses garanties : 25 ans pour les meubles de cuisine, 5 ans pour l'électroménager ou encore communique sur les charnières. Celles-ci sont testées pour 200 000 ouvertures/fermetures contre une norme, selon Ikea, de 80 000 ouvertures/fermetures. L'enseigne démontre aussi la résistance de ses produits en situation d'usage, comme par exemple ce parquet.

Pourquoi c'est une bonne idée...

Parce qu'Ikea multiplie les signes tangibles sur la valeur d'usage avérée de ses produits. Donc sur leur durabilité.

... et organise la seconde vie de ses produits

Ikea est particulièrement concerné par le développement de l'économie circulaire, notamment via Le Bon Coin. Il y a désormais plus de 100 000 annonces proposant explicitement un produit Ikea sur le site C to C. Ce qui représentente un réel manque à gagner pour l'enseigne : une part des acheteurs sur Le Bon Coin auraient en effet pu acheter un produit neuf. En conséquence, Ikea a choisi d'organiser la seconde vie de ses produits : en rachetant (sous forme de bons d'achat) les articles dont ses clients veulent se désaisir, puis en les proposant dans une zone dédiée en magasin, baptisée "Bonne Trouvaille".

Pourquoi c'est une bonne idée...

L'enseigne suédoise montre ainsi ses préoccupations pour le développement et la consommation durable. Et, au passage, évite de subir un phénomène C to C de toute manière inéluctable.

LE CAS D'ÉCOLE
DE L'AMBITION CORPORATE À LA PÉDAGOGIE CLIENTS, TESCO FAIT UN SANS FAUTE

Indépendamment de ses difficultés actuelles, Tesco est, parmi les grandes enseignes, la plus en avance en matière de développement durable et celle qui a donné – il y a déjà de nombreuses années – le plus de concrétisations à sa stratégie. D'abord, il y a l'ambition initiale fixée au niveau le plus élevé de l'entreprise. Une étape indispensable pour donner crédit au cap fixé. Ainsi, en 2006, l'état-major se fixe pour objectif de diminuer par deux les émissions de carbone du groupe à l'horizon 2020. Puis, en 2010, pour remobiliser les équipes après les premiers tests de magasins "Green Tesco", nouvel objectif : devenir, en 2050, une enseigne zéro carbone.

Cas d'école pour son ambition corporate sur le sujet, Tesco l'est également pour ses expérimentations en matière d'éco-construction et d'éco-exploitation. Exemple, dès 2008, à Shrewsbury dans le nord du Pays de Galles (photo 1). De la charpente en bois à l'ouverture complète côté nord pour limiter le recours à l'éclairage artificiel en passant par des sheds sur le toit, cet hyper a été imaginé pour consommer 40 % d'énergie de moins qu'un Tesco de taille équivalente. Soit 1 400 tonnes de carbone préservées par an. L'année suivante, fort de ces enseignements, Tesco a ouvert son premier magasin zéro carbone à Ramsey (Angleterre). Puis, en 2011, à Bang Phra en Thaïlande, le premier hyper zéro carbone d'Asie (2). Dernier pilier de la stratégie développement durable de Tesco, la pédagogie consommateurs. Dès l'origine des tests de Green Tesco, l'enseigne a installé des stations de recyclage (3) sur les parkings de

ses magasins. Objectif : inciter le client à alimenter la filière recyclage en rapportant – voire en collectant ! – les emballages vides (verre, métal, plastique). Le moyen ? Un bonus de points qui est attribué sur la carte de fidélité Tesco, proportionnel au nombre d'emballages rapportés. En rayon, autre levier pour sensibiliser les clients : l'affichage environnemental comparé (4). Pour certains produits sur lesquels l'enseigne propose un produit mieux-disant, le bénéfice $C0_2$ est mis en exergue.

Pourquoi c'est un cas d'école...

Rien ne manque dans le "cas" Tesco : la volonté corporate (indispensable pour fixer le cap auquel raccrocher toutes les initiatives), les réalisations expérimentales pour identifier les pistes les plus prometteuses et, enfin, la pédagogie clients. En témoigne ce panneau qui, les premiers mois, accueillait les clients dans le magasin de Shrewsbury (5).

5

LES INCONTOURNABLES AVEC LESQUELS « DÉVELOPPEMENT ET CONSOMMATION DURABLE » EST PARTICULIÈREMENT CORRÉLÉ :

CONFIANCE, COUT-OUTIL, EXPÉRIENCE CLIENT, VALUE FOR MONEY, MILITER / S'ENGAGER.

DISTRI-RATION

COMMENT DÉFINIR CET INCONTOURNABLE ?

La "distri-ration" est la contraction de "distribution" et de "restauration" et marque le rapprochement entre deux mondes bien distincts jusqu'alors. Ce néologisme symbolise le fait, pour un point de vente, de proposer à la fois des produits alimentaires de *fond de placard* (à préparer donc) et des produits prêts à consommer. La consommation pouvant alors même s'effectuer sur place, dans une zone dédiée. Dit autrement, il s'agit d'apporter à ses clients une solution-repas qu'ils pourront mettre en œuvre immédiatement sans autre intervention qu'un éventuel réchauffage.

POURQUOI C'EST IMPORTANT POUR DEMAIN ?

Historiquement, il existait un réel fossé entre distribution et restauration. **La distribution répondait très majoritairement à une consommation différée et à domicile** (les repas du foyer pour la période inter-courses). **La restauration, elle, répondait à une consommation immédiate et sur place.**

AVANT : DEUX FONCTIONS BIEN DIFFÉRENTES

Distribution	Restauration
Consommation différée et à domicile	Consommation immédiate et sur place

Avec le temps, l'écart entre ces deux formes de vente s'est resserré sous le double effet des attentes des clients et des stratégies des acteurs eux-mêmes. Les enseignes de distribution ont proposé toujours plus de solutions-repas et ont parfois facilité la consommation sur place. De même, les enseignes de restauration ont permis une consommation au domicile des clients, via la livraison ou le *take-away*.

DÉSORMAIS : DES TERRITOIRES QUI SE CHEVAUCHENT

Distribution	Restauration
Consommation différée et à domicile	Consommation immédiate et sur place
Vente de produits pour consommation immédiate (possibilité de consommer sur place)	Livraison ou *take-away* pour consommation à domicile

Distribution et restauration se sont donc clairement rapprochées et sont engagées dans une bataille pour la "part d'estomac" du client. Au point, parfois, de ne plus pouvoir clairement considérer certaines enseignes comme des distributeurs ou des restaurateurs (*voir le cas d'école : Eataly*).

Les consommateurs sont clairement demandeurs de solutions-repas. En témoigne la baisse constante du temps moyen de préparation des repas, y compris sur des périodes récentes. En 2009, selon le Credoc, le temps moyen consacré aux repas de la semaine est passé sous les 40 mn (39 min très exactement). Même tendance pour les repas du week-end où le consommateur est pourtant plus impliqué : de une heure en 1988 à 45 min en 2009. Le développement de formes de vente inspirées du concept de distri-ration y répond.

Au fil des ans, le moment du repas s'est également désacralisé et l'individualisation de la prise alimentaire s'est développée. Ce qui ne fait qu'accroître l'intérêt des solutions-repas qui ont généralement un double mérite : immédiatement disponibles et portionnables à l'unité.

À la différence des PGC classiques, **les solutions-repas sont couramment des produits à bonne rentabilité, voire même forte rentabilité en cas de préparation sur place**. Ce qui, le cas échéant, et par un phénomène de péréquation, peut permettre à l'enseigne d'améliorer sa compétitivité sur les produits fond de placard.

En France, la démographie, bien que positive n'induit qu'une augmentation théorique des volumes alimentaires de 0,5 % par an. Ce qui représente un niveau de croissance inférieur aux attentes des enseignes (et de leurs actionnaires). Pour surperformer cette évolution naturelle du marché alimentaire, les enseignes n'ont que deux solutions : 1) conquérir de la part de marché additionnelle au détriment des concurrents ; 2) accroître le coût moyen de la calorie vendue, soit par un plus haut niveau de transformation (une purée de carotte surgelée en lieu et place d'une botte de carottes par exemple), soit par un niveau de service rendu plus élevé. C'est précisément dans ce cadre que s'inscrivent les stratégies de distri-ration.

À QUELS OBJECTIFS CLÉS CELA RÉPOND ?

Développer de nouvelles formules commerciales

Afficher ses différences

Renforcer l'expérience client

QUELS DÉFIS POUR LES ENSEIGNES ?

Comprendre que dans un paysage commercial en surcapacité, l'essentiel n'est pas tant de vendre des produits que de capter de la part d'estomac (ou taux de nourriture). En clair, comprendre que le restaurateur du quartier peut tout à fait être le concurrent de l'enseigne voisine. Et ce, qu'il s'agisse des repas du midi d'une clientèle pressée ou des repas du soir des habitants.

Identifier le réel potentiel de sa zone. Le besoin en solutions-repas est très marqué sociologiquement et géographiquement. Donc pas équivalent dans tous les bassins de chalandises.

Quelques sandwiches et boissons fraîches ne suffisent plus aujourd'hui à constituer une réelle offre et à retenir des consommateurs qui pourront être tentés par des offres alternatives.

Les solutions-repas sont avant tout des produits d'impulsion où l'envie est la première clé de vente. Ce qui impose des « recettes » merchandising différentes des produits fond de placard. Un sacré défi qui impose sans doute d'élargir le spectre habituel des designers/architectes commerciaux, généralement très (trop ?) spécialisés sur les concepts magasins classiques.

Être cohérent, logique dans le parcours client, ne pas perdre son âme, donner du sens et de l'expérience client tout en préservant les équilibres financiers, les enjeux de l'adaptation du concept magasin sont complexes. Comme la distri-ration est un nouveau marché, il existe peu de designers/architectes commerciaux qui ont eu l'occasion de travailler de vrais concepts de distri-ration.

Pour l'essentiel, les produits de solution-repas sont des produits à courte DLC, parfois de quelques heures seulement. La gestion des quantités (et donc de la casse) en devient donc un point crucial. Au-delà, et suivant l'ambition du point de vente, **il peut devenir rapidement nécessaire de se doter d'un savoir-faire spécifique**. La logistique, la formation du personnel, la réglementation et les règles d'hygiène de la restauration, voilà des contraintes bien différentes de la distribution classique. Sans compter la technicité de la préparation qui conduit parfois le magasin à recruter un véritable "chef".

Donner un accès facile en magasin à ces produits via, par exemple, un accès simplifié ou un circuit court avec, par exemple, un encaissement séparé.

LES CITATIONS À RETENIR

" *Ce concept (distri-ration) répond à une réelle demande des consommateurs pour le déjeuner. Pour nous, il s'agit d'un véritable enjeu, puisque nous espérons ainsi les fidéliser à notre enseigne pour leurs courses quotidiennes*".

Claire Sideniers, responsable Intermarché Express (in *LSA*, 17/1/2013)

“ *Les GMS sont de très sérieuses concurrentes des établissements de restauration. Néanmoins, les tendances vont très vite et l'arrivée des cafés-épiceries ou encore de la street food pourrait venir freiner leur développement.*”

Bernard Boutboul, dirigeant fondateur du cabinet Gira conseil (in *LSA*, 17/1/2013)

LES CHIFFRES CLÉS À RETENIR

1 sur 5 > Le nombre de repas pris/achetés à l'extérieur du domicile en France. C'est un sur deux aux États-Unis (Source : *Enjeux Les Échos*, 1/2/2011).

87,2 Mds€ > C'est le marché de la consommation alimentaire hors-domicile en 2013. En hausse de 0,6 % vs 2012. Pour plus de la moitié de l'évolution, c'est la hausse du nombre de repas pris à l'extérieur qui l'explique (+ 0,35 %). Source : Gira Foodservices.

9,01 € > La somme moyenne dépensée pour un repas pris à l'extérieur (avec des propositions notablement plus économiques, les commerçants “classiques” peuvent donc, au passage, nourrir leur image-prix !). Source : Gira Foodservices.

QUELS EXEMPLES RÉFÉRENTS ?

Whole Foods (USA) : le chef prépare sur place !

Dans ce Whole Foods à Seattle (photo 1), une cuisine est installée au cœur du point de vente. Le chef y assure une préparation simple (cuisson et assaisonnement) des produits bruts proposés dans le magasin. Concrètement, le client peut tout à fait commander un T-bone au rayon boucherie et le faire cuire ici pour le consommer sur place ! L'initiative est loin d'être isolée : l'enseigne multiplie les surfaces de restauration. Autre exemple : à Austin

(photo 2 et 3), Whole Foods propose ainsi une "trattoria" à côté du traiteur italien, un "restaurant" de grillades à côté de la boucherie, etc.

Pourquoi c'est une bonne idée...

Whole Foods s'affirme pleinement comme une enseigne qui apporte la solution-repas dans sa globalité à ses clients. Selon les cas, il s'agira de remplir ses placards pour un repas futur ou de consommer sur place. Mais il s'agira toujours du même magasin et du même estomac !

Monop, le pionnier français

Monop (et son "ancêtre" Daily Monop) est le pionnier français de la nouvelle proximité urbaine : des magasins de quelques centaines de mètres carrés, implantés sur d'importants flux piétons pour la majorité d'entre eux et mêlant produits prêts à consommer et PGC/Frais LS de stockage. Systématiquement, néanmoins, la

zone dédiée aux produits prêts à consommer est implantée en début de parcours, autorisant ainsi un circuit court. Autres éléments de l'ADN de l'enseigne directement inspirée de l'univers de la petite restauration : la mise à disposition d'un équipement de réchauffage et une politique commerciale privilégiant le menu, avec réduction à la clé.

Pourquoi c'est une bonne idée...

Plus que toute autre enseigne de la distribution auparavant, Monop a compris le bénéfice qu'il y avait à utiliser le prêt à consommer pour capter les flux. L'enseigne a également intégré qu'il fallait répondre à ce marché en utilisant les codes de la restauration.

Carrefour City dans les pas de Monop

N'en déplaise à Carrefour, Monop a fortement inspiré le concept Carrefour City. Notamment en sur-linéarisant les produits prêts à consommer et en adoptant également de manière très volontariste une politique commerciale de type menu.

Pourquoi c'est une bonne idée...

Monop avait démontré, avec quelques années d'avance, la pertinence d'une forme de vente proposant (et de manière significative) tant des solutions-repas que des produits de stockage. Carrefour City ne pouvait l'ignorer et a sagement copié !

Real "price" son rayon traiteur comme une carte de restaurant (Allemagne)

Dans cet hypermarché Real (groupe Metro), le pricing a été imaginé (et communiqué) à l'image d'un menu de restaurant. Moyennant 7,99 €, le client peut choisir un produit parmi tous les numéros 1, un produit parmi les numéros 2, etc. Pour faciliter plus encore la compréhension, le merchandising suit la logique avec un niveau de gondole dédié par type de produits.

Pourquoi c'est une bonne idée...

Ce faisant, Metro adopte le code des restaurants. Premier bénéfice : une facilité dans la compréhension du prix de l'offre. Mais il y a un second bénéfice induit : en permettant immédiatement la comparaison du prix avec l'offre d'un restaurant, l'enseigne améliore l'attractivité de son offre car nettement moins chère.

U Express repense son merchandising des plats cuisinés

Classiquement, ce U Express a rassemblé son offre de sandwiches et de boissons sur une tête de gondole placée en début de parcours client. Originalité néanmoins : en immédiate proximité, le magasin a implanté l'offre de plats cuisinés appertisés en assiettes individuelles (ou bols). Ce qui revenait à "casser" l'offre plats cuisinés. Les boîtes et les formats familiaux sont demeurés au cœur de l'épicerie salée tandis que les individuels rejoignaient les solutions-repas.

Pourquoi c'est une bonne idée...

À l'évidence, un tel choix induit une complexité dans la mise en rayon quotidienne. Néanmoins, elle s'appuie sur une vraie logique client. Les plats monoportion sont en effet couramment consommés sur le pouce. Comme un sandwich ! Donc ce qui n'est en apparence qu'une initiative anecdotique et peu spectaculaire (pas de cuisine ni de zone de restauration !) révèle pourtant comment la distri-ration a impacté jusqu'au merchandising.

Safeway Saint Katharine Docks, Londres : le modèle du « fresh to go »

Ouvert en 2000 (passé depuis sous enseigne Waitrose), Safeway Londres Saint Katharine a longtemps été le point de vente européen le plus en avance en matière de « fresh to go » : littéralement le traiteur à emporter. Le magasin était dès l'origine en deux parties : d'abord une succession de stands à service

pour les produits prêts à consommer, ensuite les rayons classiques d'un supermarché. Chacun de ces stands, réellement disposés à l'image d'une cafétéria, était dédié à un produit : les sandwiches, les pizzas, les plats cuisinés, les nouilles chinoises, les rôtis, etc.

Pourquoi c'est une bonne idée...

Safeway est ainsi allé au bout de la logique de la solution-repas avec un magasin "binaire". Chacune des deux entités étant traitée comme le référent : une cafétéria pour le fresh to go, un magasin ordinaire pour le fond de placard. Evidemment, ce quartier des Docks de Londres s'y prêtait !

Eatzi's : une prestation de restaurant dans une organisation de supermarché

Micro-enseigne américaine avec 3 points de vente seulement à Dallas, Eatzi's a un positionnement simple : proposer à ses clients une prestation et une qualité de restaurant dans une organisation de supermarché. Les clients se déplacent ainsi acheter leurs plats déjà préparés et complètent par quelques produits de dépannage : fruits et légumes, crémerie, etc. Concrètement, les plats préparés sont vendus en “trad.” via une bergerie implantée au centre de cette surface de 700 m² environ. Autour, dans chacune des alcôves, un stand thématique. Particularité : le restaurant est la cible commerciale préférée d’Eatzi’s. Tous les jours, plusieurs plats sont mis en avant avec prix comparés chez Eatzi’s et le prix qu’il en coûterait dans un restaurant, sans compter le pourboire !

Pourquoi c’est une bonne idée...

Avec cette formule hybride entre restauration (mais sans possibilité de consommer sur place) et distribution, Eatzi’s gagne en part d’estomac vs les restaurants tout en restant dans le niveau de coût-outil d’un petit supermarché.

Délitraiteur, l’épicerie-restaurant de Cora

Délitraiteur est une épicerie dédiée à la solution-repas, propriété du groupe Cora et développée en

Belgique et au Luxembourg (en France, l'expérience s'est soldée par un échec). Son slogan – *What's for dinner today ?* – est un bon résumé de son positionnement. L'organisation du point de vente est à l'image d'une épicerie classique mais les produits sont très majoritairement prêts à consommer. D'ailleurs, les clients qui le souhaitent peuvent aussi manger sur place, les magasins proposant tables, chaises et micro-ondes.

Pourquoi c'est une bonne idée...

Implanté à l'origine dans les quartiers chics de Bruxelles, Délitraiteur surfe sur l'attente majeure des clients aisés : la praticité alimentaire, sans sacrifier la qualité. Là aussi, le merchandising est en référence aux restaurants. Exemple avec les prix qui sont présentés non sur les produits mais sur une "carte" implantée sur le meuble comme un menu de restaurant.

LE CAS D'ÉCOLE
EATALY : UN RESTAURANT AU CŒUR DES RAYONS

Le positionnement d'Eataly est facile à décrire : le meilleur de l'alimentation italienne. Et ce, à tous les rayons. En revanche, le concept commercial est... plus difficile à qualifier. D'un côté, c'est en effet un supermarché, avec rayons, vente en libre-service sur l'épicerie et à la coupe pour les produits frais traditionnels. Mais, en même temps, c'est un lieu de restauration, assise, avec service à l'assiette. Originalité supplémentaire : les zones sont complètement imbriquées avec des tables de restaurant au milieu des rayons ! C'est en fait le meilleur exemple possible de distri-ration.

Pourquoi c'est un cas d'école...

La logique de distri-ration a été tellement poussée qu'il est objectivement impossible d'affirmer qu'il s'agit d'un supermarché ou d'un restaurant. Les deux registres sont en effet travaillés avec le même niveau d'exigence.

LES INCONTOURNABLES AVEC LESQUELS « DISTRI-RATION » EST PARTICULIÈREMENT CORRÉLÉ :

EXPÉRIENCE CLIENT, RELATION CLIENT, RETAILTAINMENT, VALUE FOR MONEY.

LESS IS MORE (AND GO FASTER)

COMMENT DÉFINIR CET INCONTOURNABLE ?

La simplicité est le caractère de ce qui est peu compliqué, facile à comprendre, à exécuter, à utiliser, etc. Ou encore le caractère de ce qui se présente sous une forme dépouillée, qui est sans luxe. (Source : Larousse)
"Moins c'est plus" : **dans un monde de surabondance de l'offre et de multiplication des formules commerciales et des circuits de distribution, plus on simplifie, plus le commerçant concentre finalement le produit ou le service sur ses valeurs ou fonctions essentielles,** d'où l'expression "*less is more*", littéralement "moins c'est plus".
La simplicité est d'ailleurs l'un des leviers de la productivité recherchée par le client dans sa relation au commerce : économiser le temps là où il estime, à tort ou à raison, ne pas en avoir suffisamment pour le réinvestir sur d'autres achats, car plus impliquants ou simplement intéressants ! C'est le "*go faster*" qui s'impose aujourd'hui à tous les commerçants, d'autant plus s'ils sont substituables les uns par les autres (Leroy Merlin par Castorama, Jules par Brice, Leclerc par Carrefour, etc.). Dit autrement **le *go faster*, c'est faire gagner du temps au client et traquer toutes les pertes de temps inutiles.** Les stratégies qui permettent de fluidifier le parcours client font partie de cet incontournable. Il est donc nécessaire de supprimer le temps passif ou inactif pour aller vers un temps 100 % actif. Faute de quoi le temps demandé par le magasin sera principalement vécu comme une contrainte. Et ce, d'autant que des alternatives existent, par exemple le drive ou plus généralement le e-commerce.

POURQUOI C'EST IMPORTANT POUR DEMAIN ?

Les années passant, l'exigence des consommateurs va croissant. C'est une banalité ! La première des exigences, outre naturellement la *value for money* de chaque produit/service, c'est la facilité, la praticité, la rapidité, etc. En clair, **l'enseigne doit être la solution, pas le problème !** D'où le besoin de simplification, tant pour permettre au client de comprendre l'offre que de se l'approprier immédiatement.

La relation au temps est plus que jamais irrationnelle. Jamais l'espérance de vie n'a été aussi élevée et jamais l'homme n'a travaillé aussi "peu", ce qui, mécaniquement, génère une masse de temps libre inédite. Pour autant, toutes les études le démontrent : l'homme (ou la femme) moderne a le sentiment de disposer de moins en moins de temps. Là aussi, toutes choses étant égales par ailleurs, répondre à cette attente est un levier majeur de préférence.

La simplicité est une condition nécessaire pour s'adresser à tous... À la fois à ceux qui "ont le temps" comme à ceux qui ne "l'ont pas". C'est d'autant plus impérieux que l'offre commerciale s'élargit de jour en jour. Tant en nombre de références qu'en mètres carrés. En une génération, en hypers/supers par exemple, la taille moyenne des magasins a doublé, l'offre a quadruplé tandis que le temps de courses a été divisé par deux. Conséquence : si le commerçant ne place pas la quête de simplicité au rang de priorités, une part de sa clientèle s'évadera vers d'autres propositions commerciales. D'autres enseignes où la simplicité aura été travaillée ou d'autres formes de vente, notamment le e-commerce qui, par définition, affiche une plus grande simplicité.

Dans les process internes aussi, la quête de simplicité a des vertus. Elle revient à traquer **la complexité qui est souvent source de coûts inutiles, de lenteur ou de dysfonctionnements**. Donc, in fine, de moindre compétitivité.

La simplicité n'est pas affaire de taille ou de moyens. Mais bel et bien d'état d'esprit. En la matière donc, pas de prime "aux plus gros". Bien au contrainte. Les enseignes de taille modeste, handicapées par exemple en prix par leur puissance d'achat (*vs* les concurrents) peuvent voir dans cette perspective *Less is more / go faster* une véritable source de différenciation et de préférence. Donc de fidélisation durable de la clientèle.

À QUELS OBJECTIFS CLÉS RÉPOND CET INCONTOURNABLE ?

Développer le capital confiance

Remplir le contrat de base et répondre parfaitement aux attendus

Afficher ses différences

Repenser le parcours client avec l'impact du digital pour plus de fluidité

Viser une efficacité maximale et contrer l'idée de courses « corvée »

Bien travailler sa *value for money* en valorisant une expérience client optimale

QUELS SONT LES DÉFIS PRIORITAIRES POUR LES ENSEIGNES ?

Sur le sujet, le défi principal des enseignes touche à... l'introspection. **Où se cache la complexité pour, ensuite, mettre en place de nouveaux process plus simples ? Quelles sont les pertes de temps "infligées" au client dans le parcours d'achat et comment les supprimer ?** Par exemple, en magasins d'ameublement/décoration, pour de nombreux produits, le client sera confronté à trois points d'attente : le vendeur pour établir le bon de commande ; la caisse pour la transaction ; et le comptoir marchandises pour le retrait des produits. Historiquement, ces process ont leur raison d'être, naturellement. Désormais, ils sont devenus complètement hors du temps. Au-delà de cet exemple, chaque enseigne doit, en toute lucidité, traquer ces instants. Avec, pour chacun, un regard client. Car il y a, pour tous les marchés, des moments de vérité sur lesquels l'enseigne sera jugée (caisse, SAV, etc.).

La simplification est un combat permanent dans les organisations, d'autant plus que l'entreprise est importante. Le temps, le développement, les éventuelles baronnies internes, voilà autant de sources de couches successives de complexité. Autant dire que la chasse à la complexité ne s'arrête jamais. Et doit, au contraire, être une mission permanente dont il faudrait confier la responsabilité à un cadre expérimenté (par la diversité des missions déjà assumées) et respecté (par les résultats obtenus).

Paradoxalement peut-être, le client a une faible capacité à mesurer précisément le temps. Sa mesure est avant tout une perception, particulièrement influencé par sa propre posture : actif ou passif (l'attente par exemple). À temps équivalent, le temps passif sera toujours perçu comme plus long. Donc destructeur pour la relation enseigne-client. Objectif pour le commerçant : identifier le temps passif qu'il impose à ses clients. Et rééquilibrer au maximum en faveur du temps actif. Le meilleur exemple ? Les caisses automatiques en grandes surfaces alimentaires ou spécialisées. Aucun client ne parvient à la rapidité d'exécution d'une caissière mais le simple fait d'être actif modifie la perception du temps global passé dans la zone de caisse.

Le temps de compréhension de l'offre doit aussi être travaillé. C'est le rôle du merchandising, lequel ira croissant dans les années futures : de plus en plus de produits en rayons et de moins en moins de temps pour les choisir, forcément le défi pour les enseignes est de retravailler les clés d'entrée dans l'offre pour la faire comprendre (instantanément si possible) par les clients.

LES CITATIONS À RETENIR

" La perfection, ce n'est pas quand on ne peut plus rien ajouter, c'est quand on ne peut plus rien enlever. "

Antoine de Saint-Exupéry

“ *Sur Le Bon Coin, il faut trois minutes pour déposer une annonce. L'interface et les outils sont très simples et l'affichage rapide. Il y a une logique d'efficacité.* ”

Antoine Jouteau, directeur commercial et marketing Le Bon Coin (in *LSA*, 5/12/2013)

“ *N'oublions jamais que la complexité n'est pas seulement externe et subie, nous la créons aussi nous-mêmes.* ”

Richard Straub, président de Peter Drucker Society Europe (in *Les Échos*, 7/7/2014)

“ *La démarche low cost consiste à expurger le produit de tout ce qui n'apparaît pas strictement indispensable pour n'en garder que la prestation essentielle.* ”

Daniel Abittan, PDG d'Acuitis (in « *La Révolution du Low cost* » de Jean-Paul Tréguer, Dunod, 2014)

“ *Comment peut-on faire aussi simple que possible ? C'est ça le modèle opérationnel du low cost.* ”

Carolyn McCall, directrice générale d'easyJet (in *Les Échos*, 31/3/2014)

“ *Le nouveau concept Alinea s'appuie sur 3 points majeurs. Tout d'abord, les 6 000 m² du magasin seront sur un seul niveau. Le parcours pour le client sera divisé par deux, car je trouve que le parcours classique est un peu labyrinthique. Nous avons intensifié les raccourcis, décloisonné au maximum, avec les grandes lignes droites. Car il y a le client qui fait des achats « impliquants » et a donc du temps devant lui, et le client pressé, qui revient une fois mais pas deux si le parcours est trop long.* ”

Philippe Detavernier, directeur général d'Alinéa (in *LSA*, 11/7/2013)

LES CHIFFRES CLÉS À RETENIR

69 %	>	Les consommateurs français qui estiment qu'Amazon est le plus clair, qui plus est loin devant ses concurrents ! (Source : *LSA*, 3/7/2014).
25 %	>	Les Français qui se sentent “dépassés” par l'évolution des nouvelles technologies. 57 % des plus de 50 ans partagent ce sentiment et 81% des Français pensent avoir besoin d'une remise à niveau (Source : Oninion Way pour Grenade & Sparks mai 2013 in Management, octobre2013).
30 %	>	La part des consommateurs qui abandonnent un achat en raison de la longueur de la file d'attente (vs 25 % en 2012). (Source : IFOP pour Wincor Nixdorf avril 2014.)

QUELS EXEMPLES RÉFÉRENTS ?

Less is more and go faster : la promesse du drive

Rien de mieux que le drive pour illustrer cet incontournable *Less is more and go faster*. Déjà sur le fondement du format… Le drive, c'est une offre réduite, à la fois pour le modèle économique (le temps de préparation impacte directement la rentabilité) mais également pour la promesse client. D'ailleurs, simplicité et rapidité sont souvent mis en exergue par les enseignes pour justifier des bénéfices du drive.

Pourquoi c'est une bonne idée…
Le format même du drive est tourné vers le gain de temps pour le client. Outre la simplicité dans l'offre, il doit y avoir l'ergonomie du site (pour commander au plus vite) et l'organisation des flux sur le lieu de retrait (pour tenir l'engagement d'un temps maximum de cinq minutes). À cet égard, Chronodrive et Leclerc sont au-dessus du lot.

Carrefour : la file unique pour gagner du temps

La file unique permet de faciliter objectivement le passage en caisses. Le consommateur ne ressent plus du tout l'attente de la même manière. Et ne se reproche plus d'avoir fait le choix de la mauvaise caisse ! Pour autant, Carrefour n'impose pas la file unique à ses clients. Les caisses traditionnelles demeurent. Le client a donc le choix.

Pourquoi c'est une bonne idée…
La perception de rapidité est réelle, le sentiment d'injustice (dans l'attente) est gommé et le client a le sentiment que l'enseigne agit pour la fluidité du passage en caisses.

Faire ses courses sans porter ses achats et tout récupérer au service client : Westfield Londres et le « hands free shopping »

Le centre commercial de Stratford City, inauguré à Londres en 2012 à côté du stade olympique, propose un service de « hands free shopping ». Le client fait ses courses dans le centre commercial sans jamais porter ses sacs ! Ses achats sont directement dirigés vers l'espace bagagerie où il pourra les récupérer en fin de shopping. Coût du service : 10 livres pour un maximum de 10 sacs. Moyennant surcoût, la livraison à domicile est évidemment possible.

Pourquoi c'est une bonne idée...

Ce type de service permet au client de disposer de son temps comme il le souhaite, de ne pas mettre fin à son shopping parce qu'il trop chargé, de ne pas attendre en magasin, etc. Gain de temps et confort d'achat sont ici étroitement associés.

Nespresso invente le "service libre" pour acheter plus rapidement

Pour Nespresso, l'excellence de la relation-qclient est une priorité absolue. Quand des clients se sont plaints des queues trop importantes dans certaines boutiques, la marque a alors généralisé son click & collect avec le service Pick Up qui permet de retirer en magasin après avoir commandé en ligne ou par téléphone. Depuis 2011, Nespresso a également mis en place des espaces de libre-service, dits « service-libre », où des automates calculent le prix des achats grâce à des puces RFID intégrées aux emballages. Le client a alors une expérience inédite, consistant à choisir et à se servir, puis à régler directement sur une caisse automatique sans avoir à remanipuler ses produits. Ce qui est un gain de temps important comparé au scénario classique où le client est servi par un conseiller.

Pourquoi c'est une bonne idée...

Pour un client fidèle, qui reconduit mécaniquement ses actes d'achat, le libre-service peut être un moyen de gagner du temps, à condition que le conseil reste toujours disponible. Ce qui est le cas ici. Le "service libre" ne se substitue pas à la vente assistée. Il la complète. Le client conserve donc le libre choix d'être assisté ou non, conseillé ou non.

Ranking Ranqueen (Japon) : simplifier le choix au maximum

Ranking Ranqueen est une enseigne japonaise de petites surfaces implantées dans les gares et les stations de métro. Autant dire des lieux où la problématique de vitesse est importante. D'où l'idée de Tokyu Corporation, un puissant conglomérat présent dans les transports et la distribution, d'imaginer un

concept qui ne propose que les meilleures ventes dans chaque catégorie de produits pour faciliter le choix (et donc faire gagner du temps aux clients). Dans la gamme : des snacks, des cosmétiques, des gadgets, des produits culturels, etc. À chaque fois, le classement du produit dans les ventes est indiqué pour nourrir la promesse de l'enseigne qui n'entend donc proposer que des produits du moment (ce que signifie le slogan now & now).

Pourquoi c'est une bonne idée...

Le parti pris est fort (trop fort pour tout autre concept qu'un magasin d'impulsion) mais il évite toute perte de temps liée au choix. C'est clairement un facilitateur d'achat.

Avec U Location, Système U met de la simplicité dans un secteur perçu comme compliqué, donc anxiogène

Créé en 2006, le service U Location a permis à Système U de devenir, à présent, le premier loueur français en nombre d'agences (près de 800 en 2015). Le groupement a depuis été imité par Leclerc, Carrefour, Intermarché ou Cora par exemple. Avec U Location, Système U a apporté de la simplicité sur un marché par essence compliqué. Simplicité dans les offres commerciales (par opposition à la jungle des tarifs des loueurs conventionnels). Simplicité dans les implantations puisque le magasin (c'est-à-dire un lieu connu des consommateurs) joue le rôle de l'agence. Et, enfin, simplicité dans la relation client puisque tout se passe à l'accueil du supermarché.

Pourquoi c'est une bonne idée...

S'il est occasionnel de louer un véhicule, un client fidèle va, en revanche, régulièrement dans son Super U et sera plus rassuré de se rendre dans un lieu qu'il connaît où son statut de client habituel est reconnu même s'il ne loue qu'une seule fois un véhicule. Ce gage de simplicité, par rapport aux loueurs traditionnels, est une vraie clé de succès.

LE CAS D'ÉCOLE

RED MARKET (BELGIQUE) : TOUT POUR LES COURSES LES PLUS RAPIDES

Red Market est une enseigne belge de Delhaize qui compte une quinzaine de magasins 100 % self-scanning dont la promesse principale est, outre le prix bas, la rapidité des courses. Considérant que le passage en caisse est l'étape sur laquelle le gain de temps est le plus perceptible par le client, Red Market a choisi de se concentrer sur cette phase de l'expérience-client en imposant le self-scanning. Sauf cas de contrôle (pour en moyenne un chariot sur cinq), l'étape de check-out se limite donc à l'encaissement. Ce qui représente un gain de temps objectif. Et très perceptible pour le client. À la condition (quand même) que celui-ci adhère à ce qui est d'apparence une contrainte : il est réellement impossible de faire ses courses sans "douchette" de self-scanning en mains ! D'où l'importante pédagogie mise en œuvre lors des ouvertures.

Pour cultiver cette notion de rapidité, Red Market a également fait le choix de la file unique, façon aéroport. Là aussi en appuyant sur les bénéfices : "premier dans la file, premier à la caisse, premier sorti". Le tout avec la promesse du "magasin le plus rapide de votre région".

En parallèle, la politique marchandises est également en cohérence avec la promesse d'ensemble.

Le magasin propose en effet un assortiment resserré à environ 12 000 références dont la moitié sont des produits MDD. Ce qui permet à la fois de proposer un choix suffisamment large mais, aussi, de ne pas perdre inutilement du temps à décrypter, comprendre et arbitrer entre les différents produits.

Pourquoi c'est un cas d'école...

Dans ce concept, tout est construit autour de la simplicité et du gain de temps : l'offre réduite aux principales marques nationales et aux MDD de Delhaize, le self-scanning, la file unique. De plus, la promesse principale est clairement identifiée et communiquée du début à la fin du parcours.

LES INCONTOURNABLES AVEC LESQUELS « LESS IS MORE / GO FASTER » EST PARTICULIÈREMENT CORRÉLÉ :

COMMERCE DE FLUX, CROSS-CANAL, DRIVE ET CLICK & COLLECT, EXPÉRIENCE CLIENT, PRÉPARATION DES ACHATS/ROPO.

LOCAL COMMERCE

COMMENT DÉFINIR CET INCONTOURNABLE ?

Le "local commerce" correspond à la capacité des enseignes à mettre en place une démarche commerciale qui soit – au moins partiellement – locale. Une démarche bien plus large qu'on ne l'imagine trop souvent puisqu'il peut à la fois s'agir :

> d'**acheter** : relations avec des fournisseurs locaux.
> de **vendre** : adapter (vraiment) l'assortiment en rayons aux particularismes de sa zone.
> de **fabriquer** : en produisant sur place (boulangerie, pâtisserie, plats cuisinés, etc.), lorsqu'il s'agit d'un point de vente alimentaire.
> ou encore de **manager** : en organisant la délégation de responsabilité locale.

En parallèle, le local commerce, c'est aussi la capacité du point de vente à s'inscrire dans la vie locale (dans sa "communauté" dans une approche très anglo-saxonne du retail).

Les 5 dimensions du Local Commerce

Acheter	**Vendre**	**Fabriquer**	**Manager**	**S'inscrire dans la vie locale**

Les 4 niveaux de proximité d'un produit (selon son lieu de fabrication)

Pays **(Made in France)**	>	**Région** **(ex : Produit en Bretagne)**	>	**Département/Ville** **(Ultra proximité)**	>	**Magasin** **(Fait maison)**

POURQUOI EST-CE IMPORTANT POUR DEMAIN ?

Par définition, le commerce est une activité locale : c'est la rencontre physique d'un bien (ou d'un service) et d'un consommateur. Des siècles durant, faute de moyens de transport, le commerce a organisé cette mise en relation entre production et consommation de manière excessivement locale, à l'échelle des villes et des villages. Au milieu du XIXe siècle, changement de contexte : le développement du chemin de fer – et la possibilité de transporter en quantités importantes des marchandises sur de longues distances – a ouvert de nouvelles perspectives au commerce. Lequel devenait alors un gestionnaire de flux, pas nécessairement locaux. À Paris, les grands magasins vendaient ainsi la porcelaine de Limoges, la dentelle de Cholet, les couteaux de Thiers, les galettes de Pont-Aven, etc. Le "local" avait perdu de sa vertu !

Un siècle et demi plus tard, le "local" revient en force et s'affiche même source de valeur pour le commerce de demain. Il y a d'abord la valeur économique : le soutien au tissu économique local, proche du magasin. De par sa capacité d'achat, le commerçant a une responsabilité quant à la vitalité et la prospérité de son environnement. **Il y a, ensuite, la valeur écologique du local :** rapprocher les lieux de production et de consommation, c'est limiter les kilomètres parcourus, abaisser l'empreinte carbone des produits. **Enfin, à ne pas négliger, la valeur sociologique (souvent irrationnelle) du local** : pour nombre de consommateurs, un produit élaboré en proximité sera jugé comme supérieur. Peu importe alors qu'il le soit réellement. L'appréciation portée sera de toute façon positive.

L'addition de ces trois valeurs – économique, écologique et sociologique – en génère une quatrième pour le commerçant : une valeur d'image, indispensable aujourd'hui (et plus encore demain), pour nourrir sa dimension citoyenne.

En matière managériale aussi, le local a une vertu essentielle : rapprocher la décision commerciale du lieu d'achat. Double intérêt : en premier lieu, une réactivité sans pareille aux réelles attentes des clients ; ensuite, une motivation des hommes et femmes de terrain, conséquence du pouvoir tangible que leur transfèrent les sièges.

À QUELS OBJECTIFS CLÉS CELA RÉPOND ?

Développer le capital confiance

Faire du local une arme de préférence

Montrer sa préoccupation en faveur des hommes

Afficher ses différences

Construire un lien durable avec les clients

Jouer un vrai rôle citoyen

QUELS DÉFIS POUR LES ENSEIGNES ?

La quête de l'efficience opérationnelle (massification des flux, abaissement des coûts, etc.) a longtemps conduit le commerce à centraliser tout ce qui pouvait l'être, et parfois au-delà ! **Le local commerce impose de lutter contre cette tentation naturelle de centralisation**. D'autant qu'elle est trop souvent utilisée, dans les équipes des sièges, comme outil de contrôle et d'affirmation de son pouvoir.

Définir ce qu'est réellement le local commerce n'est pas uniquement une logique géographique. L'achat de produits locaux est un volet certes primordial mais n'est pas le seul (voir "C'est quoi ?"). De même, l'alimentaire n'est pas le seul concerné.

Au fil des décennies, par l'effet de la centralisation, les cadres en magasins ont perdu leur "pouvoir d'achat" et, surtout, leur savoir-faire d'acheteur : sourcing et négociation. Pour certains produits locaux, capables de devenir des aspérités dans l'assortiment (parce qu'ils sont extraordinaires au sens premier du terme), le commerçant doit clairement être le demandeur *vs* le producteur. Charge donc à lui de l'identifier ! De sourcer les produits et non d'attendre les éventuelles propositions.

À l'heure où le local commerce devient un élément d'image (donc de préférence éventuelle), la communication en magasin est un indispensable. Nombre d'exemples qui suivent constituent autant d'idées et de réalisations inspirantes en la matière. Car, ici comme ailleurs, si le "faire" est important, le "faire-savoir" l'est presque autant.

LA CITATION À RETENIR

Du régional au national : le champ du local et sa pertinence

Tribune de Michel-Édouard Leclerc (in *Le Télégramme*, le 6 avril 2014)

" *Made in Bretagne : « Breizh mod », une collection entièrement conçue, coupée et cousue dans la région. L'initiative vient interpeller tous ces hommes politiques qui nous demandent de «pousser le made in France» dans nos rayons. Mais le label France est-il la panacée ?*
La plupart des distributeurs ont testé depuis 20 ans (eh oui !) cette forme de marketing bleu-blanc-rouge. Si ça intéresse le consommateur sur le principe, ça ne garantit pas le succès commercial.
À l'export, le label France peut faire recette. Mais sur le marché français, cette appellation ne stimule pas forcément l'imaginaire des consommateurs. Quand on parle mode, bijouterie ou art, le « made in France » signe une

production de luxe. Sur le secteur automobile, il s'apparente à du « moyenne gamme » et sur des produits techniques ou multimédias, ce n'est pas une référence.
Je voudrais convaincre la gente politique, de Raffarin à Montebourg, que les labels régionaux sont souvent plus efficaces. Plus on insiste sur le régionalisme voire sur le localisme, plus on parle de l'artichaut de Bretagne, des farandelles de Savoie ou du saucisson corse, et plus on séduit le consommateur.
Il faut arrêter d'opposer la France à ses régions. Si l'on souhaite faire adhérer les consommateurs à une politique de relocalisation industrielle, alors, il ne faut pas s'enfermer dans une attitude cocardière.
On ne va pas quand même pas débaptiser les vins de Bordeaux, le cochon de Bretagne ou le Coco de Paimpol, pour les étiqueter « made in France » !
L'épicier que je suis formule le souhait qu'on arrête les communications démagogiques et culpabilisantes à l'égard des distributeurs comme des consommateurs. Il faut soutenir des stratégies marketing efficaces, telle celle de l'association « Produit en Bretagne ». C'est servir l'économie française que de valoriser les labels régionaux. "

LES CHIFFRES CLÉS À RETENIR

80 % > Les Français qui privilégieront les producteurs locaux pour leurs achats alimentaires en 2020 (contre 61 % en 2014) (Source : Ipsos mai 2014.)

33 % > La part de consommateurs qui se disent prêts à acheter un produit français même s'il est plus cher que son équivalent étranger. 49 % l'achèteraient uniquement s'il ne coûte pas plus cher. (Source : *LSA*, 15/12/2011.)

53 % > Les ménages qui essaient d'acheter "aussi souvent que possible" des produits locaux (Source : Kantar Worldpanel 2014.)

Pourquoi le client achète local ? (source : IRI, 2014)

> Comment les clients justifient l'achat de produits locaux...

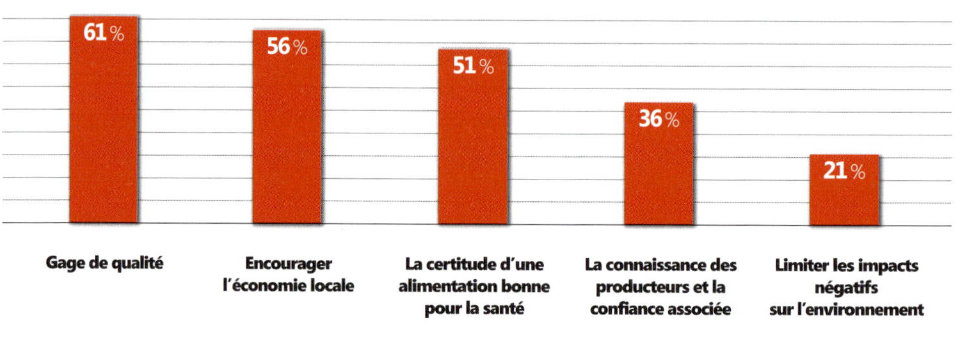

QUELS EXEMPLES RÉFÉRENTS ?

Monoprix vend le miel du toit de ses magasins

L'idée est ancienne : profiter du toit de certains bâtiments symboliques pour y installer des ruches, donc y produire du miel. Dans la foulée de l'Opéra Garnier, du Crédit municipal ou encore de quelques mairies d'arrondissement, Monoprix a installé, en janvier 2011, 18 ruches sur les toits de ses magasins des Ternes et de la porte de Châtillon. L'exploitation a été confiée à un apiculteur partenaire de Monoprix qui, la première année, a récolté 338 kg de miel puis 520 kg en 2012. Du miel vendu sous la marque Monoprix Gourmet.

Pourquoi c'est une bonne idée...

L'initiative est certes très anecdotique car peu représentative en termes de volumes (2 000 pots ont, par exemple, été vendus en janvier 2013). Mais la représentation symbolique d'un miel qui provient du toit du magasin (et d'une forme de protection d'une espèce menacée) est très forte. Si forte que d'autres enseignes suivent. C'est par exemple le cas d'Auchan dont 35 hypers accueillent des ruches sur leurs terrains ou leurs toits. Dans le même registre, voir les serres de Whole Foods (p. 287).

Quand le "fait maison" réinvestissait le traiteur des hypers Géant Casino

En 2011, pour revaloriser son offre traiteur du stand traditionnel, Géant Casino a initié le retour du "fait-maison" (réduit depuis). L'essentiel des produits cuisinés proposés dans le rayon devaient être fabriqués dans l'atelier du magasin le jour même. Objectif : assurer la fraîcheur et la qualité des plats.

Pourquoi c'est une bonne idée...

Réintroduire le fait-maison (une production locale donc) au traiteur revient à donner une véritable raison d'être au rayon traditionnel vs l'offre libre-service. De plus, dans le cas d'une préparation quotidienne, la qualité des produits proposés est objectivement supérieure en raison de l'absence de conservateurs.

Auchan Faches Thumesnil : les clients décident du soutien à des associations locales

Au premier coup d'œil, l'installation est un brin artisanale ! Mais l'idée mérite le détour... Trois associations locales sont présentées au travers de leurs ambitions, leurs moyens et leurs réalisations. Ce qui, au

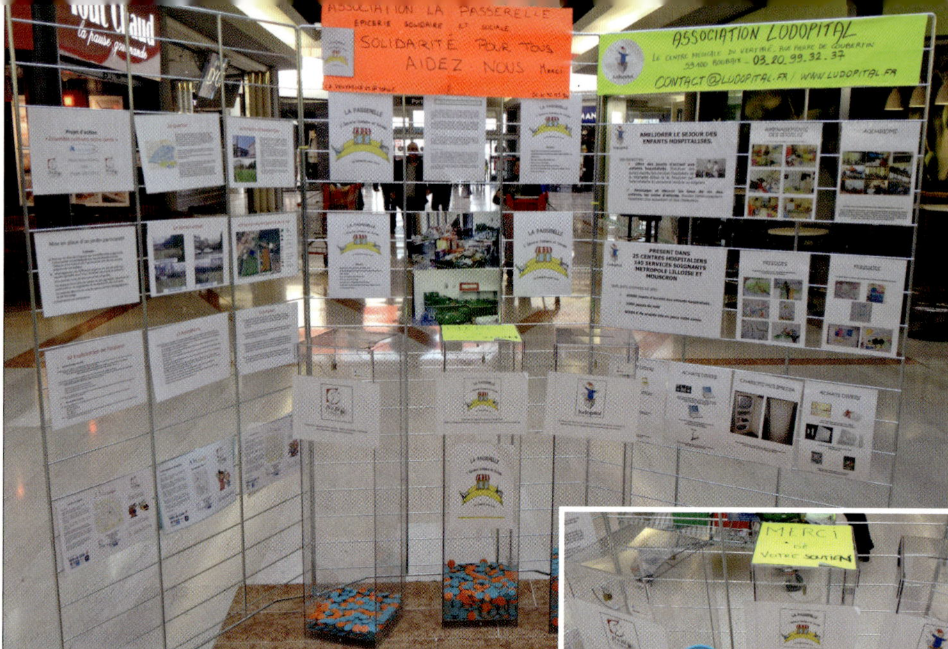

passage, leur assure une visibilité gracieuse. En parallèle, en caisses, les clients recoivent un jeton qu'ils sont invités à placer dans l'urne de leur choix, chacune correspondant à une association. Ce qui déterminera, in fine, le niveau de soutien de l'hypermarché.

Pourquoi c'est une bonne idée...

Auchan associe ici deux axes importants pour le commerce de demain : 1) l'implication locale, en l'occurrence dans le monde associatif ; 2) le pouvoir donné aux consommateurs. En la matière, il s'agit souvent de créations de produits (voir le chapitre "Commerce participatif"). Ici, l'idée est plus originale, car non-marchande.

Leclerc et Agrilait communiquent sur le kilométrage parcouru

À Rennes, moins de 10 kilomètres séparent la laiterie Coralis-Agrilait des principaux hypers de l'agglomération. D'où l'idée de ce stop-rayon proposé par la laiterie à l'hyper Leclerc. Ce qui donne incontestablement une valeur supplémentaire au produit proposé.

Pourquoi c'est une bonne idée...

De prime abord, un tel affichage est inutile penseront certains tant les clients connaissent les marques et/ou les usines implantées sur leur territoire. Mais, d'une part, ce n'est pas toujours le cas et, d'autre part, ce qui va sans dire va toujours mieux en le disant. Surtout dès qu'il s'agit d'améliorer la valeur perçue par le client !

Auchan affiche le nombre de producteurs locaux

Dans le cadre de son programme "+ de vie régionale", Auchan a systématisé l'affichage du nombre de producteurs régionaux pour son rayon fruits et légumes. Le producteur est considéré comme "régional" s'il est implanté dans un rayon de 100 km autour du magasin. Ici, à Leers, 70 producteurs (ou PME) sont concernés.

Pourquoi c'est une bonne idée...

Par principe, les fruits et légumes sont un rayon où la part d'approvisionnement local peut être naturellement très élevée. Chez Auchan comme dans les autres enseignes d'ailleurs. Ici, le mérite d'Auchan est de savoir le communiquer de manière impactante.

Cora cultive une double proximité : géographique et sociale

Comme souvent chez Cora, l'initiative est venue d'abord d'un magasin. Elle a, depuis, été largement reprise. Pour certains producteurs locaux des rayons traditionnels, l'enseigne les présente en images et indique à la fois la distance entre le magasin et l'exploitation et le nombre de salariés de l'entreprise. Un nombre généralement faible, ce qui participe, là encore, à nourrir une forme de proximité.

Pourquoi c'est une bonne idée…

Derrière tous les produits (et plus encore les produits traditionnels), il y a des hommes, pas nécessairement "à l'autre bout du monde". Cet affichage le rappelle de manière explicite, donc efficace.

Aldi Espagne brise le dogme de la centralisation et référence des produits régionaux

Le hard discount est – en théorie du moins – la forme de vente la plus centralisée. Les assortiments y sont plus courts qu'ailleurs et, surtout, plus homogènes, au nom de l'efficacité des flux. Pourtant, ici en Espagne, Aldi a brisé le dogme et a référencé des produits régionaux : vins, bières, boucherie et quelques conserves de viandes et de poissons. En tout, une vingtaine de références.

Pourquoi c'est une bonne idée…

20 références sur un assortiment d'un millier d'articles, c'est certes peu. Mais néanmoins symbolique d'une prise de conscience qui concerne aussi le hard discount. Après tout, les clients d'Aldi sont aussi sensibles que les autres aux produits locaux !

Hyper U Les Herbiers présente ses producteurs locaux (et justifie leur présence)

À l'entrée du magasin, le panneau est immanquable ! Hyper U Les Herbiers (Vendée) présente les producteurs avec lesquels le point de vente travaille. Pour chacun : le nom de l'exploitation ou de l'exploitant, son activité et son lieu d'implantation, le tout agrémenté d'une photo.

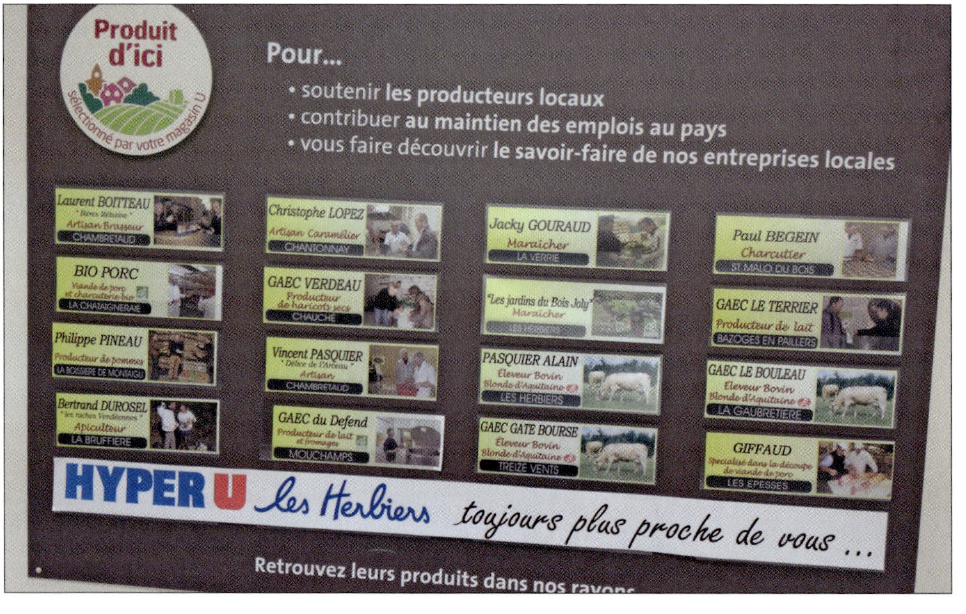

Pourquoi c'est une bonne idée...
Double bonne idée : d'abord parce que le magasin met en scène ses référencements locaux ; ensuite, parce qu'il donne un sens à la présence de ces produits en l'expliquant clairement : "soutenir les producteurs locaux ; contribuer au maintien des emplois du pays ; faire découvrir le savoir-faire des entreprises locales."

Trader Joe's symbolise sa ville en arrière-caisses

Ce n'est pas systématique mais néanmoins fréquent : aux États-Unis, Trader Joe's (propriété de la famille Albrecht, également aux commandes d'Aldi) symbolise sa ville d'implantation en arrière-caisses. Selon les cas, une fresque représente un élément marquant de la ville. C'est souvent, comme ici à Charlotte ou à Winston-Salem en Caroline du Nord, la "sky-line" caractéristique de la ville qui y est représentée.

Pourquoi c'est une bonne idée...
Trader Joe's personnalise ses magasins à moindre coût. Ce qui permet une réelle appropriation par les clients, tant les éléments visuels retenus sont caractéristiques de chacune des villes d'implantation.

"How we help" de Walmart

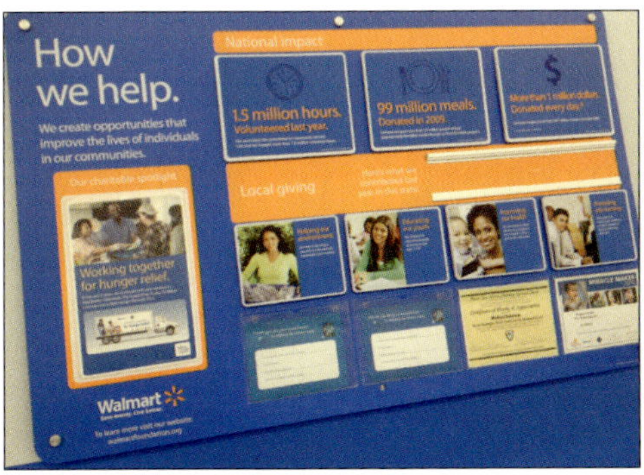

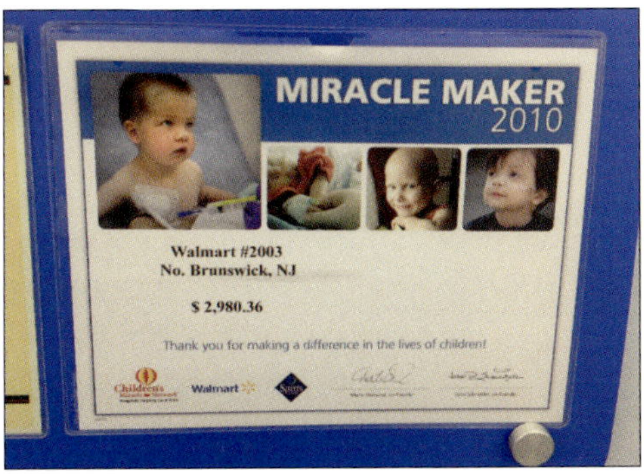

Dans tous les magasins Walmart (mais également Target, Kroger, etc.) ce tableau : "How we help". Y sont présentées et détaillées les sommes données aux œuvres locales. Au besoin en surjouant l'émotion en mettant l'accent sur des situations personnelles comme, ici, cet enfant sauvé d'une grave maladie.

Pourquoi c'est une bonne idée…

Quitte à être généreux, autant le faire savoir ! Troublant de ce côté-ci de l'Atlantique, normal et naturel aux États-Unis.

U : se faire préférer en choisissant français pour la rentrée scolaire

Dans une offre surabondante pour la rentrée, U a choisi depuis plusieurs années de se distinguer en communiquant sur le *made in France* des fournitures scolaires. Une stratégie qui concerne à la fois les marques nationales (dont U relaie l'information de la fabrication française) ou les produits à marque de l'enseigne. Dans ce cas, U signe d'un *claim* conso-citoyen : "*Un prix aussi bon pour vous et pour l'emploi, vous ne trouverez pas plus bas*".

Pourquoi c'est une bonne idée…

Faire la promotion du made in France permet de se différencier très clairement sur un marché où l'origine des produits n'est, en général, pas un critère mis en exergue. Au passage, U participe à la réconciliation nécessaire entre consommateur et citoyen.

Produits locaux : le démontrer en indiquant la distance jusqu'au magasin

C'est proche du magasin ? Plus que de le dire, il faut le démontrer ! Et quoi de plus efficace que d'indiquer la distance entre le lieu de production et le point de vente ? C'est ce que font par exemple l'Américain Whole Foods et le Suisse Manor sur la plupart des produits locaux.

Pourquoi c'est une bonne idée…

Ce faisant, la notion d'approvisionnement local prend vraiment son sens. Et en devient incontestable vue du client.

Des serres sur le toit (Whole Foods) : plus local, c'est impossible !

Voilà le meilleur exemple de circuit... ultracourt ! Au-dessus du magasin Whole Foods de Brooklyn (New York) : des serres dans lesquelles poussent des légumes et herbes aromatiques proposés quelques mètres plus bas. A dire vrai, une part infime de l'offre est réellement produite sur place. Mais l'effet de serres sur le toit vaut toutes les campagnes de publicité !

Pourquoi c'est une bonne idée...

Impossible de faire plus local ! Ces serres démontrent indéniablement la volonté de l'enseigne de proposer une offre locale. Elles en sont le symbole spectaculaire.

LE CAS D'ÉCOLE
CASINO SÉLECTIONNE "LE MEILLEUR D'ICI"

La démarche "Le Meilleur d'ici" est née en 2011 de la volonté de Casino – groupe intégré s'il en est – de mettre en avant les produits locaux. Testée d'abord sur 7 magasins de Rhône-Alpes (le bassin historique de Casino), l'initiative a été élargie à d'autres régions. Fin 2012, 90 % des hypers et supers du groupe avaient mis en place la démarche, y compris en région parisienne. Selon les points de vente, la

gamme compte de 250 à 400 références : produits frais, épicerie ou boissons. Point commun : ces produits sont fabriqués par des producteurs ou des PME dans un rayon n'excédant pas 80 km autour des magasins.

Pourquoi c'est un cas d'école...

Casino n'est pas la première enseigne à nouer des partenariats avec des producteurs locaux, loin s'en faut ! Mais le groupe a abouti la démarche très rapidement : en moins de deux ans, la quasi-totalité du parc hypers/supers était concernée. En outre, Casino a donné une réelle visibilité à sa démarche en magasin. D'abord en créant le concept "Le Meilleur d'ici", très explicite pour les clients. Ensuite, en rassemblant les produits en magasins (parfois jusqu'aux produits frais) pour en assurer l'impact.

LES INCONTOURNABLES AVEC LESQUELS « LOCAL COMMERCE » EST PARTICULIÈREMENT CORRÉLÉ :

CONFIANCE, DÉVELOPPEMENT ET CONSOMMATION DURABLE, S'ENGAGER/MILITER, SURPRENDRE/ÉTONNER, VALUE FOR MONEY.

RÉ-HUMANISER

COMMENT DÉFINIR CET INCONTOURNABLE ?

Au fil des décennies, le commerce a réalisé de substantiels gains de productivité sur l'ensemble de sa chaîne de valeur. Le plus violent, au sens économique du terme ? Le passage de la vente assistée à la vente en libre-service. Ce faisant, l'homme (ou la femme) disparaissait au moins partiellement de l'expérience d'achat. Depuis quelques années (et pour quelques années encore), un mouvement similaire s'opère en caisse avec le développement de l'encaissement automatique. Et, là encore, tous les secteurs sont ou seront concernés. Un chiffre : chez Ikea par exemple, les self check-out concentrent déjà plus d'un débit sur deux !

La ré-humanisation du commerce ne consiste pas à s'opposer, par principe, à cette tendance structurante de quête de productivité. Mais, à l'inverse, à identifier les maillons de la chaîne commerciale sur lesquels l'homme a une réelle valeur – perçue par le client – et à tout faire pour le montrer. Ré-humaniser le commerce, c'est donc nourrir la relation-client d'attributs émotionnels : proximité, savoir-faire, empathie, accessibilité, etc. Des attributs portés par la présence humaine.

POURQUOI EST-CE IMPORTANT POUR DEMAIN ?

La déshumanisation du commerce a répondu à une attente majeure de prix bas (donc de compétitivité des acteurs), exprimée par le client. Dans le même temps, le citoyen a, lui, plutôt condamné la disparition des hommes et femmes du commerce. Cette dichotomie perdurera encore longtemps. Le commerce devra donc toujours y répondre. Et ce, de manière toute aussi paradoxale : gains de productivité permanents d'un côté (les enseignes savent faire…) et, de façon concomitante, stratégie de ré-humanisation de l'autre.

Dit autrement, **si l'automatisation est largement acceptée par le client contemporain, dans le même temps, toutes les études démontrent que le besoin de lien humain est toujours aussi prégnant**.

Si l'homme peut être le meilleur ennemi de la relation-client en cas de défaillances majeures (liées au détachement, à la non-motivation, voire à la volonté de nuire), il est aussi son meilleur allié. Au point d'en devenir, dans certaines situations, LA raison de préférence et de fréquentation.

De fait, pour une enseigne, ré-humaniser son commerce en devient un fort levier de différenciation. C'est notamment le cas des rayons sur lesquels la technicité supposée est forte : alimentaire mais également certains rayons non-alimentaires. Dans quelques situations, la caution humaine (un « vrai » boulanger pour un rayon pain par exemple) en devient un préalable.

À la différence d'un automate, l'homme est capable d'interactions « interprétées ». En clair, il peut réellement s'adapter au client. À l'inverse, et même face à un automate disposant d'une certaine capacité d'interagir (dans le meilleur des cas !), le client devra toujours s'adapter aux scénarios pré-écrits. Aussi nombreux soient-ils, la machine n'égalera jamais l'homme sur la capacité d'interactions. Ce qui est quand même l'un des fondamentaux du commerce...

Redonner sa place à l'humain dans le commerce est aussi un acte managérial fort. Pour les hommes et femmes du point de vente, c'est la reconnaissance d'une valeur ajoutée dont ils sont les vecteurs. À ne pas négliger à l'heure où il est bon d'identifier toutes les sources de motivation.

Enfin, les enseignes doivent et devront plus que jamais démontrer leur savoir-faire et celui-ci passe, nécessairement, par les hommes et leur expertise.

À QUELS OBJECTIFS CLÉS CELA RÉPOND ?

Viser l'excellence dans la relation-client

Construire un lien durable avec les clients

Montrer sa préoccupation en faveur des hommes

Afficher ses différences

QUELS SONT LES DÉFIS PRIORITAIRES POUR LES ENSEIGNES ?

Si l'homme est une source de valeur dans le commerce, c'est, à court terme, un centre de coût. Et **le défi des enseignes est l'équilibre entre le coût et le bénéfice de l'humanisation** ! D'où la question : où la présence humaine a-t-elle de la valeur pour le client ? Où est-elle « non négociable » ? Où doit-elle être perçue ? Et, à l'inverse, où est-elle peu utile voire carrément inutile ?

A défaut d'être partout, les hommes (et femmes) de l'enseigne doivent être visibles. Il est donc nécessaire de communiquer sur les hommes et leur identification. Ce qu'Apple a su remarquablement faire dans ses Apple Store. **Mais, au-delà, il faut donner un sens à leur présence.** Faute de quoi, l'humanisation du commerce est une réalité inutile. La pire des situations ! Pour ce faire, la formation est LE passage obligé : formation sur la relation-client (l'intérêt de la démarche et les points cruciaux de la relation notamment) mais, également, formation comportementale. Rien de pire, par exemple, que de répondre de manière évasive à un client à la recherche d'un produit précis.

La première des attentes d'un client est, en effet, la considération. En la matière, son jugement vis-à-vis des hommes et femmes en magasin sera binaire : utile/inutile, présent/absent (au sens relationnel du terme), avec moi/contre moi, etc. Le projet managérial du point de vente doit l'intégrer et placer le vendeur/conseiller en proximité avec le client et non en opposition. Dans certaines situations, il s'agira ainsi de se placer aux côtés « du client » et non « en face ». Dans la posture comme dans la position !

L'enseigne doit donner les moyens à ses hommes d'être réellement « apporteurs » aux yeux du client (par leur compétence ou leur équipement par exemple). Faute de quoi, ils seront d'abord perçus comme des obstacles dans la fluidité du parcours d'achat. **D'où la question finalement assez simple à se poser régulièrement : des hommes/femmes sur la surface de vente, pour quoi faire ?**

Pour être "apporteurs", encore faut-il que les hommes du magasin soient... compétents. Au moins autant que certains clients qui, dès lors qu'ils poussent la porte du point de vente, ont un niveau de connaissance parfois encyclopédique (en distribution spécialisée, 80 % des clients préparent leurs achats sur internet). **Impossible pour les vendeurs d'étaler leur ignorance ! D'où un impérieux besoin de formation... en permanence**. Faute de quoi, ils n'assureront pas leur vocation d'ambassadeurs locaux de l'expertise de l'enseigne.

LES CITATIONS À RETENIR

“ *Nos clients viennent en magasin pour avoir le conseil d'un vendeur, il s'agit de notre ADN. Cela reste une vraie valeur, l'aspect humain est très important. Il ne faut pas opposer les objets connectés à l'humain. Au contraire, les objets connectés entrent dans la vie de tous les jours, ils viennent aider, apporter un plus, mais ils revêtent une fonction différente, complémentaire. L'expertise des équipes de vente et des conseillers FNAC reste encore plus importantes sur ce segment des nouvelles technologies, car il y a un besoin de démocratiser, d'expliquer, de rassurer, de mettre en perspective plusieurs objets.* ”

Katia Hersard, directrice e-commerce et marketing FNAC (in Influencia; 23/6/2014)

“ *Aujourd'hui, il est indispensable que les enseignes et les marques pensent à rééquilibrer cet échange en dotant leurs vendeurs des mêmes outils que leurs clients, pour éviter de les décrédibiliser.* ”

Thibaut Bayart, directeur Ikomobi (in Stratégies, 1775 / 2014)

“ *Les modèles d'entreprises B to B et B to C ne sont plus d'actualité. Nous devons adopter une nouvelle vision :*

H to H, une entreprise Human to Human, qui place l'homme et ses talents au cœur de sa stratégie. "

Véronique Laury, directrice générale de Kingfisher (document interne)

LES CHIFFRES CLÉS À RETENIR

Ré-humaniser y compris et surtout sur le web ! **70 % des internautes souhaitent fortement une meilleure qualité d'interaction** et, notamment, que la relation soit plus personnalisée (Source : Journal du Net, 2/11/2011).

"*Parler à un conseiller quand je ne comprends pas quelque chose sur Internet est une priorité pour les Français*" : **77 % des clients expriment leur intérêt pour une solution de ce genre** (Etude Nexstage pour AFRC/Orange Business Services 2011.)

Les Français sollicitent de plus en plus les vendeurs : 90 % en 2014 vs 80 % en 2012. Dans le même temps, 24 % disent abandonner un achat pour cause d'indisponibilité du personnel vs 19 % en 2012 (Etude Wincor Nixdorf Ifop sur les comportements d'achat des Français / Avril 2014.)

78 % > C'est la part de clients qui pensent que les vendeurs seraient plus efficaces s'ils étaient équipés d'une tablette. Cela leur permettrait de donner des informations plus précises sur les produits (Source : Etude Kiwapp 2014 in *LSA*, 28/5/2014)

QUELS EXEMPLES RÉFÉRENTS ?

Le point accueil, star d'un spot de pub Système U

Super U n'a évidemment pas le monopole des points accueil en supers ou hypers ! Mais l'enseigne, en le communiquant jusqu'en télévision via un spot de pub, lui a donné un sens, une mission vis-à-vis du client.

Pourquoi c'est une bonne idée...

Le point accueil est un incontournable des points de vente. Mais pas toujours celui où l'expérience est la plus réussie, la faute à une relation humaine pas toujours convaincante. Le spot de pub mettant en scène précisément le point accueil a ainsi une double vocation : externe (convaincre les clients que l'accueil chez U n'est pas un vain mot) et interne (valoriser la fonction).

Carrefour drive : des hommes derrière les achats des clients

À l'occasion de l'ouverture de son service drive, cet hyper Carrefour a fait le choix d'incarner ceux et celles qui feront les courses des clients. Indispensable évidemment : ce sont les véritables employés qui posent (certaines têtes dans le magasin de longue date sont connues des consommateurs), ce qui donne encore plus de force au message.

Pourquoi c'est une bonne idée...

Le drive est une évolution contemporaine du commerce qui induit un service (préparation des courses) assuré par des hommes et femmes. Autant les montrer ! D'autant qu'ils ont, quand même, la responsabilité de choisir les produits en lieu et place des clients. Ce qui suppose un certain niveau de confiance.

Les coups de cœur du vendeur Fnac

Bien en vue dans les magasins : le coin des "coups de cœur du vendeur Fnac". Il s'agit de produits sur lesquels "des" vendeurs Fnac (et non un seul...) s'engagent : infos supplémentaires sur le produit, avis personnel, c'est une véritable petite chronique, signée du vendeur.

Pourquoi c'est une bonne idée...

En signant des coups de cœur, les hommes/femmes de la Fnac sont plus que des vendeurs aux yeux des clients. Ce sont des prescripteurs.

Trader Joe's : des coups de cœur alimentaires

À l'image de la Fnac, mais sur des produits alimentaires (ce qui est autrement plus ambitieux), Trader Joe's met en avant les produits coups de cœur de ses vendeurs. Ce sont les "Crew Picks". Là encore, le vendeur justifie en quelques mots son choix. Particularité : le vendeur est incarné par une photo, pour

donner plus de corps et d'engagement à la prescription.

Pourquoi c'est une bonne idée...
Trader Joe's démontre que la prescription de produits peut dépasser le cadre des produits culturels ou techniques et concerner également l'alimentaire.

Sam's Club : l'employé du mois... sur 12 mois

L'enseigne de club-entrepôt de Walmart présente mois par mois l'employé du mois, histoire de montrer que la démarche est permanente et de valoriser ceux qui remportent le titre deux fois ou plus... Le meilleur ce mois-ci, le meilleur sur la durée, c'est le double message que passe Sam's Club en sortie de magasins à 100 % de ses visiteurs.

Pourquoi c'est une bonne idée...
Pour sortir de l'anonymat ses meilleurs employés et les « starifier ». Évidemment valable dans la culture US...

Communiquer sur l'expertise produits des hommes : les exemples Whole Foods et Home Depot

Deux exemples de valorisation des hommes. Chez Home Depot (leader mondial du bricolage) comme chez Whole Foods (enseigne spécialisée sur les produits bio et naturels), les "spécialistes" métier sont mis en avant à l'entrée des rayons. Dans les deux cas, ici, une même stratégie de communication : le nombre d'années d'expérience dans le métier et le fait d'avoir travaillé ailleurs. Chez Home Depot, le

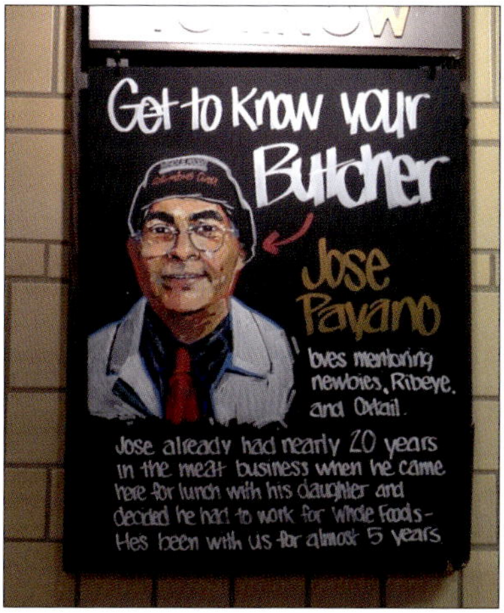

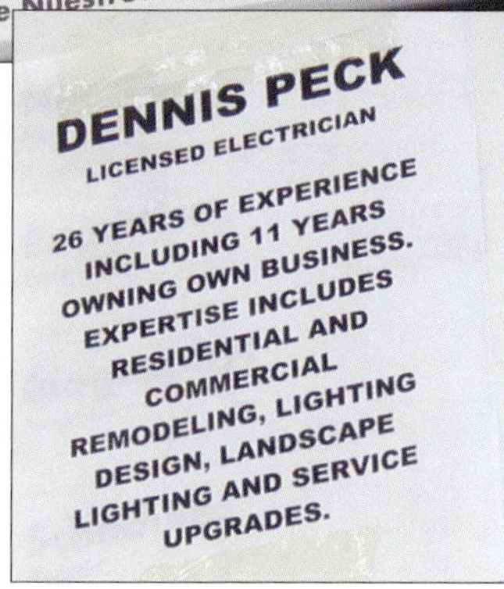

spécialiste en électricité présenté a même déjà géré sa propre affaire. Un argument de poids pour rassurer les bricoleurs amateurs ou parler d'égal à égal avec les artisans.

Pourquoi c'est une bonne idée...

Dans les deux cas, les rayons correspondent à des métiers très techniques, voire potentiellement anxyogènes : l'électricité et la boucherie. L'homme est alors le vecteur de l'expertise de l'enseigne.

Intermarché met ses employés à l'honneur

Implanté dans la périphérie de Rennes, Intermarché Chantepie est un supermarché de proximité (1 000 m^2), en concurrence directe avec plusieurs hypers de 10 000 m^2. Un combat forcément inégal sur le prix et l'assortiment. Mais pas sur la proximité humaine ! Pour la renforcer, rien de tel que de mettre en avant les hommes et les femmes du magasin. Ce que ce supermarché a fait via ce flyer, dont la moitié de la surface était simplement consacré à présenter les collaborateurs du point de vente et leur ancienneté.

Pourquoi c'est une bonne idée...

Dans ce type de magasin, nombre de clients connaissent les employés. En les "exposant" de la sorte, le supermarché revendique leur présence et leur rôle. Et, ce faisant, cultive une forme de proximité affective entre le point de vente et les clients.

Chez Exito, le directeur accueille les clients !

Exito est la filiale colombienne de Casino, leader local du commerce. Dans quelques magasins, l'enseigne a eu l'idée de représenter le directeur du site et, ainsi, d'accueillir les clients à l'entrée.

Pourquoi c'est une bonne idée...

Évidemment, rien ne remplace une présence humaine ! Mais à défaut de pouvoir accueillir tous les clients, l'incarnation du "maître des lieux" par cette illustration (réaliste, puisqu'il s'agit du véritable directeur) est un message adressé aux chalands : il y a bien un homme/une femme qui assure et assume la responsabilité du magasin. Ce qui peut constituer un élément de réassurance.

Carrefour brise l'anonymat en caisses

Dans les grands hypers, avec l'amplitude horaire et le nombre de caisses disponibles (parfois jusqu'à 60), l'anonymat est souvent la règle absolue. Dans ce contexte, Carrefour a choisi de valoriser le personnel de caisse, par la mise en avant des photos, des prénoms et de l'ancienneté. Dans certains cas, Carrefour justifie même du poste occupé, à l'image d'un étudiant pour financer ses études.

Pourquoi c'est une bonne idée...

Le client est forcément très exigeant sur cette dernière phase du parcours d'achat qui concentre en général l'essentiel des mécontentements. Ici, Carrefour a choisi d'agir et de valoriser le métier en lui donnant un sens. C'est motivant pour le personnel qui souffre fréquemment d'un manque de considération. Et cette initiative brise l'anonymat de grands hypers souvent déshumanisés.

Auchan Toulouse :
la cuvée du chef (de rayon)

Comment se démarquer en période de foires aux vins ? À Toulouse, le chef de rayon de l'hyper Auchan a choisi d'endosser un autre costume que "simple" sélectionneur de bouteilles : il est devenu, l'espace d'une cuvée, "faiseur de vin". En collaboration avec l'équipe du rayon et d'un domaine partenaire dans le vignoble voisin de Fronton, il a goûté et assemblé différentes cuvées pour faire "son" vin.

Pourquoi c'est une bonne idée…

Voilà l'occasion d'animer l'offre et de se différencier. Au passage, l'hyper cultive son niveau de professionnalisme.

LE CAS D'ÉCOLE
LE GEEK SQUAD DE BEST BUY

Dans tous ses magasins américains, Best Buy, leader mondial de l'électrodomestique, met en scène tout ce qui concerne l'usage des produits (installation, formation, SAV, etc.) et l'a regroupé sous la bannière Geek Squad. Pour les clients, **Geek Squad, c'est une démarche, un nom, un logo et, surtout, un emplacement visible dans le magasin (sous forme de comptoir). En parallèle, ce sont des équipes dédiées au service des clients dans l'usage des produits proposés par l'enseigne.**
Les contacts avec Geek Squad se font en magasins, mais aussi par téléphone ou en ligne ou encore sur les réseaux sociaux. Il est même possible, à l'instar des principaux SAV dans lesquels la perception d'attente est élevée, de prendre rendez-vous. Dans tous les cas, le principe est simple : ne pas laisser le client affronter seul la technologie et lui permettre de tirer le maximum des produits pour en optimiser la valeur perçue.

Pourquoi c'est un cas d'école...
Sur certains marchés, le besoin d'assistance ou simplement de réassurance est important. C'est le cas des produits technologiques. Best Buy l'a intégré ! Mais, surtout, l'enseigne a choisi de faire des hommes les vecteurs de cette assistance / réassurance. Par cette initiative, l'homme Best Buy se place au service du client et de sa "machine". Ne jamais laisser tomber ses clients face à la technologie, une vraie mission d'entreprise !

LES INCONTOURNABLES AVEC LESQUELS « RÉ-HUMANISER » EST PARTICULIÈREMENT CORRÉLÉ :

COÛT-OUTIL, EXPÉRIENCE CLIENT, RELATION CLIENT, VALUE FOR MONEY, CONFIANCE.

POSTFACE

A vous désormais d'imaginer le commerce de demain ! Mais avant, un dernier rappel, jamais inutile. Peut-être même le 26e "incontournable". Par définition, le commerce est une transaction. D'un côté, un bien ou un service. De l'autre, de l'argent. Et un préalable : que le client comprenne ce que vous lui proposez (c'est la compréhension de l'offre) et combien vous lui en demandez (c'est la compréhension du prix). Bref, que vous soyez simplement et rapidement compris. Et si le digital peut à cet égard être un moyen, il ne doit jamais être une fin. Le commerce n'est pas un laboratoire d'expérimentation numérique...

Demain (comme hier), le commerce sera d'abord simple.
Ne le compliquez pas !

TABLE DES MATIÈRES

ENSEIGNES ET MARQUES CITÉES

EN FRANCE

À L'INTERNATIONAL

Éditeur : **Éditions Dauvers**
8 rue Nungesser-et-Coli – 35200 Rennes – Tél. : 02 99 50 18 90 – **www.olivierdauvers.fr**

Composition : Éditions Dauvers
Imprimeur : Les Hauts de Vilaine, Châteaubourg
Dépôt légal : Juin 2015
ISBN 979-10-95106-00-5